電脳中国学入門

漢字文献情報処理研究会 編

好文出版

■ 著者
千田　大介
上地　宏一
小島　浩之
佐藤　仁史
田邉　鉄
二階堂善弘
師　茂樹
山田　崇仁

※本書は日本学術振興会科学研究費基盤研究（B）「情報化時代における中国学次世代研究基盤の確立」（課題番号23320010 研究代表者・二階堂善弘）による成果の一部である。

■本文中の会社名・プログラム名・システム名・ハードウェア名などは、各社の商標または登録商標です。

■本文中では™・®マークは明記しておりません。

■個人・団体名で登録されているフリーウェアやシェアウェアなどの著作権は、原則としてその作者である個人・団体に帰属します。

■本書の記述に基づいて行われた作業により生じたあらゆる損害について、編著者・出版社は一切の責任を負いません。

■出版社への本書記事の内容に関するご意見・ご質問などには応じかねますのでご了承ください。

まえがき

　漢字文献情報処理研究会（漢情研）が 1998 年に『電脳中国学』を世に送り出してから、すでに十数年が経過している。この間、情報技術や情報機器は驚くべき進化をとげた。学術情報をネットから得ることも当たり前になり、中国学においても、古典資料を網羅的に検索することのできる巨大データベースや、論文類のアーカイブが大きく発展している。パソコンや OS の能力も上がり、扱うことのできる漢字の数も飛躍的に増加した。

　学問の手法自体は常に不変であると考える。しかし、そのツールは時代によって変化していく。また困ったことにパソコンや OS の変化は、おそろしく速い。『電脳中国学』をいま見直してみても、とても古くさく感じられ、本当に隔世の感がある。2001 年には新版である『電脳中国学 II』を出したが、これも現在ではかなり古びてしまった。その後は、ネットでの情報が充実してきたため、わざわざ書籍にする必要はないのでないかと思っていた。

　それにもかかわらず、今回改めて『電脳中国学入門』として続作を出版することになったのは、大学院生や若手研究者に向けて簡便なマニュアル本が必要だと思ったことが大きい。かつてのようなインパクトはないだろうが、すべての人がネットから的確な情報を得られるとは限らないので、紙の本の需要は現在でもあるものと考えた。書名を『電脳中国学 III』ではなく『入門』としたのは、改めてゼロからスタートしようという意味合いも込めている。その「時代の変化」の度合いを、本書を通じて是非ご確認いただきたい。

2012 年 2 月 2 日

関西大学教授

二階堂　善弘

目　次

0　はじめに　　1
本書のねらい／本書の記述について／用語解説

I　Windows・Office を使いこなす　　9

I-1. Windows 7で漢字7万字を使いこなす　　10
MS-IME で漢字を探す／Unicode の 7 万字の漢字を使う／CHISE IDS FIND ／グリフウィキで漢字フォントを作成／MS-IME に単語を登録する

I-2. Windows 7で中国語を入力する　　22
最新版のピンイン IME をインストールする／Windows 7 と Office 2010 の入力言語を設定する／MS ピンイン IME で簡体字中国語を入力する／WG ピンイン IME で声調符号付きピンインを入力する／MS 新注音 IME で繁体字中国語を入力する／中国語を手書き入力する

I-3. インターネットで中国語　　38
文字化けせずに Web ページを見る／Gmail で中国語メール／多言語でブログ・SNS

I-4. 論文・レポートのための Word テクニック　　44
Word で長文を作るコツ／ページの書式を設定する／章番号を自動で付ける／引用文の書式設定と貼り付け／訓点文を作る／ピンインのルビを自動で振る／脚注を挿入する／図表番号を自動で振る／全ページの余白にページ番号・タイトルを表示する／目次の生成

I-5. Windows・Office でもっと多言語　　62
Windows で別言語のソフトを動かす／Office 2010 言語パックを使う

■ I-6. 教師のための Excel 基本テクニック　　70

人文系ツールとしての Excel ／名簿を作る／中国語の名簿を作る／出席の集計と試験の採点／総点の計算と順位付け／偏差値を計算する／得点の分布図を作る／ピボットテーブルで出席を集計する／評点を自動判定する／Excel を簡易データベースとして使う

II　中国学基本リソースガイド　　91

■ II-1. 検索エンジン　　92

わからないことはまず「ググる」／中国語で Google ／ Google の便利な機能／そのほかの中国語検索エンジン／画像・動画を探す

■ II-2. 言葉を調べる　　102

Wikipedia をどう使うか／多言語辞書として Wikipedia を使う／ JapanKnowledge ／日中・中日辞典／そのほかの辞書ツール／中国語学習・教育サイト

■ II-3. 現代中国を知る　　114

政府公式情報／統計資料を入手する／中国のメディア／中国の新聞記事データベース／域外メディア／ BBS とブログ・マイクロブログ／動画投稿サイト／デジタル地図／旅行と現地情報

■ II-4. 書籍を探す　　132

Webcat と CiNii Books ／国立国会図書館（NDL）／ NBINet と台湾国家図書館／中国国家図書館と CALIS ／全国漢籍データベース／そのほかの OPAC・図書データベース

■ II-5. 論文・雑誌記事の調査　　144

雑誌記事索引と Google Scholar ／中国学関連の論文データベース／専門論文データベース／ CiNii Articles ／ CNKI ／台湾国家図書館／龍源期刊網／大成老旧刊全文数拠庫

■ II-6. 書籍を購入する　　162

Amazon.co.jp と Honya Club.com ／日本の古書通販／日本のオンライン中国書籍

店／中国の書店とオンライン書店／台湾・香港のオンライン書店／孔夫子旧書網で古書を購入する

■ II-7. オンラインライブラリ　　174
Google books／近代デジタルライブラリー／国立公文書館アジア歴史資料センター／中国国家図書館在線数拠庫／超星網／そのほかのオンラインライブラリ

■ II-8. 中国古典文献データベース　　186
中央研究院漢籍電子文献／古典文献総合データベース／出土資料データベース／中国古典文学／仏典／大規模古典文献データベース

■ II-9. 書籍データの入手　　202
電子テキスト・書籍画像データと著作権／Wikisource 中国語版／オンライン電子テキストアーカイブ／iShare／中国語の本を「自炊」する

III 自分だけの全文データベースを作る　213

■ III-1. テキストデータを整理する　　214
文献の分析ならテキストデータベース／EmEditor を導入する／テキストファイルの分類と保存／テキストデータを整形する／テキストデータにインデックスをつける

■ III-2. テキストデータを検索・分析する　　224
EmEditor で全文検索／正規表現の基礎／もっと高度なテキスト処理

COLUMN

- IVS（IVD）…15
- Unicode 以外の大規模文字集合…17
- ATOK と Google 日本語入力…21
- Windows 7 で入力できる言語…26
- Windows 7 の中国語フォント…27
- フリー中国語 IME…31
- 独自コード系中国語システム…36
- メールソフトと Web メール…41
- 論文の書き方本と Word の解説本…59
- Windows のショートカットキー…69
- そのほかの Office 収録ソフト…90
- フォント・字形・字体・異体字…97
- メディアリテラシー：統計を疑う…117
- 書誌学用語…151
- DVD・Blu-ray Disc とリージョンコード…171
- 中国で銀行口座を開設する…173
- ソフトウェアやデータベースの寿命…212
- テキスト処理の参考書…230

執筆者紹介

漢字文献情報処理研究会　JAET　http://www.jaet.gr.jp/

千田　大介　（ちだ　だいすけ）
1968 年生　東京都出身
早稲田大学大学院文学研究科博士後期課程中退
【専門】中国近世通俗文学・演劇、中国現代文化
【現職】慶應義塾大学経済学部教授
【著作】『北京なるほど文化読本』（共著・大修館書店）、『Chinese Culture Review』1～7（共同監訳・好文出版）、「海寧皮影戯形成考」（『中国都市芸能研究』第八輯）

上地　宏一　（かみち　こういち）
1976 年生　東京都出身
慶應義塾大学大学院政策・メディア研究科博士課程単位取得退学
【専門】コンピュータ漢字処理・語学 IT 教材開発
【現職】大東文化大学外国語学部専任講師
【著作】「漢字字形情報管理システムの構築と提案—日本漢文学研究への応用—」（『日本漢文学研究』第 3 号）、「GlyphWiki 開放型フォント開発環境の構築に向けて」（『漢字文献情報処理研究』第 7 号）、『海外に行く人のインターネット活用ガイド』（共著・ぎょうせい）

小島　浩之　（こじま　ひろゆき）
1971 年生　岐阜県出身
京都大学大学院文学研究科修士課程修了
【専門】東洋史学および歴史資料の保存と活用に関する研究
【現職】東京大学大学院経済学研究科講師
【著作】「日本における唐代官僚制研究：官制構造と昇進システム（System）を中心として」（『中国史学』第 20 巻）、「資料保存の考え方：現状と課題」（『情報の科学と技術』Vol.60 No.2）、「東京大学総合図書館所蔵鷗外文庫『明代勅命』管見」（『漢字文献情報処理研究』第 10 号）

佐藤　仁史　（さとう　よしふみ）
1971 年生　愛知県出身
慶應義塾大学大学院文学研究科博士後期課程修了
【専門】中国近現代社会史、口述史。
【現職】一橋大学大学院社会学研究科准教授
【著作】『中国農村の民間藝能——太湖流域社会史口述記録集 2』（共編著・汲古書院）、『中国農村の信仰と生活——太湖流域社会史口述記録集』（共編著・汲古書院）、『太湖流域社会の歴史学的研究——地方文献と現地調査からのアプローチ』（共編著・汲古書院）

田邉　鉄　（たなべ　てつ）
1963 年生　京都府出身
大阪外国語大学外国語学研究科修士課程修了
【専門】中国語教育・教育工学
【現職】北海道大学情報基盤センター准教授
【著作】「中国語 CAI 実践レポート・『たまご一個いくら？』の中国語」（『漢字文献情報処理研究』第 10 号）

二階堂　善弘　（にかいどう　よしひろ）
1962 年生まれ。東京都出身
東洋大学文学部卒業、早稲田大学大学院文学研究科博士課程退学
【専門】アジアの民間信仰研究
【現職】関西大学文学部教授
【著作】『封神演義の世界』（大修館書店）、『道教・民間信仰における元帥神の変容』（関西大学出版部）、『明清期における武神と神仙の発展』（関西大学出版部）

師　茂樹　（もろ　しげき）
1972 年生　大阪府出身
東洋大学大学院文学研究科仏教学専攻博士後期課程単位取得退学
【専門】仏教学・人文情報学
【現職】花園大学文学部准教授
【著作】『情報歴史学入門』（共著・金壽堂出版）、「徳一の三時教判に基づく法華経解釈」（『印度學佛教學研究』59-1）

山田　崇仁　（やまだ　たかひと）
1970 年生　愛知県出身
立命館大学大学院文学研究科博士課程後期課程修了
【専門】中国先秦史
【現職】滋賀大学・立命館大学講師
【著作】「N-gram 方式を利用した漢字文献の分析」（『立命館白川靜記念東洋文字文化研究紀要』第 1 号）、「文字なる表記の誕生」（『中国古代史論叢』5 集）、「書同文考」（『史林』91 巻 4 号）

0 はじめに

本書のタイトルである『電脳中国学入門』、あるいは電脳中国学という学問の入門書であると思われたかもしれない。しかしながら、学界に電脳中国学という学問領域は存在しない。ならば「電脳」・「中国学」とはいったい何をいわんとしているのか、また「入門」にはいかなる意図が込められているのか、そうした本書のコンセプトやねらいについて、まずはじめに明らかにしておこう。あわせて、本書を読み進める上で必要となる基礎的な用語についても解説する。

本書のねらい

千田　大介　Chida Daisuke

◉電脳と中国学

　ここでいう中国学とは、中国およびその周辺地域を対象とする文学・史学・哲学などの人文学諸領域の総称である。中国は数千年におよぶ長大な歴史を持つので、中国学が包含する学術領域や研究対象もきわめて幅広いものとなるが、全体として漢字で書かれた文献を主に取り扱うという共通点がある。

　中国学といえば漢字の書物を扱う辛気くさい学問というイメージがあるかもしれないが、実際には中国や台湾でさまざまなデータベースや電子図書館・アーカイブなどが作られており、電脳化（デジタル）が急速に進展している。いまや、電脳（パソコン）による情報収集は中国学に必須のスキルになっているといえよう。

　また近年、地域研究というアプローチが盛んになってきているが、同時代の社会・文化などを対象とする場合、現地の最新の動向を把握する必要がある。インターネットは中国・台湾の社会にもすでに深く根づいているので、そうした分野でもやはり電脳を活用した調査が欠かせない。

◉入門者向けのマニュアルとして

　本書は、これからの中国学に必要な電脳の基本スキルや、Webサイト・データベースといった電子媒体を通じた情報収集の基礎知識をまとめた、入門者向けのマニュアルである。

　入門者といっても、いまどきまったく電脳に触れたことのない人はほとんどいないと思われるので、Windowsを立ち上げてWordで文書を作成し保存する、あるいはWebサイトを閲覧しメールを送受信するといった基本的な操作方法を身につけていることを前提として解説する。

　主な読者としては、学生や大学院生・教員などを想定しているが、これから中国学、あるいは中国語を学ぼうという入門者にも読みやすいように平易な記述を心がけた。ただし、研究の方法や文献の読解といった中国学研究そのものの進め方については解説していないので、そうした点については大学の授業や各学問領域の研究入門書

などを通じて学んでいただきたい。

●本書の構成

　中国学で必要となる基礎的電脳スキルを、本書では大きく2つに分けて解説する。1つは電脳そのものの操作スキルで、見つからない漢字の探し方や中国語の入力方法、さらに Word・Excel の基礎についても取り扱う。もう1つは、中国や中国学に関連する Web サイトやデータベースなどのリソースガイドである。

　さらにそうしたスキルの応用例として、EmEditor を使って独自の全文データベースを構築し、検索・分析する方法についても解説する。

　各項目は、大学の授業における教科書あるいは参考書としての使い勝手を考慮して、見開き2ページを基本に構成している。人文情報科目や専門科目・中国語科目などで、授業の内容やニーズにあわせて項目を適宜ピックアップし、ご活用いただきたい。

　このほか、本文に関連する話題、あるいは本文中では尽くせない内容について、いくつかのコラムを設けて解説してある。本文の関連箇所から参照を振ってあるので、適宜ご参照いただきたい。

●記述の前提

　本書は、Windows 7 と Office 2010 を標準状態で使っていることを前提として解説している。このため、たとえばブラウザは Internet Explorer 9 の使用を前提としているし、ワープロに関しても一太郎などのソフトについては取り上げていない。

　また、Windows XP・Vista や Office 2007 などの旧バージョンは、Windows 7・Office 2010 と機能に大差はないものの、画面デザインが変わっているためまったく同じ操作手順にはならない。本書では紙幅の都合上、そうした旧バージョンでの手順の違いについて解説していないことをお断りしておく。

　本書で取り上げた Web ページやソフトウェアなどの情報、あるいはデータベースの収録件数などの数字は、特に断り書きがない限り 2012 年 1 月現在のものである。

本書の記述について

師　茂樹　Moro Shigeki

● Windows の各部の名称

　Windows を起動して、ログオンした後に最初に表示される画面をデスクトップという。デスクトップは、パソコンのメーカーごとにカスタマイズ[1]していることが多いので、すべてのユーザーが同じではないが、概ね下のようなパーツで構成されている。

[1] 用語解説参照。

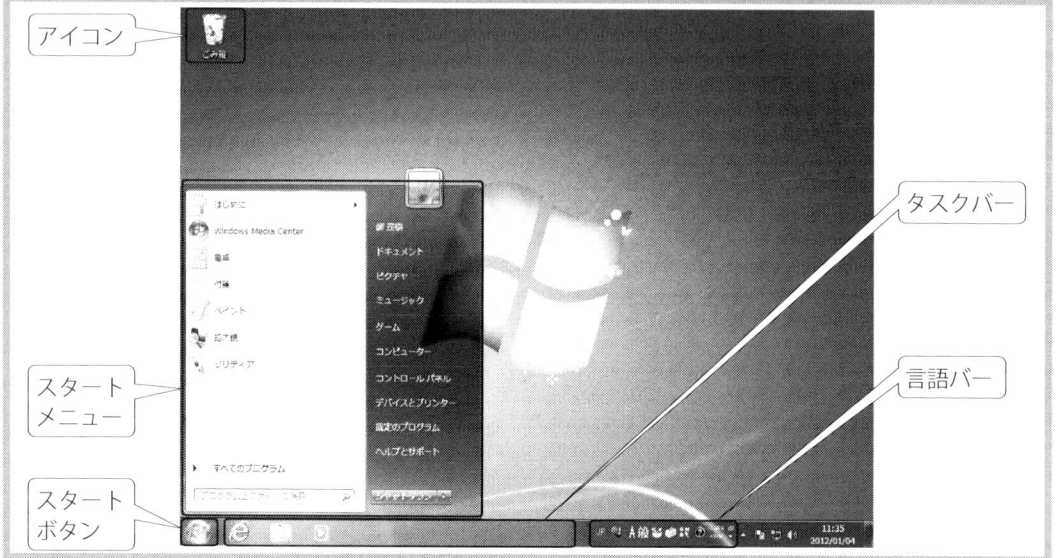

　アプリケーション内にあるボタンをはじめとする操作可能なパーツも数多くあるが、以下に代表的なものを挙げておこう。

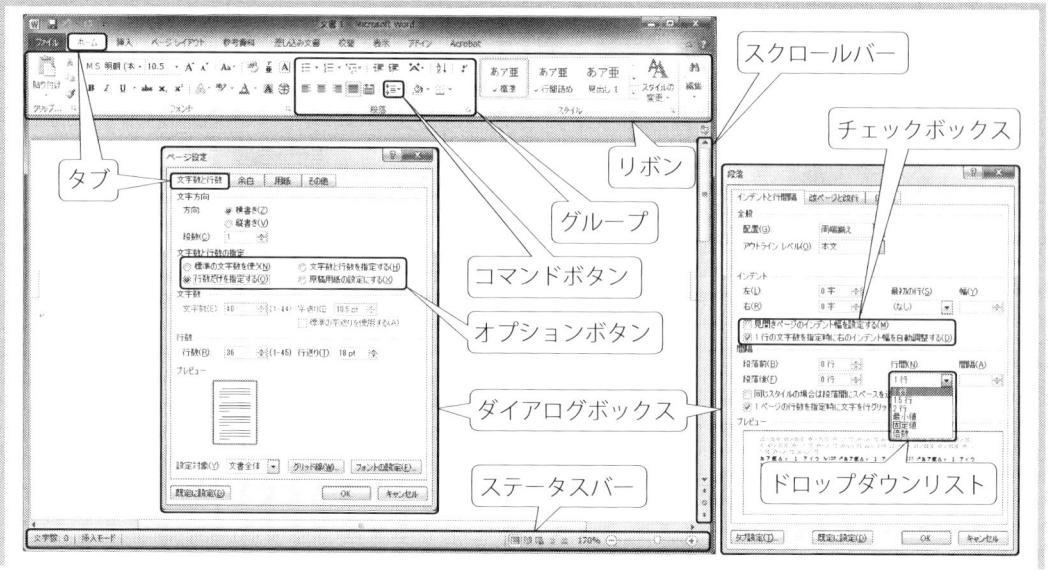

本書の記述について

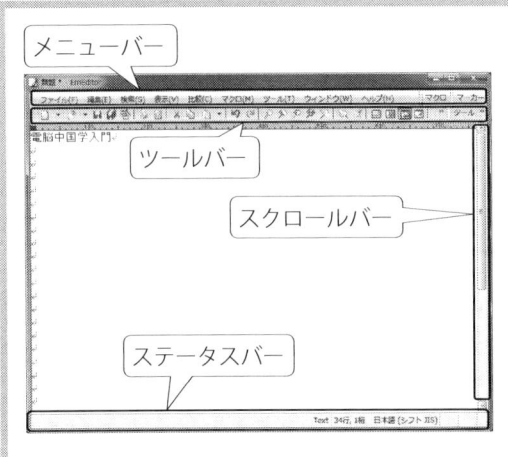 

　これらの名称はWindowsを使いこなすためには必須の知識であり、本書でも何度も出てくるので、憶えてしまうほうがよいだろう。

●マウス操作の名称

- クリック……マウスの左ボタンを押す
- ダブルクリック……マウスの左ボタンを2回連続で押す
- 右クリック…マウスの右ボタンを押す
- ドラッグ……マウスの左ボタンを押しながらカーソルを移動させる。ファイルやフォルダの移動、スクロールバーの移動、文字列や範囲の選択などに使う。

●本書で使用している記号と漢字表記

　キーボード上のキーは「▢▢▢▢」のような絵文字で表現している。また、ボタン・ツールバー・アイコンなど画面に表示される項目名は［　］でくくり、「オプションで［自定义］を選び、［加载项］をクリックしよう」のように表記した。

　本書では、中国語を習っていない、あるいは習い始めたばかりの読者を想定して、見出しや本文では日本の常用漢字に改めた漢字表記を（例：「中华人民共和国」→「中華人民共和国」）、操作説明では画面に表記されている通りの漢字表記を（例：「オプションで［自定义］を選び、［加载项］をクリックしよう…」）、それぞれ用いている。原文表記や日本語訳は、必要に応じて後に補足した。

　本書の注釈は、四角囲い数字（１２３……）は補足説明を、白抜き数字（❶❷❸……）は本書のほかの箇所への参照を表す。

用語解説

DjVu（デジャヴ）
文書に特化した高圧縮画像フォーマット。画像圧縮後も文字がはっきり読み取れ、動作が軽快なため、デジタルアーカイブの画像フォーマットとして用いられる。ただし利用にはプラグインが必要。同じ技術を利用したものに JPM もある。http://www.caminova.net/ja/

ＤＴＰ（ディーティーピー）
Desk Top Publishing の略。コンピューター上で印刷物を編集・レイアウトすること。その作業に用いられるソフトウェアが DTP ソフトで、Adobe InDesign などが知られる。

EPUB（イーパブ）
電子書籍のファイルフォーマット規格の 1 つ。文字の大きさを変えると文字組みも変化する。Web ページを記述する HTML とほとんど同じであるため、英語圏を中心に広く普及している。バージョン 3.0 から縦書きやルビにも対応。

ＨＴＭＬ（エイチティーエムエル）
Hyper Text Markup Language の略。Web ページを記述するための言語の名称。タグと呼ばれる特別な記述により文章の構造（例：<h1> で大見出し）、図・表の挿入（<img>・<table>）や、他のページへのリンク（<a href>）などを表現する。

ＩＭＥ（アイエムイー）
Input Method Editor の略。Windows で、日本語や中国語など使用文字種の多い言語を変換・入力するためのソフト。日本語用の IME としては、Windows 7 に標準で搭載されている Microsoft IME のほかに、ジャストシステムの ATOK が有名。

NACSIS（ナクシス）
学術情報センター（National Center of Science Information System）の略。2000 年に国立情報学研究所（NII）に改組されたが、現在でも NII が提供する各種サービスやデータベースの愛称として残っている。

OPAC（オパック）
Online Public Access Catalog の略。ネットワークを通じて電子的に提供され、検索機能を備えた図書館の蔵書目録のこと。現在では Web を通じて提供される WebOPAC が主流。

PayPal（ペイパル）
インターネット決済サービス。クレジットカード情報を登録しておけば、通信販売サイトにクレジットカード情報を知られずに決済できるため、より安全であるとされる。親会社はアメリカのオークションサイト大手の eBay。http://www.paypal.jp/jp/

ＰＤＦ（ピーディーエフ）
Portable Document Format の略。Adobe Systems 社が開発した電子文書フォーマット。元データの各種形式の維持に優れ、文字情報などのフォントも含めて保存可能で、PDF からテキスト加工ができる。汎用性が高く原則機種依存しないので、電子文書の国際標準にもなっている。

pt
→ ポイント

Web サイト（ウェブ）
ひとまとまりに公開されている Web ページ群、

またはそれらが置いてあるインターネット上での場所を指す。WebサイトのWebページはハイパーリンクで連結されており、互いに行き来できるようになっている。

Webページ

インターネット上で公開されている文書を指す。Webブラウザに一度に表示されるデータのまとまりのことであり、テキストデータやHTMLによるレイアウト情報、ページに埋め込まれた画像や音声、動画などの情報からなる。俗にホームページと称するが、ホームページとは本来あるWebサイトに接続したときはじめに表示されるWebページという意味である。

Wiki（ウィキ）

WikiWikiWebの略称。Web上の文書をWebブラウザ上で簡単に書き換えることができるシステム。WikipediaはWikiで作られた百科事典（encyclopedia）のことで、WikipediaのことをWikiというのは誤り。

青空文庫（あおぞらぶんこ）

著作権の保護期間を経過した著作物や、著作権者が公開を許諾した著作物をテキスト・HTMLなどの形式で提供する電子図書館。収録数は11,071作品で、利用は無料である。http://www.aozora.gr.jp/

アドイン

ソフトウェア本体にない機能を追加するプログラム。拡張機能のこと。

アプリケーション（ソフト）

→　ソフト（ウェア）

インスタントメッセンジャー

主にインターネット上で、文字によるリアルタイムのコミュニケーション（チャット）を行うサービスやソフトウェアのこと。IMと略す。近年では、絵文字や音声・ビデオ通話の機能を持つものも多い。

インターフェイス

ユーザーインターフェイスのこと。ソフトウェアやWebページなどの画面デザインや操作機能を指す。

外字（がいじ）

ユーザー定義文字ともいう。ユーザー自身が作成した文字のこと。どのような字形・文字でも作成できる反面、複数のユーザー・パソコンでの共有は困難である。Windows 7の外字エディターは以下の手順で起動する。［スタートメニュー］→［すべてのプログラム］→［アクセサリ］→［システムツール］→［外字エディター］。

カスタマイズ

ソフトウェアの設定や仕様をユーザーの好みに応じて調整すること。

関数（かんすう）（Excel）

Excelにおいて、よく用いられる計算（合計・平均など）や、検索などのデータベース的な処理をするために、あらかじめ用意されている式のこと。たとえば「SUM(A2:A5)」という関数は、A2からA5までのセルの数値を合計せよ、という意味。

キーボードレイアウト

キーボード上のキーの並び方のことで、キーボード配列ともいう。またWindowsの入力言語の設定では、ヨーロッパ言語など表音文字言語の入力方法のことを指す。

総合目録（そうごうもくろく）

複数の図書館の蔵書をまとめて編成した目録のこ

と。一度の検索で複数図書館の所蔵状況を把握できる。逆に一つの図書館に限定された蔵書目録を個別目録という。ここから、総合目録とは複数の個別目録の集合体とも言える。

ソフト（ウェア）
コンピュータに処理を行わせるための手順を記述したプログラムやデータのこと。WindowsなどのOSもソフトウェアの一種であるが、単にソフトというときはワープロやゲームなどのアプリケーション・ソフトウェアを指すことが多い。

タブ
文字を一定の間隔（8文字が一般的）に揃えることで表を記述するための特殊な空白、および入力するキー（タブキー、Tabulator key）。画面を切り替えるためにクリックする部分を指すタブ（Tabbed。p.4参照）とは別。

中国三大ポータル
→　中国四大ポータル

中国四大ポータル（サイト）
1990年代末にサービスを開始し、2000年前後に相次いで米ナスダックに上場した捜狐（ソーフー）（http://www.sohu.com/）・新浪網（サイナネット）（http://www.sina.com/）・網易（ネットイース）（http://www.163.com/）の中国三大ポータルに、インスタントメッセンジャーQQで知られる騰訊網（テンセントネット）（http://www.qq.com/）を加えたもの。

テキストサービス
Windowsでソフトへの文字の入力処理機能として提供されているプログラムの総称。IME・キーボードレイアウトのほか、音声認識入力や手書き認識入力なども含まれる。「言語バー」（p.4参照）は、このサービスの一部である。

デフォルト
初期値、初期設定のこと。パソコンやソフトウェアにおいてユーザーが操作・変更を行う前の当初設定・既定値。「デフォ」とも略される。

電子ジャーナル
オンラインジャーナルとも呼ばれ、Webを通じて提供される電子化された雑誌のこと。HTML・PDFでの提供が主流。学術雑誌の電子版を指す用語であったが、一般雑誌の電子版提供も増えておりその意味する範囲は広がっている。

ブラウザ
一般にWebブラウザを指す。Webページを閲覧するためのソフトウェア。インターネットからHTMLファイルなどをダウンロードし、レイアウトを解析して表示・再生する。また、入力フォームを使用してデータをWebサーバに送信することもできる。

プラットフォーム
原義は演壇・足場（駅のプラットホームも同じ）で、ハードウェアやシステムソフトウェア（WindowsなどのOS）のように、アプリケーション・ソフトウェアを動作させるための基盤となるもの。Amazon.comやiTunes Storeなど、コミュニケーションや商取引のための情報環境を指すこともある。

ポイント
文字や余白の大きさを表す単位。「pt」・「p」・「ポ」などと省略表記される。本来は出版用語であったが、各種のワープロソフトが設定の単位としているため一般にも普及した。1pt=1/72インチとするDTPポイントが主流。

ホームページ
→　Webページ

Ⅰ
Windows・Officeを使いこなす

電脳(パソコン)で必要な漢字が見つからない、中国語の入力方法がわからない、という悩みを抱えている人も多いことだろう。実はWindows 7 ではちょっと設定方法を覚えるだけで、7万字もの漢字を使いこなし、中国語の入力もできるようになる。また、Word や Excel のいくつかの機能をマスターすると、レポート・論文の執筆や成績管理などの業務を格段に効率化することができる。こうした情報時代の中国学必須電脳スキルについて、本セクションでは解説する。

I -1. Windows 7で漢字7万字を使いこなす

MS-IME で漢字を探す

千田　大介　Chida Daisuke

◉漢字がない！　と思ったら

　中国関連の言葉を変換しようとすると、漢字が出てこないことがよくある。古いところでは『論語』「八佾編」の「佾」、三国志の人名・荀彧の「彧」、新しいところでは中国の女優・鞏俐の「鞏」・「俐」などなど、出てこない漢字はたくさんある。

　そうした場合、その漢字の場所にスペースを空けておいて、印刷してから手書きで補っている人も多いようだが、しかしちょっとしたテクニックを覚えれば、それらの大半を変換できるようになる。

　Windows に標準搭載される日本語用 IME[1] の Microsoft IME（MS-IME）[1]は、普通に使っているだけでは一般的な漢字しか変換できないが、以下の手順で［単漢字辞書］を使うことで、約1万2千字もの漢字を変換・入力することができる。

[1] 用語解説参照。
[1] ここでは Office 2010 に収録される最新の Office IME 2010 に基づいて解説する（Office XP〜2007 のユーザーは無償でダウンロードできる。http://www.microsoft.com/japan/office/2010/ime/default.mspx）。

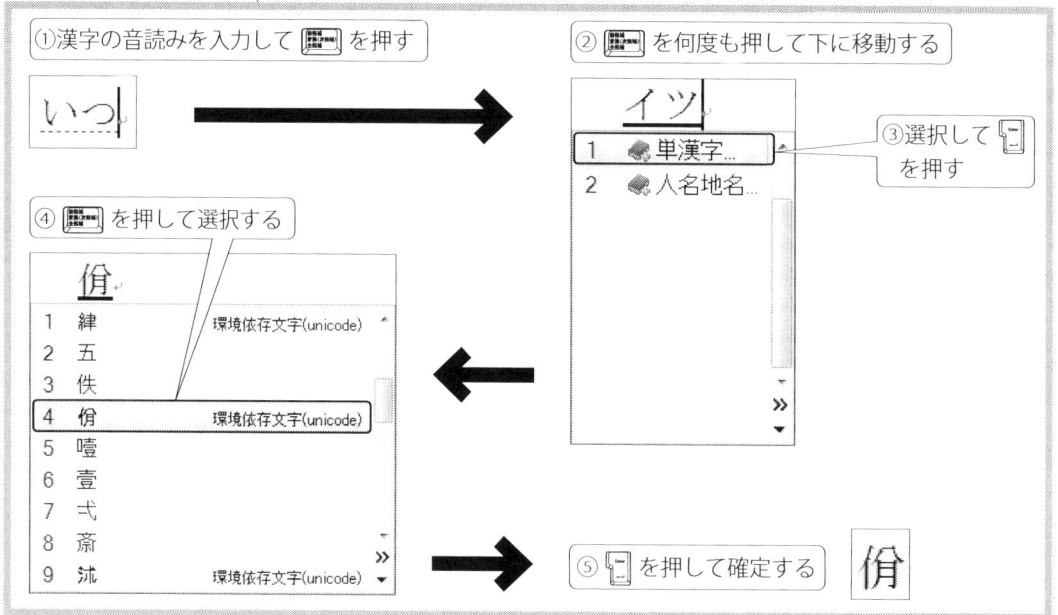

　の代わりに　を押してもよい。

　Windows 標準の日本語フォントである MS 明朝・MS ゴシックはそれら約1万2千字の漢字をすべて収録しているので、［単漢字辞

書］で変換した漢字を問題なく表示・印刷できる。

◉読み方がわからない漢字は手書き入力

本や資料に書いてある漢字を入力したいが読み方がわからないケースもある。そうした漢字は漢和辞典で読みと意味を調べた上で入力するべきなのだが、辞書を引くのが面倒だという人のために、MS-IMEには手書き入力機能が搭載されている。

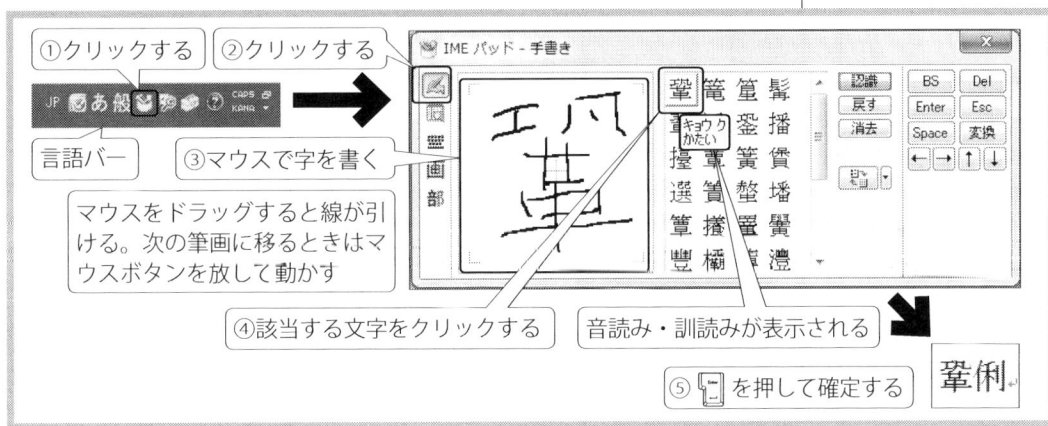

手書き入力の認識候補漢字にカーソルをあわせるとその漢字の読みがポップアップ表示されるので、それをしっかりと覚えておこう。

MS-IMEの手書き入力も、やはり約1万2千字の漢字に対応しており、日本語はもとより、中国の古典や人名・地名に使われる代表的な漢字もたいてい入力することができる。

手書き入力機能は、MS-IMEのIMEパッドの機能として提供されている。IMEパッドにはこのほか、部首・画数順やUnicode[2]の配列順の［文字一覧］機能もあるが、あまり便利とはいえないので、p.16で紹介するCHISE IDS FINDの利用をお勧めする。

[2] p.12参照。

◉1万2千字の漢字とは

このようにWindows 7の日本語環境では標準で約1万2千字の漢字を使うことができるが、これはつまり日本の文字コード[3]であるJISコードに収録されているすべての漢字、ということである。

[3] p.39参照。

JISコードでは、基本的な文字を収録したJIS X 0208という規格に第一水準・第二水準あわせて約6千3百字の漢字が、JIS X 0212のいわゆる補助漢字に約5千8百字がそれぞれ収録されており、Windows 7はそれらの規格に対応しているのである。

Unicodeの7万字の漢字を使う

上地　宏一　Kamichi Koichi

● Unicodeとは何か

　MS-IMEでは1万2千字の漢字を入力できると述べたが、これだけでは中国語や中国古典を表現するには十分でない。実際にはWindows 7は漢字7万字が標準で使えるが、この強力な漢字処理機能は「Unicode」[1]のおかげである。Unicodeそのものはアメリカの企業を中心とする連合体[2]によるものだが、それとほぼ同じものが「ISO/IEC 10646」という国際標準規格として制定されており、国際化文字コードとして広く普及している。

　コンピュータは電子計算機という名のとおり、数値しか扱うことができない。文章を処理するためには文字の並びを数値の並びに変換する「デジタル化」を行う。このときに用いるのが文字コードである。文字コードは主に「文字コード表」と「符号化方式」の2つで成り立っている。文字コード表とは、文字1種類ごとに別々の番号を対応付けた表である。Unicodeではこの表のなかで7万数千種類の漢字と番号とを対応させているほか、国際化文字コードであるため、漢字以外のさまざまな文字・記号をも含んでいる。Unicode番号は通常4〜6ケタの16進数で表し、頭に「U+」を付ける。

文字種	文字の例（Unicode番号）
漢字	漢（U+6F22）
かな	か（U+304B）
ハングル	한（U+D55C）
英数字	A（U+0041）
ヨーロッパ系文字	Æ（U+01FC）
アラビア文字	﷼（U+FDFC）
インド系文字	व（U+0959）
記号	☎（U+260E）

　符号化方式というのは、文字コード表で文章を文字番号の並びに置き換えたのち、実際にデータとして表現するための方法を決めたものである。番号を単純に数値として並べる方法以外に、ある種の計算を行ってから並べる方法などがあり、「過去のコンピュータでも扱える」・「高速に処理できる」・「データが小さくなる」などの理由により複数の符号化方式が用意されている。標準的なUnicodeの符号化方式はUTF-8およびUTF-16LE[3]である。

[1] 正式名称は「The Unicode Standard（Unicode標準）」。以下Unicodeと略す。

[2] Unicodeコンソーシアム http://unicode.org/

[3] WindowsでUnicodeというと、これを指すことが多い。

● Unicode の拡張

漢字は種類が多いため、数回のコード表の拡張において文字番号を漢字だけで一続きになるようにまとめられなかった。現在は5つのブロック（集合）に点在していて、「URO」[4]および「Ext.A~D」[5]という名称になっている（下表を参照）。このうち、URO集合とExt.A集合を合わせてBMP集合と呼び、Ext.B～D集合と区別することがある。各ブロックは大小バラバラで、どのような漢字集合であるかは定義できないが、名前と大まかな漢字数を覚えておくとよい。

なお、Unicodeに含まれる漢字7万字は日本の漢字だけでなく中国・韓国・ベトナムなど他国・地域の漢字も含まれることに注意が必要だ。また字体の小さな差異（異体字）は文字コードでは区別されない。これについてはp.15・97のコラムを参照してほしい。

[4] 「URO」は「Unified Repertoire and Ordering」の略。正式にはCJK統合漢字という。
[5] 「Ext.」は「Extension」の略。正式には「CJK統合漢字拡張A～D集合」という。

集合名	種類数	コード番号の範囲	Windows 7 収録フォント	備考
URO	20,902	U+4E00 ～ U+9FA5	標準で対応	日中韓の基本漢字
（URO追加）	39	U+9FA6 ～ U+9FCC	一部のみ対応	
Ext.A（拡張A）	6,582	U+3400 ～ U+4DB5	標準で対応	
Ext.B（拡張B）	42,711	U+20000 ～ U+2A6D6	標準で対応	大型漢字字典収録字を網羅
Ext.C（拡張C）	4,149	U+2A700 ～ U+2B734	対応せず	
Ext.D（拡張D）	222	U+2B740 ～ U+2B81D	対応せず	
（IVD）	約 3,200		対応せず	p.15 コラム参照

※ Unicode 各漢字集合の収録漢字例

URO
一丁兀七丄丅丆万丈三上下开不与丏丐丑刃
专日丕世丗丘丙业丛东丝丞丟北両丢亚两严

Ext.A
𠀖𠀗𠀘𠀙𠀚𠀛𠀜𠀝𠀞𠀟𠀠𠀡𠀢𠀣𠀤𠀥𠀦𠀧𠀨
𠀩𠀪𠀫𠀬𠀭𠀮𠀯𠀰𠀱𠀲𠀳𠀴𠀵𠀶𠀷𠀸𠀹𠀺𠀻

Ext.B
𠀀𠀁𠀂𠀃𠀄𠀅𠀆𠀇𠀈𠀉𠀊𠀋𠀌𠀍𠀎𠀏𠀐𠀑𠀒
𠀓𠀔𠀕𠀖𠀗𠀘𠀙𠀚𠀛𠀜𠀝𠀞𠀟𠀠𠀡𠀢𠀣𠀤𠀥

Ext.C
𪜀𪜁𪜂𪜃𪜄𪜅𪜆𪜇𪜈𪜉𪜊𪜋𪜌𪜍𪜎𪜏𪜐𪜑𪜒
𪜓𪜔𪜕𪜖𪜗𪜘𪜙𪜚𪜛𪜜𪜝𪜞𪜟𪜠𪜡𪜢𪜣𪜤𪜥

Ext.D
𫝀𫝁𫝂𫝃𫝄𫝅𫝆𫝇𫝈𫝉𫝊𫝋𫝌𫝍𫝎𫝏𫝐𫝑𫝒
𫝓𫝔𫝕𫝖𫝗𫝘𫝙𫝚𫝛𫝜𫝝𫝞𫝟𫝠𫝡𫝢𫝣𫝤𫝥

● Windows 7の標準7万字フォント

Windows 7 には「SimSun」および「MingLiU」という名前の漢字7万字フォントが標準で入っている。SimSunとMingLiUはそれぞれ中国および台湾デザインのフォントであるため、日本デザインの

SimSun	棄俛僁俚妡槩殺糘
MingLiU	棄俛僁俚妡槩殺糘
花園明朝	棄俛僁俚妡槩殺糘

フォント（MS明朝など）と混ぜて使うと若干の違和感を覚えることもあるので、状況に応じて使い分けてほしい。日本デザインのフォントは7万字に対応していない。

標準7万字フォントはいずれもBMP集合とExt.B集合の2つに分かれており、Ext.B集合のフォントは名前の末尾に「-ExtB」が付く。「-ExtB」のフォントはWindows 7の1つ前のバージョンであるWindows Vistaから標準となったが、Windows XPには入っていない。またMac OS Xにも入っていないため、これらのパソコンを使っている人とデータのやり取りをするときは次の「花園明朝」を使うとよいだろう。標準7万字フォントに含まれないExt.C集合やExt.D集合の漢字を扱うときも同様である。

◉花園明朝の入手とインストール

花園明朝は漢字を中心に収録するフリー明朝体フォントだ。標準7万字フォントとは違い、Unicodeに含まれるすべての漢字、つまりBMP集合やExt.B集合だけでなくExt.C・D集合そしてIVD集合[1]を収録し、商用・非商用を問わず無償で自由に利用できる。

フォントはWebページから入手できる。不定期に文字の追加や字形の修正が行われるので、常にページをチェックして最新版に更新することをお勧めする。フォントは「花園明朝A」（BMP・IVD集合）、「花園明朝B」（Ext.B・C・D集合）の2つに分かれている。

[1] p.15 参照。

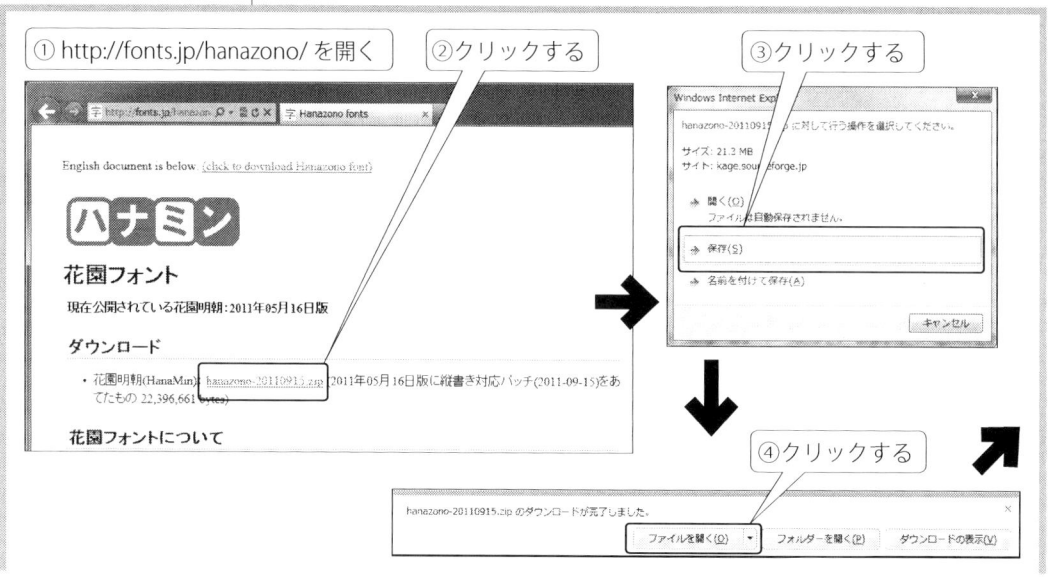

I-1. Windows 7で漢字7万字を使いこなす

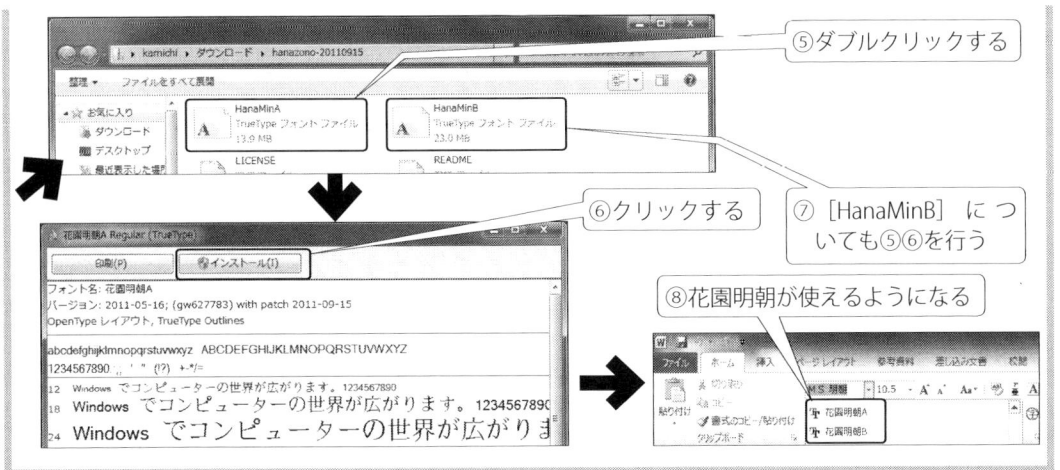

COLUMN

IVS（IVD）□□■

　文字コードは細かい字体の差異を区別できない。たとえば「辶」と「辶」、「艹」と「艹」などを同じとみなす。一方、DTP（用語解説参照）などの一部ソフトでは旧字体での印刷など字体を細かく指定することができる。UnicodeではIVS（異体字セレクタ）と呼ばれる字形番号を意味する記号を基本字に続けて記述することで、あらかじめUnicodeに登録されているIVD（異体字データベース）の字形を指定できる。

　　例：U+845B（葛）＋U+E0100（IVS 0番）→ 葛
　　　　U+845B（葛）＋U+E0101（IVS 1番）→ 葛

　IVDは現在以下の2集合が登録されている。なお、登録されている字形がすべて異体字ということではなく、実質的な異体字数はAJ1集合で1,540字形程度となる。またAJ1集合の字形と重複しない汎用電子集合の異体字数も1,670字形程度となり、全体で3,210字形程度の異体字が追加されることになる。

字形集合名	内容	字形数	実質異体字数
AJ1（Adobe-Japan1）集合	DTP等で利用する旧字体や人名異体字	14,647	約1,540
汎用電子集合	行政で利用される異体字を整理したもの	4,195	約1,670

　IVSを利用できるソフトやIVDの異体字を収録するフォントは少ないのが現状であり、一般的に利用できるようになるためにはもう少し時間がかかるだろう。

（上地）

CHISE IDS FIND

http://www.chise.org/ids-find

上地　宏一　Kamichi Koichi

◉ Unicodeの7万字を検索する

Unicodeで利用できる約7万字の漢字を検索・入力する無料で実用的な手段としてまず挙げられるのが、WebサービスのCHISE（チセ）ＩＤＳ　FIND（アイディーエス　ファインド）だ。漢字を構成する部品を入力して検索することで、その部品を含む漢字のリストが表示される。

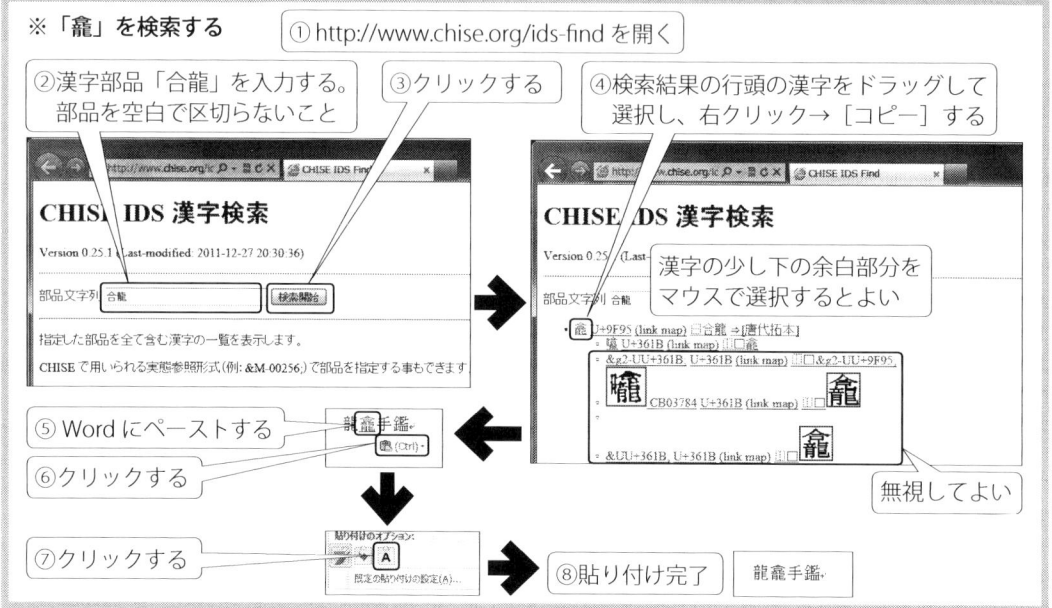

検索結果にはUnicodeに収録されていない漢字も含まれる。行頭が画像やアルファベット・数字のものは無視して、行頭に漢字が表示されているものだけを見ていこう。

CHISE IDS FINDは検索が孫引きされる。たとえば「辰」で検索すると「辱」が見つかり、また「辱」を含む漢字として「媷」が見つかり、さらに「媷」を含む漢字として「薅」が見つかる。

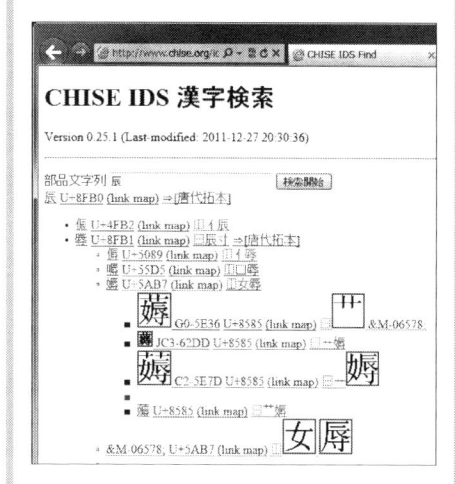

検索結果の各行の末尾には漢字の部品構造も表示されるので、ある漢字部品がIMEで変換できない場合、まずその部品を含む漢字を検索して、分解された部品をコピーすればよい。このほか、にんべん・さんずいといった部品を、元となる漢字（「人」・「水」）で指定することもできる。

I -1. Windows 7で漢字7万字を使いこなす

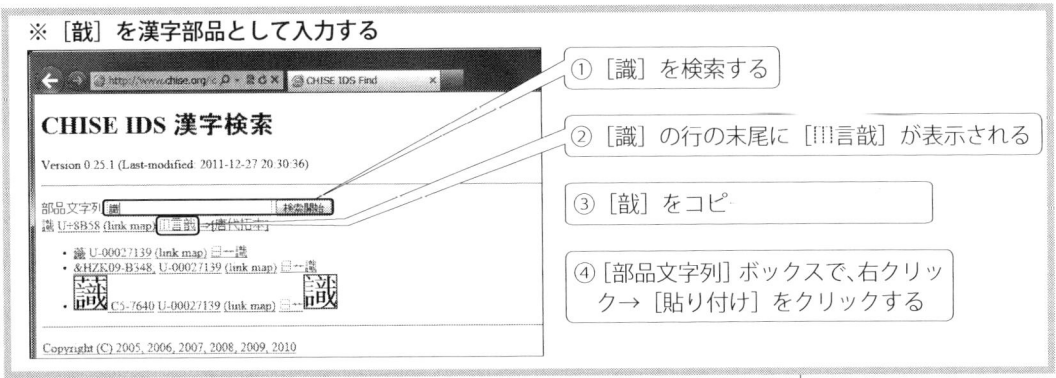

諸橋『大漢和辞典』[1]の文字番号で検索することもできる。まず入力したい文字を『大漢和辞典』で引いて文字番号を調べておく。

[1] 諸橋轍次を中心に編纂された大型漢和辞典。全12巻、大修館書店刊行。

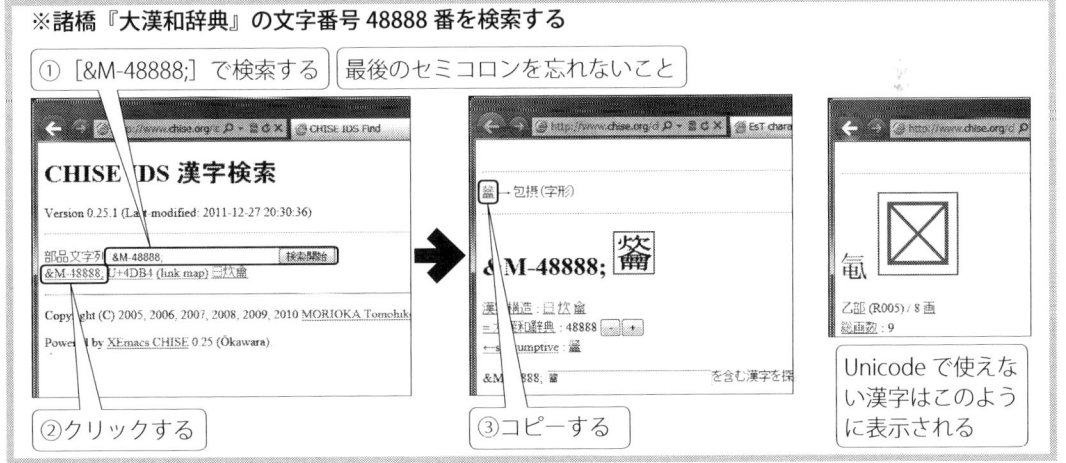

COLUMN

Unicode以外の大規模文字集合□□■

　1990年代末、Unicodeによる多漢字環境が普及する以前、日本ではいくつかの独自の大規模文字集合が作られた。なかでもエーアイ・ネットの製品・今昔文字鏡（約16万字）やGT書体（約7万字）プロジェクトなどが比較的よく知られている。

　それらは基本的に、日本のJISコードにさまざまな漢字を並べた複数の独自フォントを作成・無償配布し、フォントの切り替えで多くの字形を表現する方式を取っているが、テキストの検索が困難で汎用性が乏しいという欠点があり、UnicodeやIVSの普及とともに陳腐化しつつあるといってよい。

　したがって新規導入は慎重に考えてほしいが、今昔文字鏡の検索システムはUnicode漢字の検索にも便利なので、その目的での導入は検討に値しよう。　（山田）

グリフウィキで漢字フォントを作成

http://glyphwiki.org/

上地　宏一　Kamichi Koichi

◉ Unicode に漢字がないときは

漢字7万種類を誇る Unicode にも自分の使いたい漢字・異体字がない場合は外字[1]で処理することになる。ここでは Windows 標準の外字エディターではなくグリフウィキを使ったフォントの作成方法を紹介する。グリフウィキを用いると、早く簡単にフォントを作成し、インターネット上に公開できるだけでなく、外字を集合ではなく1字単位で管理できる。

◉ グリフウィキを使う

グリフウィキはインターネット上の漢字字形データベースだ。漢字字形は1字単位で登録し、データは画像ファイルやフォントに変換される。字形登録は漢字部品や筆画を組み合わせる字形エディタを用いて簡単にできる。利用は完全に自由で、かつ無償だ。

フォントを作成する方法は主に2つあるが、ここでは手軽な「1字フォント」を説明する。これは登録した漢字字形1字のみが含まれるフォントのことである。

グリフウィキに漢字字形を登録するためには、まず文字に名前を付ける必要がある。命名規則が複雑なので、ここでは［sandbox］という名前を付けることにする。例として原子番号112番コペルニシウム（Cn）の簡体字を作成する。この方法は少量の外字を含む印

[1] 用語解説参照。

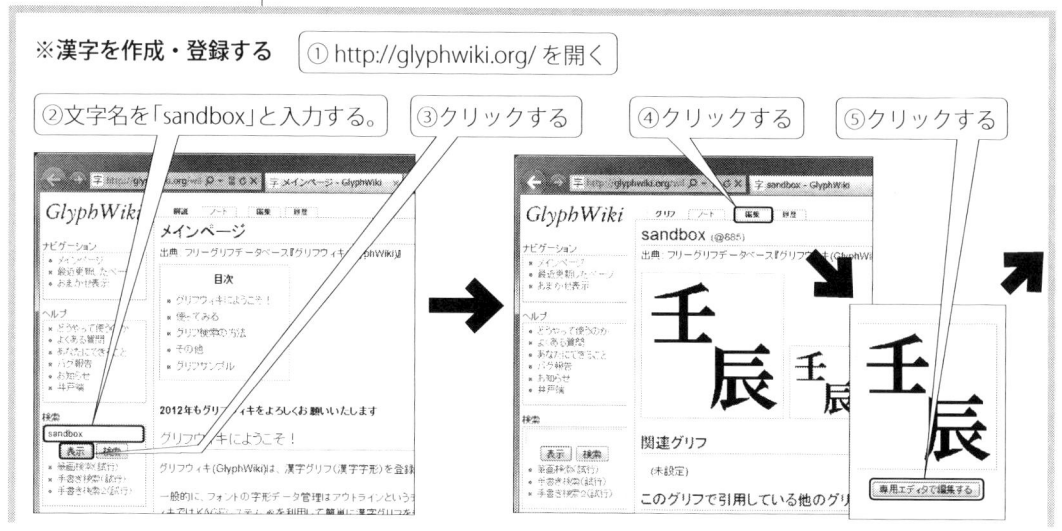

※漢字を作成・登録する　①http://glyphwiki.org/ を開く
②文字名を「sandbox」と入力する。
③クリックする
④クリックする
⑤クリックする

I-1. Windows 7で漢字7万字を使いこなす

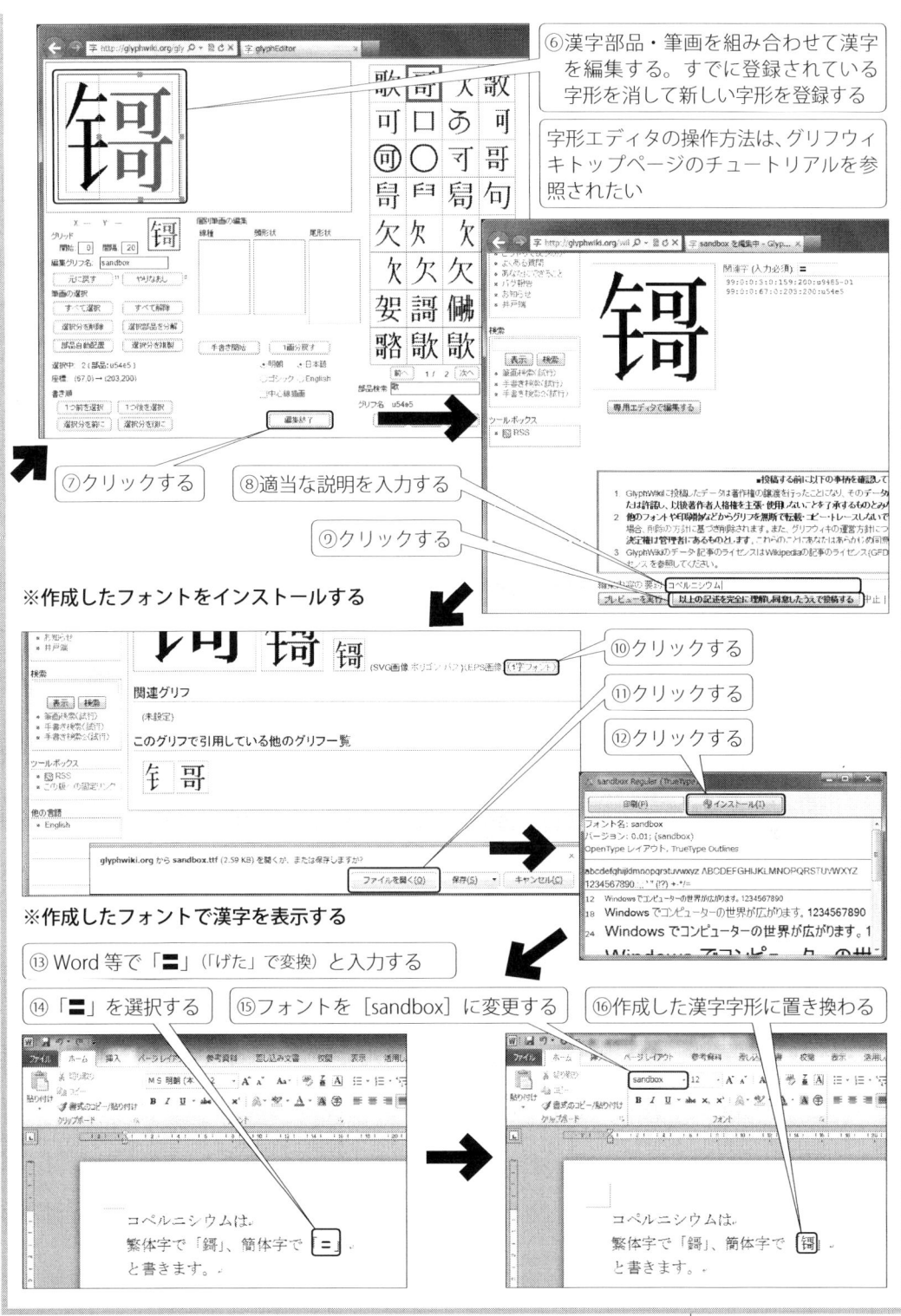

刷物の作成に便利だが、まとまった外字が必要な場合や、他者とデータのやり取りをする場合は、グリフウィキのヘルプ［どうやって使うのか］を参照してグループページからフォントを作成しよう。

MS-IME に単語を登録する

山田　崇仁　Yamada Takahito

◉よく使う単語は登録しよう

前述のように Windows では最新の JIS コードの 1 万 2 千字を含む、Unicode の 7 万字もの漢字を使うことができるが[1]、よく使う漢字を単漢字辞書[2]や CHISE IDS FIND[3]で毎回探して入力するのは手間がかかる。また、よく使う用語や固有名詞などが一発で変換できないとき、漢字を 1 文字ずつ入力・変換するのも面倒この上ない。

そんなときに是非使ってほしいのが、よく使う単語を変換できるように登録する、単語登録機能だ。

[1] p.12 参照。

[2] p.10 参照。
[3] p.16 参照。

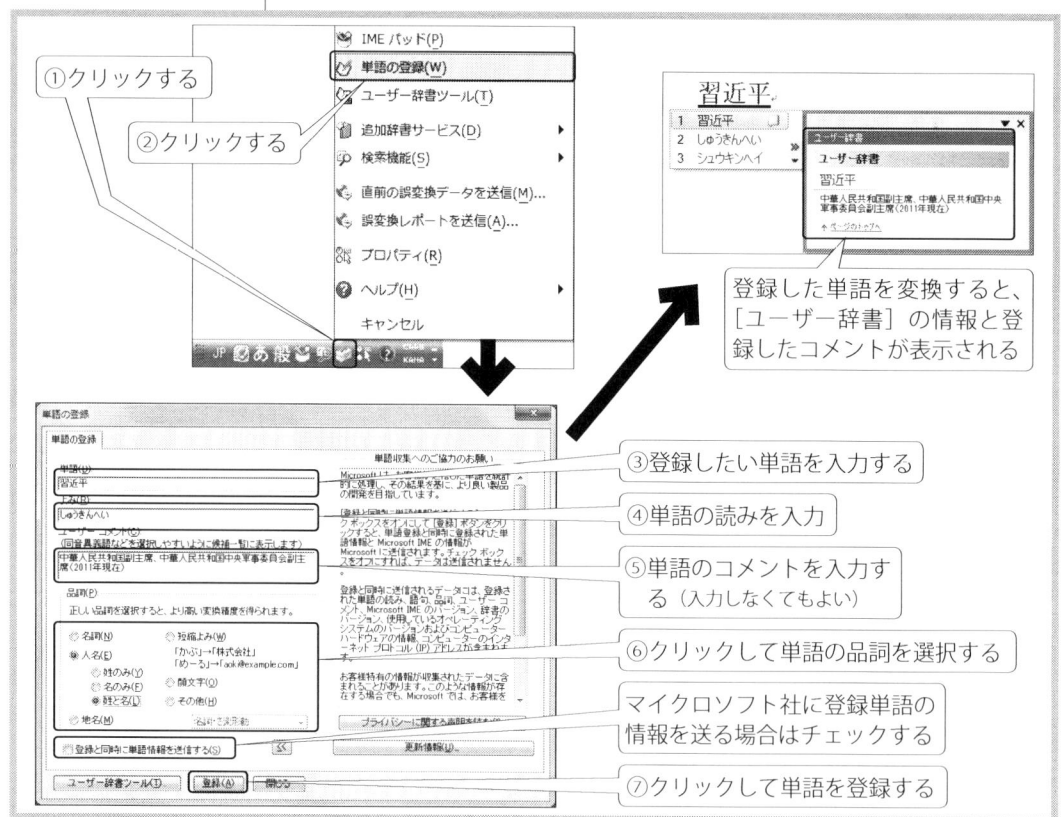

MS-IME では漢字はもとより、Unicode に収録されている文字ならば何でも単語として登録することができる。

◉辞書を鍛えよう

MS-IME は、[標準辞書]・[単漢字辞書]・[郵便番号辞書] などいくつかの変換用辞書を持っているが、そうした辞書は［システム

辞書］と呼ばれ、内容を変えることができない。そのほかに［ユーザー辞書］があり、登録した単語はそこに保存される。

MS-IME では［ユーザー辞書］をカスタマイズ[4]するための［ユーザー辞書ツール］[1]が用意されており、単語表から一気に単語を登録したり、また単語表から新しいシステム辞書を作ったりすることもできる[2]。そうした機能を活用した専門用語の辞書や単語表がインターネットを通じて数多く配布されており、また、ATOK など他の IME 用の辞書データを変換して取り込むこともできる[3]。

IME の辞書をカスタマイズすることを、俗に辞書を「鍛える」という。自分の専門に合う辞書を探して[4]辞書を「鍛え」、快適な入力環境を整えていただきたい。

[4] 用語解説参照。
[1] 言語バー→［ツール］→［ユーザー辞書ツール］とたどって呼び出す。
[2] 詳細は MS-IME のヘルプを参照していただきたい。
[3] ただし、辞書によってはうまく変換できないこともある。
[4] たとえば Vector の MS-IME 用辞書のカテゴリ (http://www.vector.co.jp/vpack/filearea/data/writing/dic/msime/) などには多くの専門用語辞書が登録されている。利用方法については各辞書の解説を参照のこと。

COLUMN

ATOK と Google 日本語入力

日本語 IME は MS-IME だけではない。特に以下の 2 つの日本語 IME は、それぞれに長所をもっていることから、多くのユーザーに支持されている。

ATOK（エイトック）　　　　　　　　　　http://www.justsystems.com/jp/products/atok/

ATOK はジャストシステム社の製品で、登場から約 30 年という MS-IME よりも古い歴史を持つ。単体で販売されるほか、同社のワープロソフト一太郎にもバンドルされている。Windows 版のほか、Linux・Mac OS X・Windows Mobile・Android 版も提供され、カーナビやゲーム機器にまで搭載されるなど、IT 機器の日本語入力環境を下支えする存在ともなっている。

変換効率のよさに加え、充実した支援機能・専門分野の辞書・対応電子辞書との連携機能などによって、有償ソフトでありながら現在でも根強い支持者が多い。

Google 日本語入力　　　　　　　　　　http://www.google.com/intl/ja/ime/

Google 社による日本語入力ソフト。無償で提供されている。Windows 版のほか、Linux・Mac OS X・Android 版も提供されている。

Google が蓄積した Web ページの膨大な情報を利用して辞書を作っているため、たとえば中国関係では三国志の語彙にきわめて強いなど、インターネット上での出現頻度が高い語彙ほど効率よく変換できる。

（山田）

I-2. Windows 7で中国語を入力する

最新版のピンイン IME をインストールする

千田　大介　Chida Daisuke

　　Windows 7 は世界の 100 を超える言語に対応しており、中国語の IME[1] も標準で収録している。しかし Windows 7 標準の簡体字中国語 IME はバージョンが古いささか不具合もあるので、マイクロソフト中国の Web サイトで無償配布されている、最新の微软拼音输入法 2010（以下、MS ピンイン IME）をダウンロードしてインストールしよう。

[1] 用語解説参照。

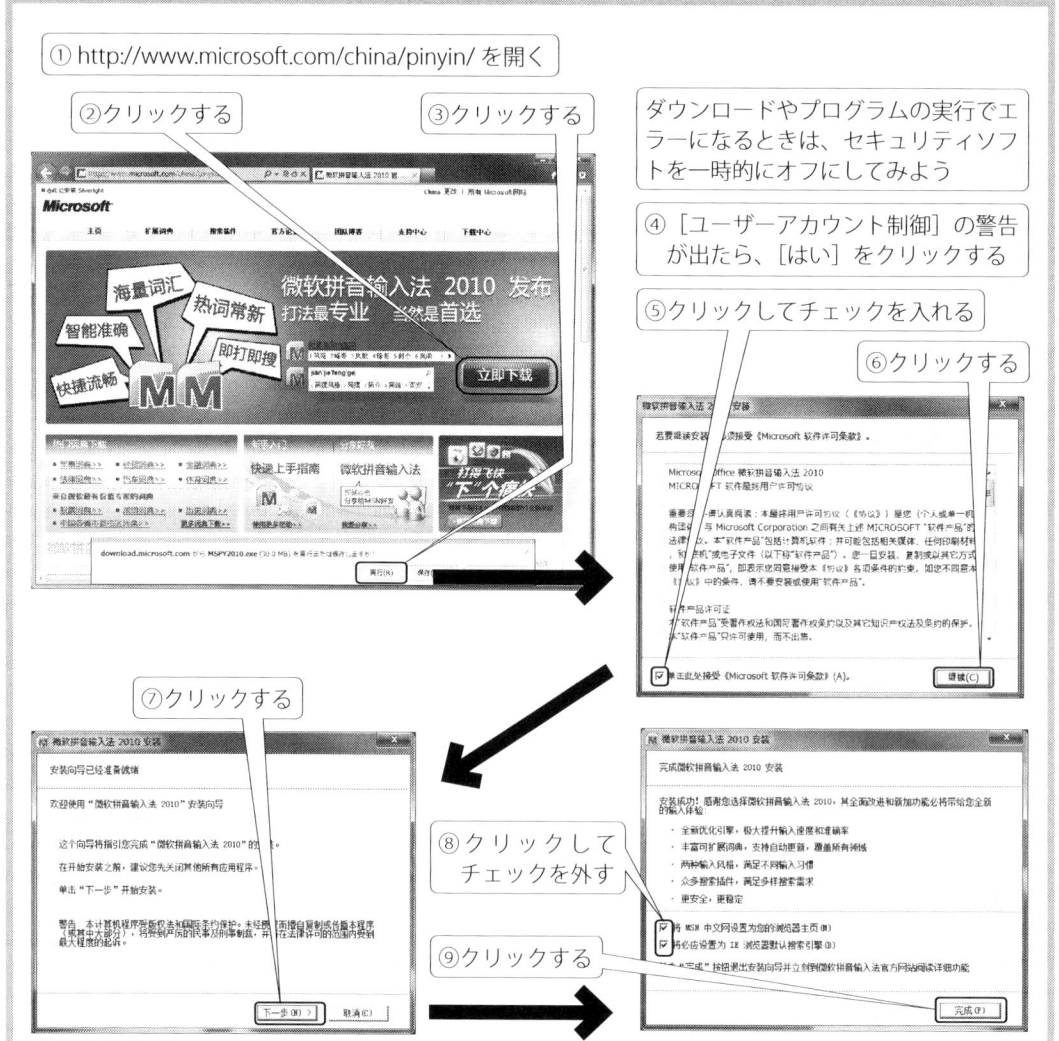

Windows 7 と Office 2010 の入力言語を設定する

千田　大介　Chida Daisuke

◉繁体字中国語を入力できるように設定する

Windows 7ではさまざまな言語に対応しており、必要に応じてテキストサービス（IMEやキーボードレイアウト）[1]を追加するだけで、それらの言語が入力できるようになる。台湾・香港で使われる繁体字中国語であれば、以下のような手順になる[1]。

[1] 用語解説参照。
① 繁体字中国語のIMEもより新しいバージョンが出ているが、旧バージョンでも特に不具合がないので更新しなくてもよい。

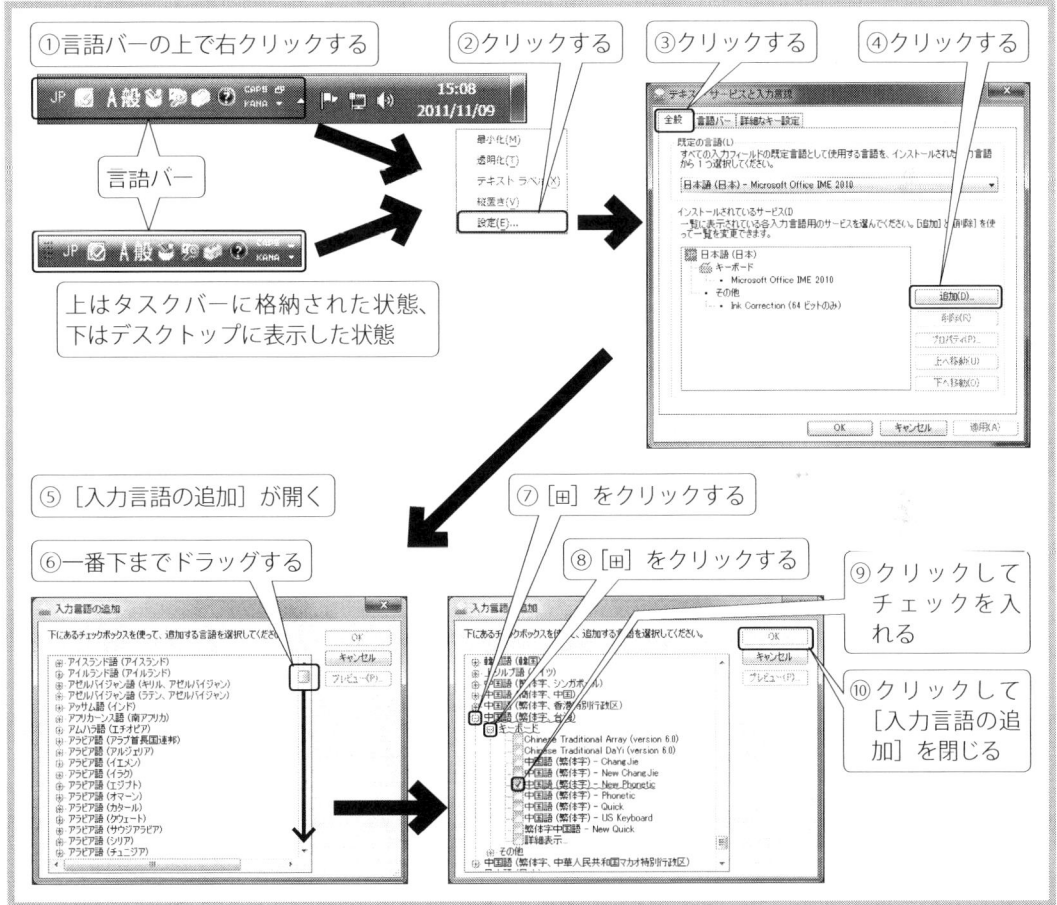

ほかの言語やIMEも、上の手順で追加登録できる。

なお「New Phonetic」の漢字名は「新注音輸入法」（以下、MS新注音IME）、台湾・香港で標準的に使われるIMEだ。注音符号のみならず、ピンインによるローマ字入力にも対応している。さらに、繁体字・簡体字の手書き入力機能があり、UnicodeのExt.B集合[2]の漢字も辞書登録されているなど非常に多機能なので、是非とも活用していただきたい（詳細はp.34以下で解説する）。

[2] p.12参照。

◎入力言語を切り替える

入力する言語は、Windowsの言語バーで切り替える。

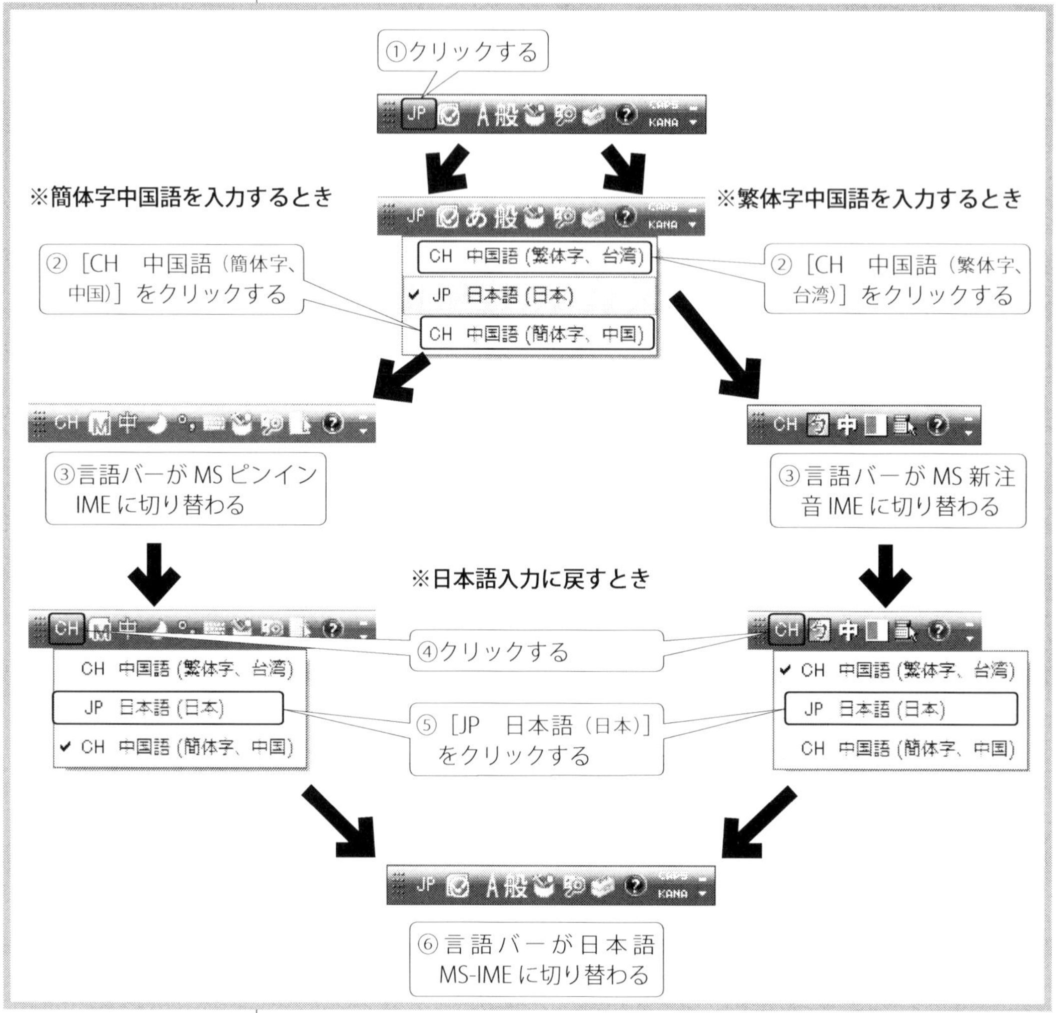

①クリックする
※簡体字中国語を入力するとき
※繁体字中国語を入力するとき
CH 中国語（繁体字、台湾）
JP 日本語（日本）
CH 中国語（簡体字、中国）
②［CH　中国語（簡体字、中国）］をクリックする
②［CH　中国語（繁体字、台湾）］をクリックする
③言語バーがMSピンインIMEに切り替わる
③言語バーがMS新注音IMEに切り替わる
※日本語入力に戻すとき
④クリックする
⑤［JP　日本語（日本）］をクリックする
⑥言語バーが日本語MS-IMEに切り替わる

このように、言語バーのアルファベット2文字の地域の略称をクリックして、入力言語を切り替える。また、言語バーのIMEアイコンをクリックすると、同じ言語の別のIMEに切り替えられる。

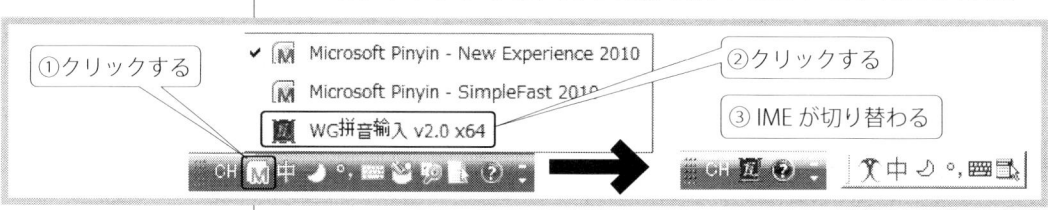

①クリックする
Microsoft Pinyin - New Experience 2010
Microsoft Pinyin - SimpleFast 2010
WG拼音输入 v2.0 x64
②クリックする
③IMEが切り替わる

入力言語やIMEは、以下のショートカット[3]でも切り替えられる。

- 入力言語の切り替え：[Alt]を押したまま[Shift]を押す。
- IMEの切り替え：[Ctrl]を押したまま[Shift]を押す。

[3] p.69参照。

I-2. Windows 7で中国語を入力する

● Office 2010の言語を設定する

Windowsで日本語・英語以外の言語のIMEやキーボードレイアウトを追加すると、Office 2010側は自動でその言語を使用言語として設定して、その言語の校正ツールなどが使えるようになるが、言語によっては自動設定されないこともある。このため、言語を追加したときには、以下の手順でOfficeの言語設定も確認しておこう。

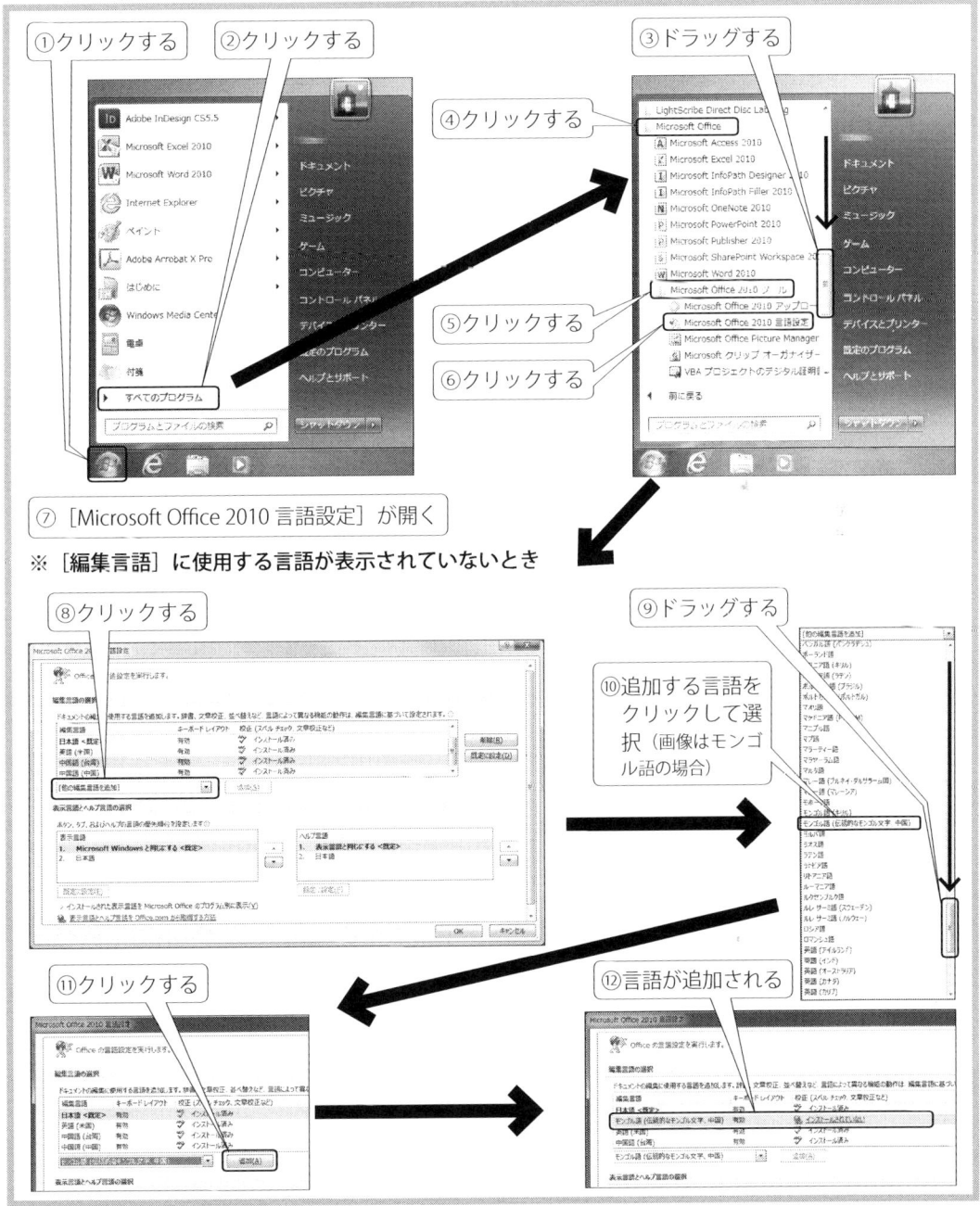

COLUMN

Windows 7で入力できる言語□□■

　Windows 7は世界の100以上の地域と言語に対応したテキストサービスを提供している。もっとも、たとえば英語のテキストサービスがアイルランド、インド、オーストラリア、カナダ、カリブ、ジャマイカ、シンガポール、ジンバブエ、トリニダード・トバゴ、ニュージーランド、フィリピン、ベリーズ、マレーシア、英国、南アフリカ、米国と16種類提供されているなど、同じ言語が貨幣記号の種類やキーボード上の位置の違いといったわずかな差によって複数登録されている例も多いので、対応言語の実数はもう少し小さくなる。

　とはいえ、世界の主要な言語は確実にカバーされており、中国学に関連するところでは、以下のような言語に対応している。

言語	代表的フォント
韓国語	GulimChe
ウイグル語	Microsoft Uighur
モンゴル語（伝統的モンゴル文字）	Mongolian Baiti
チベット語	Microsoft Himalaya
イ語（彝語）	Microsoft Yi Baiti
ラオス語	Lao UI
クメール語	Khmer UI
タイ語	Cordia
サンスクリット語（デーヴァナーガリー）	Mangal
パスパ文字（キーボードレイアウト未提供）	Microsoft PhagsPa

　こうした言語や文字は、しかし、あらゆるソフトウェアで使えるわけではない。たとえば、モンゴル語・ウイグル語・チベット語などの表記法は、アラビア語などと同じように表音文字がくっついてひとつながりになる、いわゆる結合文字になっているので、ソフトウェアが結合文字に対応していないと表現できない。また、アラビア語・ペルシア語などの右から左に書く言語、あるいはモンゴル語のように縦書きで左から右に行を送る言語の場合も、やはりソフトウェア側の対応が必要になる。

　Office 2010に収録された各ソフトウェアは、いずれも結合文字に対応しており、Wordに至ってはモンゴル語の縦書き左右行送りも表現できるなど、多言語への対応が最も進んだソフトウェアの1つであるといえる。　　　　　　　　　　（千田）

Windows 7の中国語フォント□□■

Windows 7には複数の中国語フォントが搭載されている。

簡体字（中国）

フォント名	中国語フォント名	サンプル
SimSun / NSimSun SimSun-ExtB / NSimSun-ExtB	宋体	电脑中国学
SimHei	黒体	电脑中国学
FangSong	倣宋体	电脑中国学
KaiTi	楷体	电脑中国学
Microsoft YaHei	雅黒体	电脑中国学

繁体字（台湾・香港）

フォント名	中国語フォント名	サンプル
MingLiU / PMingLiU MingLiU-ExtB / PMingLiU-ExtB MingLiU_HKSCS /PMingLiU_HKSCS-ExtB	新細明体	電腦中國學
DFKai-SB	標楷体	電腦中國學
Microsoft JhengHei	微軟正黒体	電腦中國學

中国語フォント名の「宋体」は、明朝体と同じ意味で使われている。ただ、日本の明朝体が明代の木版印刷の書体に比較的近く、たとえば「丶」を「｜」や「一」のようにデザインする特徴を持つのに対して、中国・台湾の宋体・明朝体はより楷書に近い「丶」にデザインすることが多い。「黒体」はゴシック体のこと。

名称に「-ExtB」と付いているフォントは、UnicodeのExt.Bの漢字約4万3千字を収録している。簡体字のフォントは、いずれもUnicodeのURO集合とExt.A集合の漢字、約2万7千字を収録している。繁体字フォントは、MingLiUとMicrosoft JhengHeiがURO集合とExt.A集合を、DFKai-SBはURO集合の約2万1千字を収録している。いずれもMS明朝などの日本語フォントよりも遙かに充実している（p.12参照）。

なお、MingLiUはWindows Vista搭載バージョンから「青」・「為」・「讀」などいくつかの字形がUnicodeの規格に沿って更新されているので、古いWindowsで作成したデータを扱うときには注意が必要だ。また、「HKSCS」は「香港増補字符集」の略称で、広東語の方言字など、香港で常用される文字を5千字程度集めたもの。「MingLiU_HKSCS」はMingLiUにHKSCSの文字を追加している。　　　　　　　　　　（千田）

MS ピンイン IME で簡体字中国語を入力する

千田　大介　Chida Daisuke

●基本的な変換方法

　Word を立ち上げて MS ピンイン IME に切り替えたら、中国語を入力してみよう。まず、「你好」と入力する。ピンインを声調なしで「nihao」と入力すればよい。

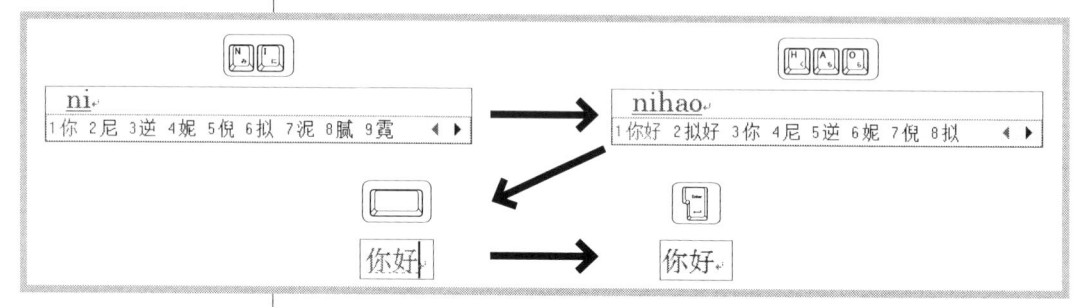

```
ni
1你 2尼 3逆 4妮 5倪 6拟 7泥 8腻 9霓
```

```
nihao
1你好 2拟好 3你 4尼 5逆 6妮 7倪 8拟
```

你好　→　你好

　ピンインを入力するにつれて変換候補が先読みで変化し、□で漢字変換され、□で確定する。このように、声調なしでピンインのアルファベットだけを入力していけばよい。

　次に、短文「妈妈骑马，马慢，妈妈骂马。」を入力してみよう。ピンインは「mamaqima, maman, mamamama.」となる。

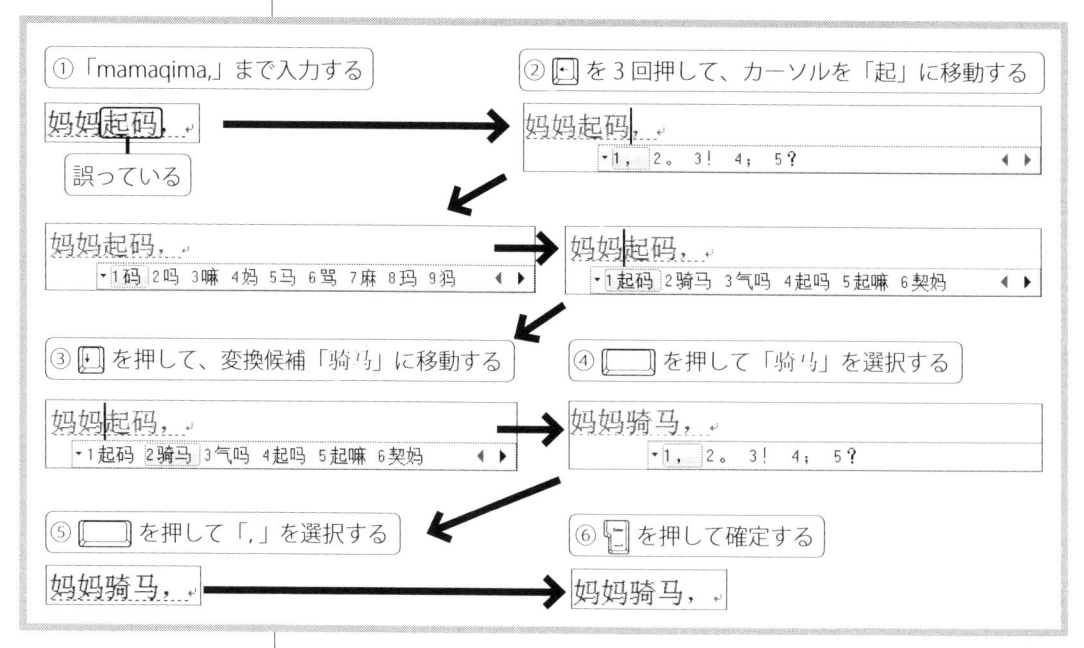

① 「mamaqima,」まで入力する
妈妈起码，
誤っている

② □を3回押して、カーソルを「起」に移動する
妈妈起码，
・1, 2。 3! 4; 5?

妈妈起码，
・1码 2吗 3嘛 4妈 5马 6骂 7麻 8玛 9吗

妈妈起码，
・1起码 2骑马 3气吗 4起吗 5起嘛 6契妈

③ □を押して、変換候補「骑马」に移動する
妈妈起码，
・1起码 2骑马 3气吗 4起吗 5起嘛 6契妈

④ □を押して「骑马」を選択する
妈妈骑马，
・1, 2。 3! 4; 5?

⑤ □を押して「,」を選択する
妈妈骑马，

⑥ □を押して確定する
妈妈骑马，

　MS ピンイン IME のキー操作は、日本語 IME とは異なっている。

　●変換する文字への移動………□□

I -2. Windows 7で中国語を入力する

- ●変換候補の移動……………………… ↑ ↓
- ●前後の変換候補画面に移動…… PageUp PageDown
- ●変換候補の選択……………………… □
- ●確定……………………………… Enter

また、句読点（,。? !；：など）を入力した後で引き続き文字を入力すると、句読点より前が確定される。

同じ要領で、残りの「马慢，妈妈骂马。」(maman, mamamama.) も入力・変換してみよう。

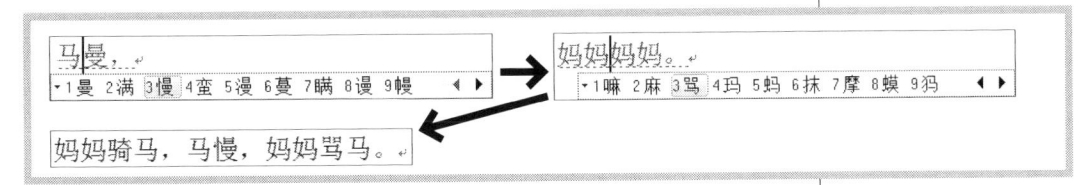

```
马曼
1曼 2满 3漫 4蛮 5漫 6蔓 7瞒 8漫 9幔
```
→
```
妈妈妈妈。
1嘛 2麻 3骂 4玛 5妈 6抹 7摩 8蟆 9犸
```

```
妈妈骑马，马慢，妈妈骂马。
```

母音から始まるピンインを含むセンテンスを変換するときには注意が必要だ。「从西安到北京」と入力してみよう。

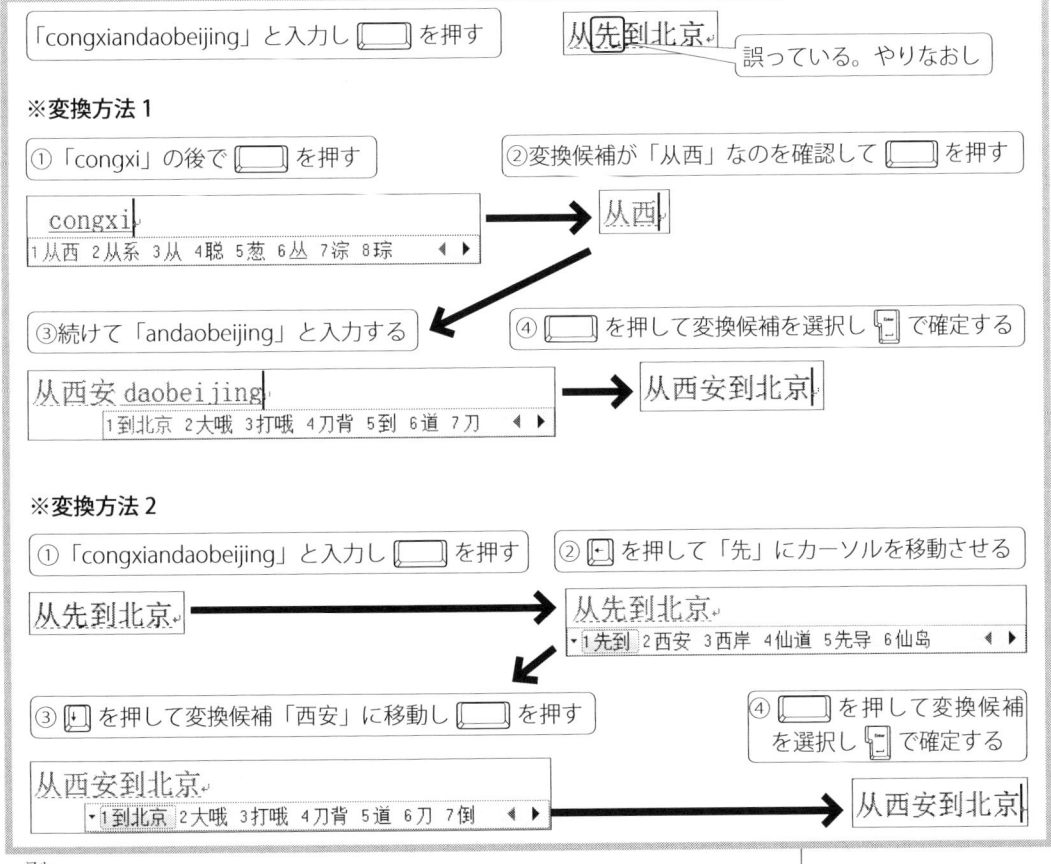

「congxiandaobeijing」と入力し □ を押す　　从先到北京　誤っている。やりなおし

※変換方法1

①「congxi」の後で □ を押す　　②変換候補が「从西」なのを確認して □ を押す

```
congxi
1从西 2从系 3从 4聪 5葱 6丛 7淙 8琮
```
→ 从西

③続けて「andaobeijing」と入力する　　④ □ を押して変換候補を選択し □ で確定する

```
从西安daobeijing
1到北京 2大哦 3打哦 4刀背 5到 6道 7刀
```
→ 从西安到北京

※変換方法2

①「congxiandaobeijing」と入力し □ を押す　　② □ を押して「先」にカーソルを移動させる

从先到北京　→　从先到北京
　　　　　　　　1先到 2西安 3西岸 4仙道 5先导 6仙岛

③ □ を押して変換候補「西安」に移動し □ を押す　　④ □ を押して変換候補を選択し □ で確定する

从西安到北京
1到北京 2大哦 3打哦 4刀背 5道 6刀 7倒
→ 从西安到北京

r化の「儿」（アル）は、単独の漢字として入力する。「这儿」であれば

「zheer」と入力する。「zher」では変換できない。

```
zheer
1这儿 2这二 3这 4着 5者 6折 7哲 8浙
```

ピンインで使われる「ü」はキーボードに無いので、「v」で代用する。

```
lvxing
1旅行 2履行 3率 4绿 5吕 6铝 7驴 8律
```

特殊なピンイン表記の漢字は、以下のように代替入力する。

漢字（例）	ピンイン	入力
诶	ê	ea
噷	hm	hen
哼	hng	heng
呒	m	mu
嗯	n, ng	en

中国語を入力すると、Wordは自動で中国語フォント［SimSun］に切り替えて表示してくれるが、何かの拍子でフォントが自動で選択されず不揃いになってしまうことがある。その場合は、中国語部分を選択して［SimSun］などの中国語フォントに切り替える[1]。

[1] p.27 参照。

◉ MS ピンイン IME のモード切替と設定

IME バーに表示される各アイコンをクリックすると、入力モードを切り替えたり、設定画面を呼び出したりすることができる。

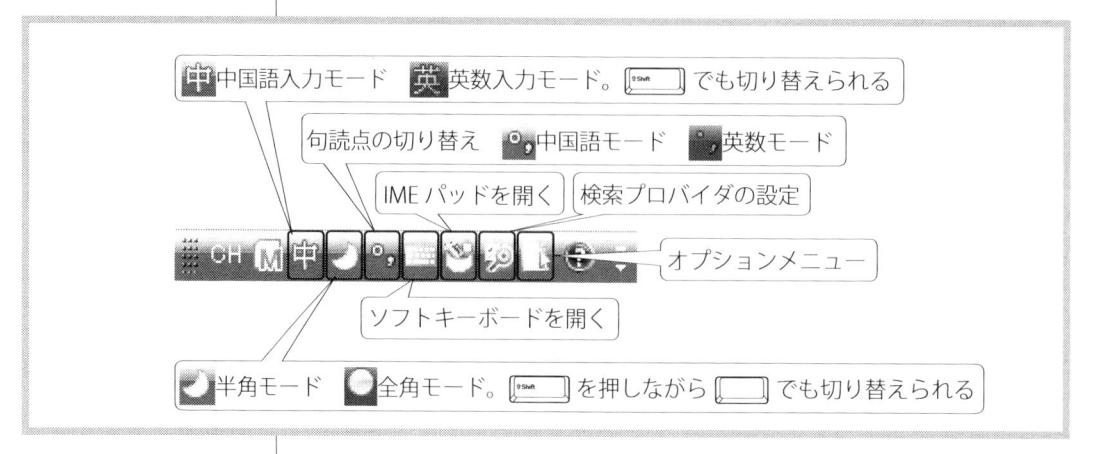

- 中 中国語入力モード　英 英数入力モード。[Shift]でも切り替えられる
- 句読点の切り替え　中国語モード　英数モード
- IME パッドを開く　検索プロバイダの設定
- オプションメニュー
- ソフトキーボードを開く
- 半角モード　全角モード。[Shift]を押しながら[　]でも切り替えられる

中国語の入力中に突然、漢字変換ができなくなって驚くことがあ

るが、それはたいてい英数入力モードに切り替わったことが原因なので、[Shift]を押して中国語入力モードに戻そう。

［オプションメニュー］では専門用語辞書・入力モードなどを設定できるが、一般的な使用であれば特に変更する必要はない。

[1] キーボードの種類。アメリカのWindowsパソコンで使われる。合計104のキーがあることからこのように呼ばれ、旧来の101キーボードに、[■]2個と[■]を追加したもの。ちなみに、日本のWindowsパソコンで使われるのは109キーボード。

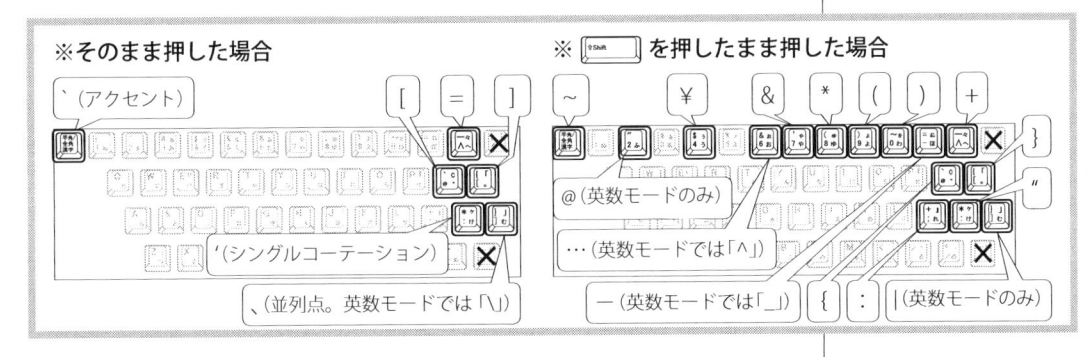

● 記号の入力

中国ではアメリカ式の104キーボード[1]を使っているため、日本の109キーボードとは記号の場所が違っている。

※そのまま押した場合　　　　　　　　　　※[Shift]を押したまま押した場合

`（アクセント）　　　　　［　＝　］　　　　　～　￥　＆　＊　（　）　＋
　　｝
　　　　　　　　　　　　　　　　　　　　　　　　　　　　　　　　　　　＠（英数モードのみ）
　　"
　　　　　　'（シングルコーテーション）　　　…（英数モードでは「^」）
　　　　　　　、（並列点。英数モードでは「\」）　　　—（英数モードでは「_」）　｛　：　｜（英数モードのみ）

COLUMN

フリー中国語 IME □□■

中国では近年、フリーの中国語 IME が人気を集めている。

捜狗ピンイン IME（搜狗拼音输入法）　　　　　http://pinyin.sogou.com/

中国四大ポータルサイト（用語解説参照）の1つ搜狐が提供する IME で、2006年に公開された。現在、中国でトップシェアを誇る。辞書の更新も頻繁で、新たに登録された語彙が［熱門詞］としてポップアップ表示されるので、新語・流行語をウォッチする上でも有用である。ポップアップ広告が煩わしいといった問題もある。

Google ピンイン IME（谷歌拼音输入法）　　http://www.google.com/intl/zh-CN/ime/pinyin/

2007年に Google 中国が配布を開始した IME。2009年の公開の Google 日本語入力は、むしろ中国向けサービスの後追いである。こちらも辞書の更新が頻繁で、また Google アカウントを使って複数 PC の個人設定を同期させることもできる。

これらのフリー中国語 IME の影響からか、MS ピンイン IME もインターネットを通じた辞書更新に対応するようになっている。

（千田）

WG ピンイン IME で声調符号付きピンインを入力する

千田　大介　Chida Daisuke

◉ WG ピンイン IME のセットアップ

中国ではピンインと呼ばれるローマ字発音表記法が使われているが、Windows には入力用の IME が搭載されておらず、いちいち文字パレットから声調符号のついたローマ字を探さなくてはならない。

ここで紹介する「WG ピンイン IME」は、筆者が中国の IME 生成ツール[1]によって作成・配布している、フリーの声調符号付きピンイン入力専用の IME だ。32 ビット版と 64 ビット版がある[2]。

[1] 多多輸入法生成器。http://vnnv.org/softs/ddimegen/

[2] Windows が何ビット版なのかは、[スタートメニュー] → [コントロールパネル] → [システムとセキュリティ] → [システム] で確認できる。

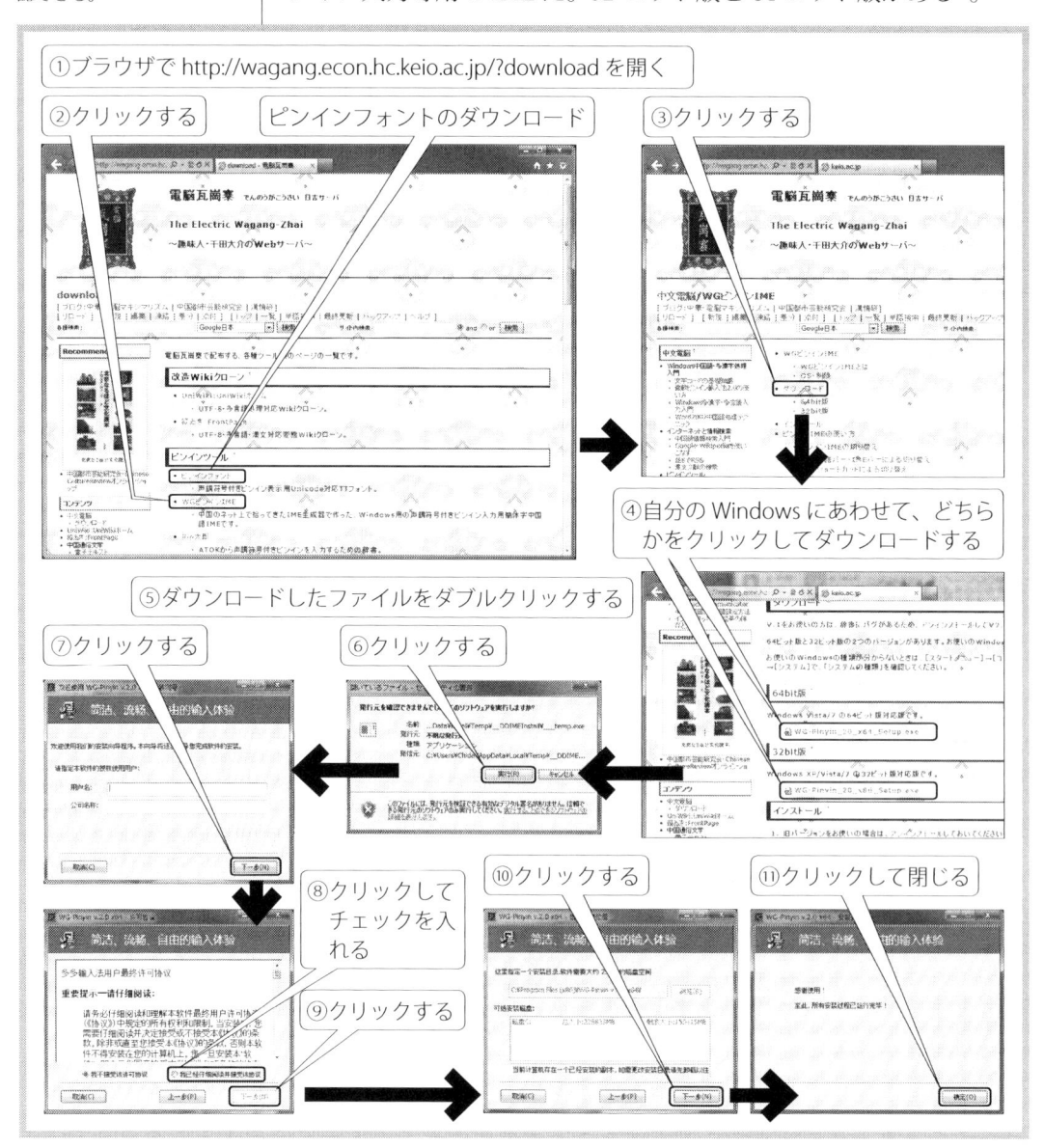

①ブラウザで http://wagang.econ.hc.keio.ac.jp/?download を開く

②クリックする

ピンインフォントのダウンロード

③クリックする

④自分の Windows にあわせて、どちらかをクリックしてダウンロードする

⑤ダウンロードしたファイルをダブルクリックする

⑥クリックする

⑦クリックする

⑧クリックしてチェックを入れる

⑨クリックする

⑩クリックする

⑪クリックして閉じる

32

◎ WG ピンイン IME で声調符号付きピンインを入力する

WG ピンイン IME は簡体字中国語の IME なので、入力するときには入力言語と IME を切り替える[1]。

[1] p.24 参照。

①言語バーで中国語入力に切り替える
②クリックする
③クリックする
④ WG ピンイン IME に切り替わる
MS ピンイン IME に切り替えるときはクリックする

後は「ローマ字＋数字」を入力していけば、声調符号付きピンインに自動で変換される。このとき、数字の入力にはメインキーボード上部のキーを使うこと。テンキーを使うと変換できない。

 Ri4ben3ren2　→　Rìběnrén
 yi1huir4　→　yīhuìr

大文字＋声調符号は、大文字で入力・変換する。

 Ai4ren2　→　Àirén

ピンインの「ü」は「v」で代替入力する。

 lv3xing2　→　lǔxíng

軽声は「ローマ字＋0」で入力・変換する。「ü」はこの方法で入力する。

 v0　→　ü
 zhuo1zi0　→　zhuōzi

「ü」以外は、ローマ字＋□でも入力できる。

 kan4qilai□　→　kànqilai

なお、声調符号付きピンインの表示には、前記 Web ページから WG ピンイン IME と一緒にピンインフォントをダウンロードして使うことをお勧めする。

MS 新注音 IME で繁体字中国語を入力する

千田　大介　Chida Daisuke

● MS 新注音 IME をローマ字ピンイン入力に設定する

台湾・香港で使われる MS 新注音 IME は、中国語の発音表記法の1つ、注音符号[1]で入力する IME だが、設定を変更すればピンインでローマ字入力することもできる。あわせて、いくつかの項目も設定しておこう。

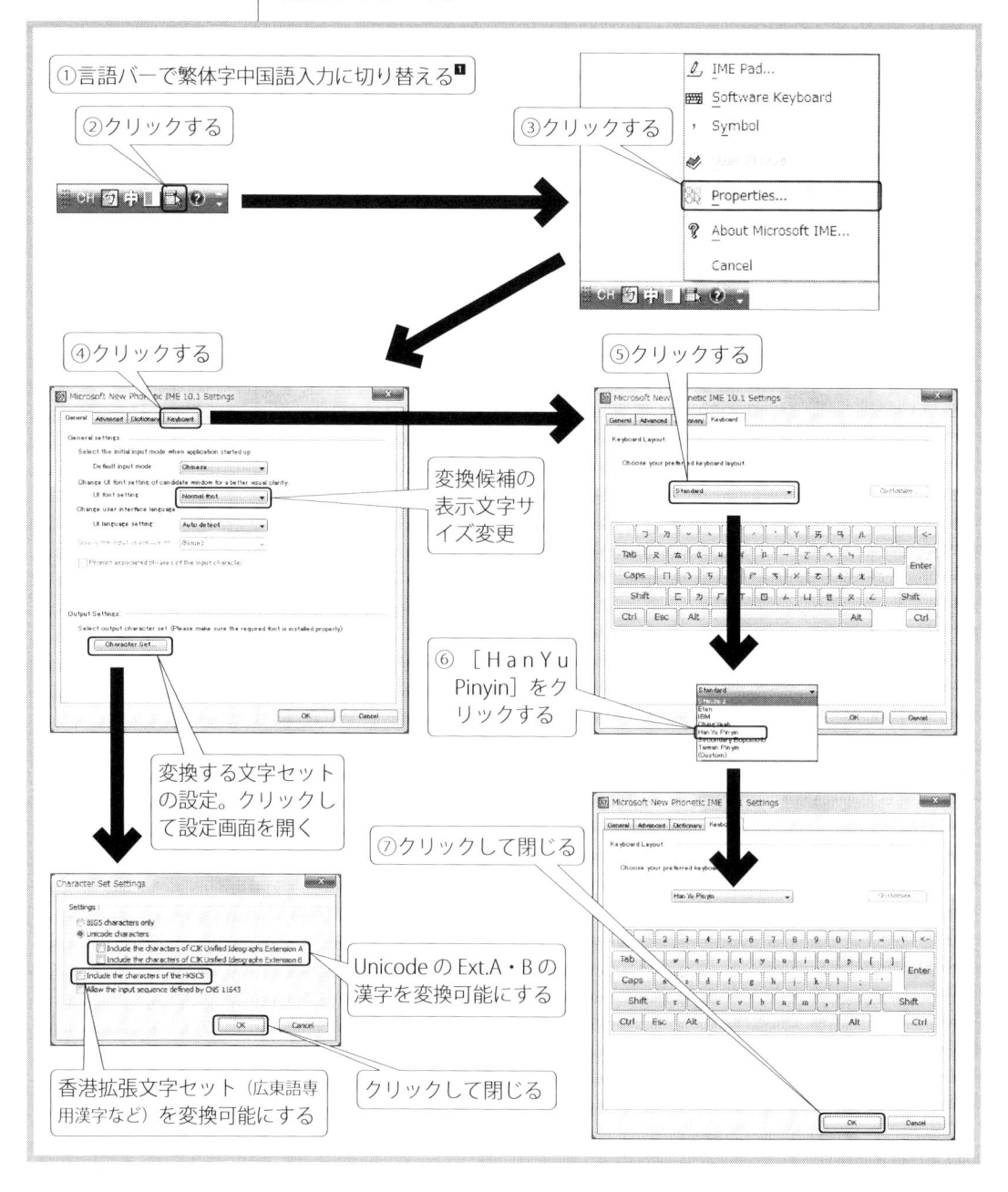

[1] 1918年に公布された中国語の発音表記法。先頭の四文字「ㄅㄆㄇㄈ」から「ボポモフォ」と呼ばれる。台湾では現在も学校教育などで広く用いられている。
■ p.24 参照。

① 言語バーで繁体字中国語入力に切り替える
② クリックする
③ クリックする
④ クリックする
⑤ クリックする
⑥ ［HanYu Pinyin］をクリックする
⑦ クリックして閉じる

変換候補の表示文字サイズ変更

変換する文字セットの設定。クリックして設定画面を開く

Unicode の Ext.A・B の漢字を変換可能にする

香港拡張文字セット（広東語専用漢字など）を変換可能にする

クリックして閉じる

◉ MS 新注音 IME で繁体字中国語を入力する

繁体字で「好文出版」(haowenchuban)と入力してみよう。MS 新注音 IME でも声調なしでピンインのローマ字を入力すればよい。

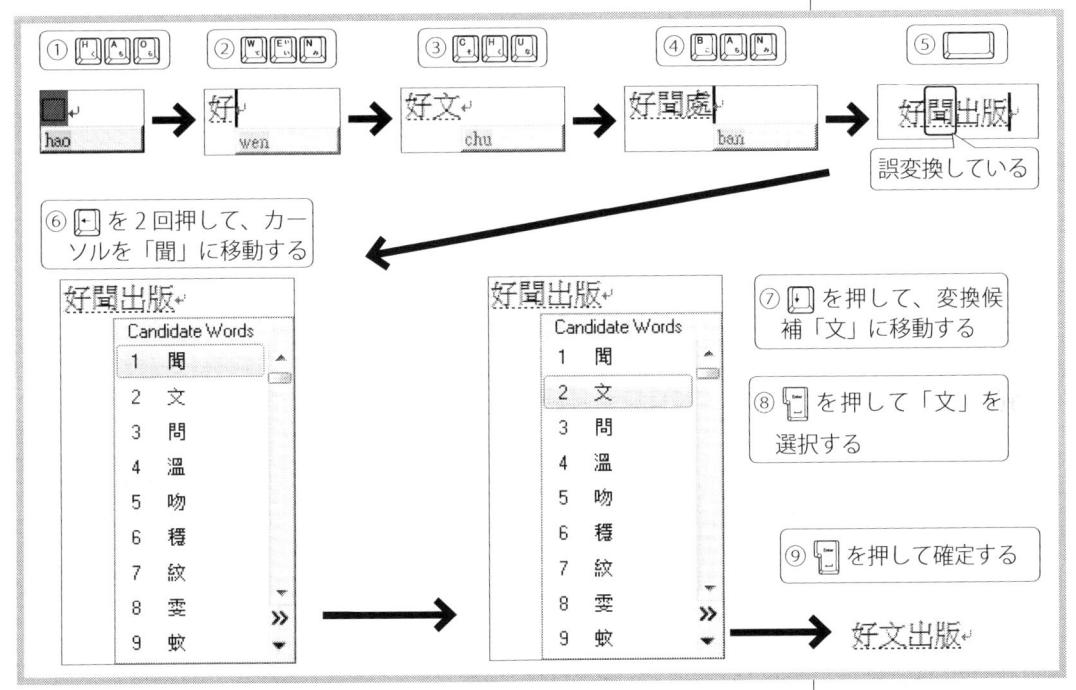

① H A O ② W E N ③ C H U ④ B A N ⑤ □(Space)

hao → 好. wen → 好文. chu → 好文處 ban → 好聞出版
誤変換している

⑥ ← を2回押して、カーソルを「聞」に移動する

⑦ ↓ を押して、変換候補「文」に移動する

⑧ Enter を押して「文」を選択する

⑨ Enter を押して確定する

→ 好文出版

MS 新注音 IME のキー操作は、以下のようになる。

- ピンインを漢字に変換………… □(Space)
- 変換する文字への移動………… ←→
- 変換候補の移動………………… ↑↓
- 前後の変換候補画面に移動…… PgUp PgDn
- 変換候補の選択………………… Enter
- 変換候補を閉じる……………… Esc
- 確定……………………………… Enter

また変換候補画面で Tab を押すと、変換候補画面が展開する。

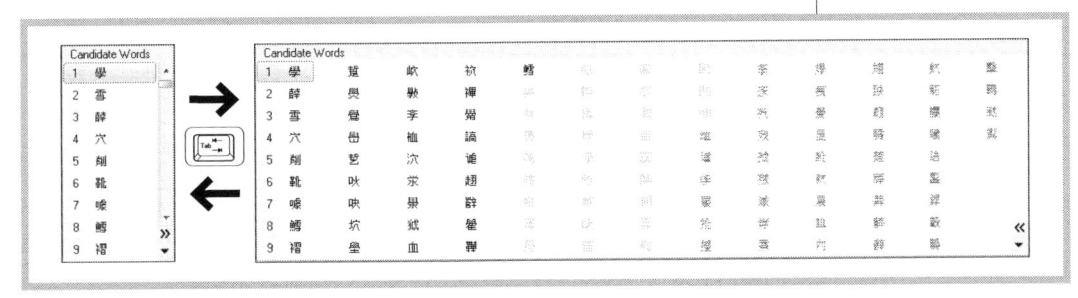

変換候補のうち、緑で表示されるのがExt.A集合の、赤で表示されるのがExt.B集合の漢字である。

このほか、「ü」を「v」で代替するのは、簡体字のIMEと変わらない。台湾国語の漢字の読音には中国本土の普通話と食い違うものがある点には、注意が必要だ。また、台湾もアメリカ104キーボードを採用しているので符号の位置が日本語キーボードとずれている。詳しくはp.31を参照していただきたい。

◎ MS新注音IMEのIMEバー

MS新注音IMEのIMEバーの各アイコンをクリックすると、入力モードを切り替えることができる。

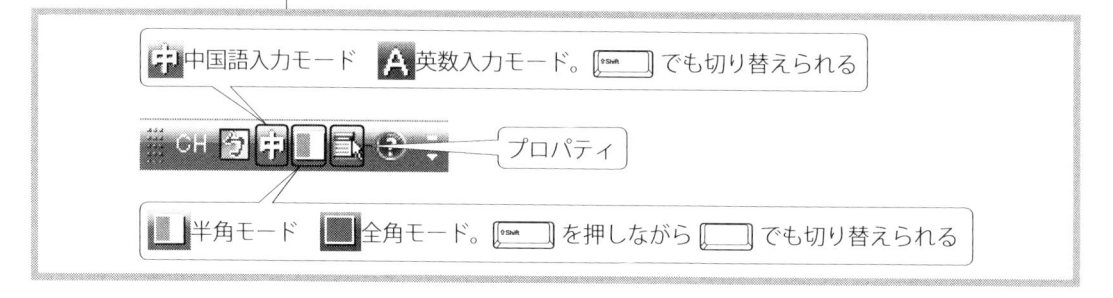

中 中国語入力モード　A 英数入力モード。Shift でも切り替えられる

プロパティ

半角モード　全角モード。Shift を押しながら でも切り替えられる

COLUMN

独自コード系中国語システム

1990年代後半、Windows 95/98の時代には、中国語を扱うのに何かと困難がつきまとった。そんな時代に開発されたのが、日本のJISコードのコード番号にメーカーが独自に簡体字を割り振ったフォントと専用のIMEを作り、日本語Windowsで中国語を表現できるようにした独自コード中国語システムで、ChineseWriter・cWnn・中文起稿などがあった。当時は中国語文書の作成に重宝したものだが、しかしメーカーによってコード番号と簡体字との対応に互換性がなく、またWebページの検索や電子メールに使えないなどの欠点があった。

WindowsがUnicodeに完全対応し中国語IMEが標準搭載されるようになった現在、一般ユーザーが独自コードの中国語システムを使う必要はほとんどなくなったが、たまにそれらのシステムで作られたファイルを見かけることがある。それらは針谷壮一氏作の「RTFコンバータ」（http://www5b.biglobe.ne.jp/~harigaya/rtfcnv.html）でUnicode対応ファイルに変換することができる。　　　　　　　　　　（千田）

中国語を手書き入力する

千田　大介　Chida Daisuke

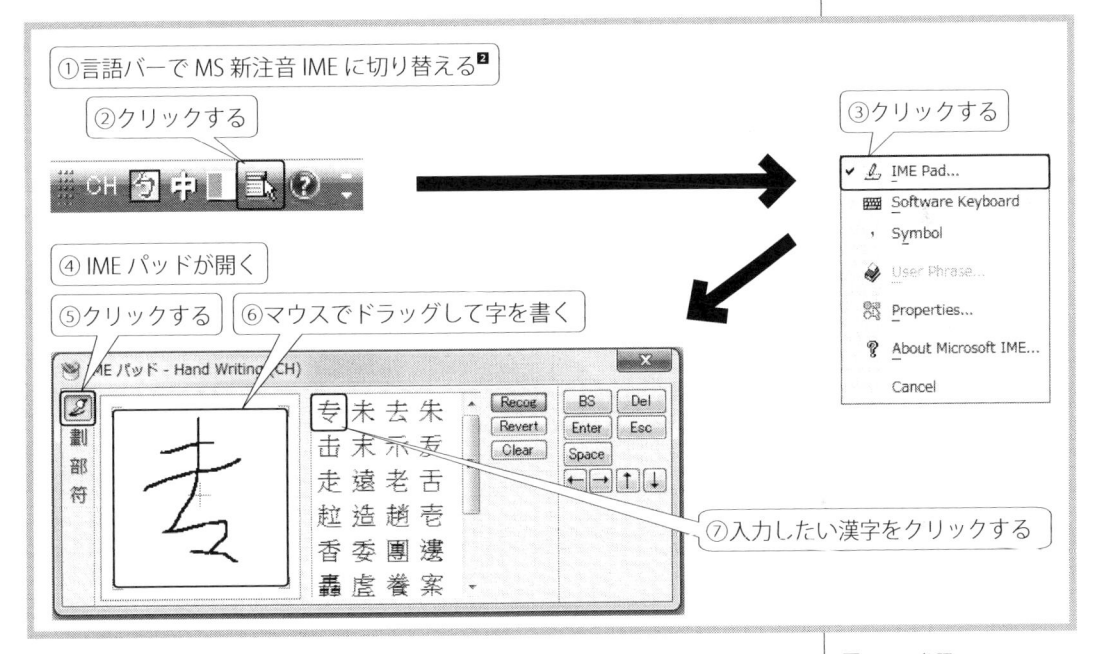

● MS 新注音 IME の IME パッドを使う

漢字のピンインがわからないときには、IME パッドを使って手書きで漢字を入力できる。中国語の手書き入力に対応した IME パッドは、MS ピンイン IME には搭載されていない[1]ので、MS 新注音 IME[1]のものを使うことになる。

[1] Office 2010 言語パックを導入すると使えるようになる。p.66 参照。
[1] p.34 参照。

①言語バーで MS 新注音 IME に切り替える[2]
②クリックする
③クリックする
④ IME パッドが開く
⑤クリックする
⑥マウスでドラッグして字を書く
⑦入力したい漢字をクリックする

上図のように、MS 新注音 IME の IME パッドでは繁体字のみならず簡体字をも認識できる。一方、日本の常用漢字体は認識できず、Unicode の Ext.A・B 領域の漢字にも対応していない。

また、Word に MS 新注音 IME の IME パッドから入力した漢字は繁体字中国語として認識されるため、フォントは自動的に「PMingLiU」に設定される。簡体字を入力した場合は、忘れずに簡体字フォントに切り替えよう。

このほか、インターネットで公開されているフリーの手書き入力ツールを使うこともできる。代表的なものに文淵閣『四庫全書』電子版[3]の開発元として知られる北京書同文社が提供する「Qpen」[2]があり、ブラウザ上で手書きで文字を認識させ、その結果をコピーして Word などに貼り付けることができる。

[2] p.24 参照。

[3] p.198 参照。
[2] http://hanzi.unihan.com.cn/Tools/Qpen/

I-3. インターネットで中国語

文字化けせずに Web ページを見る

千田　大介　Chida Daisuke

◎文字化けしたら文字コード切り替え

　海外の Web ページを見ていると、ときおりページ全体が意味不明の文字に埋め尽くされてしまう、という現象が発生する。これが文字化けだ。文字化けが発生したときは、Internet Explorer の表示文字コード設定を切り替えてやればよい。

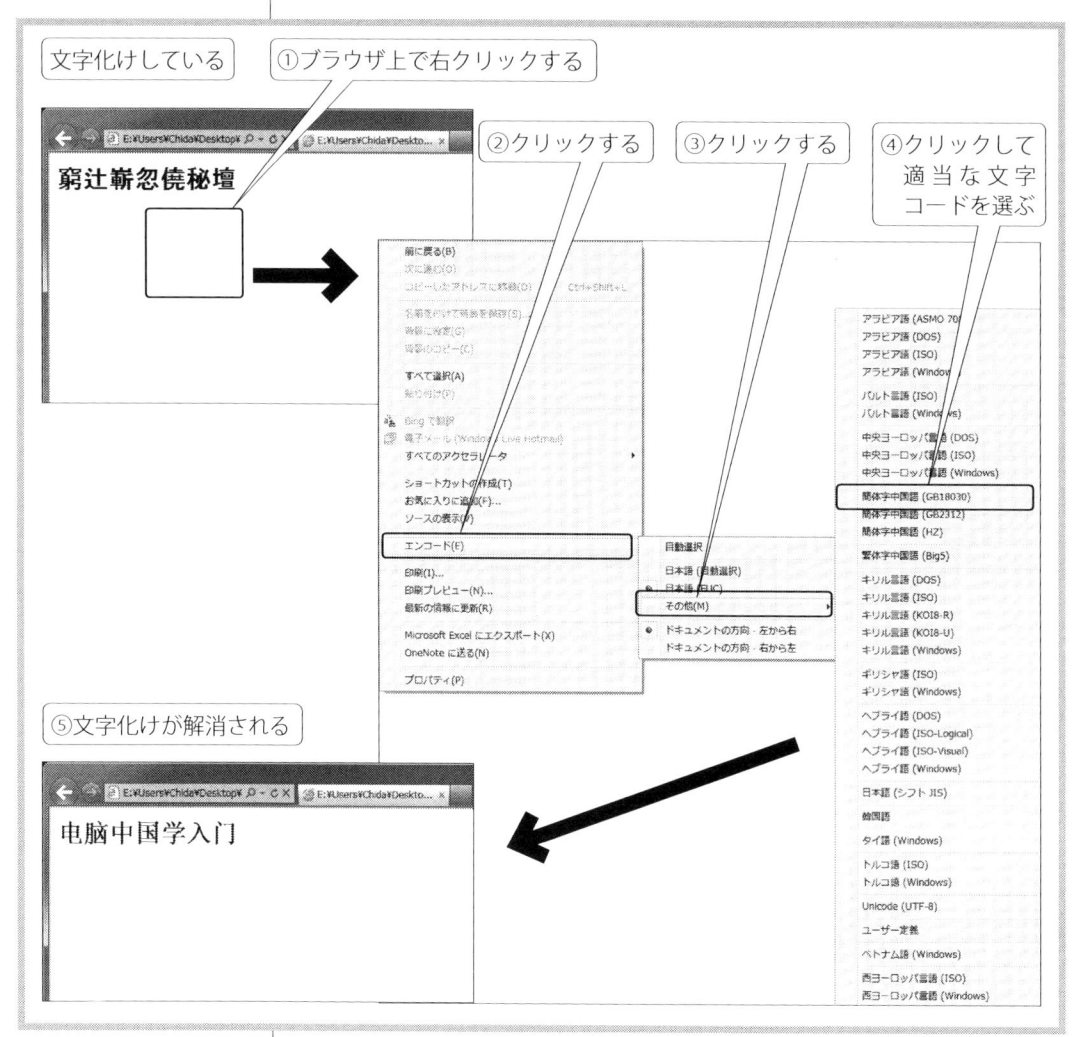

　このほか、[Alt]を押して［表示］→［エンコード］で切り替えることもできる。右クリックでうまくいかないときは試してほしい。

文字化けにもいろいろとパターンがあり、意味不明の文字列になることもあれば、何も表示されないときもある。

歴史的に東アジアの各国と地域ではそれぞれ独自の文字コードが作られてきたため、Unicode が普及した現在でも Web ページの多くは各地域のローカルコードで記述されている。このとき、Web ページにどの文字コードで表示するかという情報が記述されていなかったり、記述されていてもまちがえていたりすると、ブラウザが誤った文字コードでページを表示してしまい、文字化けが発生するのだ。

● 東アジアの言語と文字コード

文字化けした際にどの文字コードに切り替えればよいかは、そのページがどの地域・言語のものなのかを考えれば、推定できる。

言語	文字コード	解説
日本語	自動選択	日本語のブラウザはこれがデフォルト[1]
	EUC-JP	Unix 系 OS で使われる日本語文字コード
	シフト JIS	Windows で使われる日本語文字コード
簡体字中国語	GB 18030	中国の文字コード。簡体字のページはこれを選ぶ
	GB 2312	中国の文字コード。GB 18030 よりも古い規格
	HZ	北米で中国語表示に使われた文字コード。現在はほとんど使われていない
繁体字中国語	Big5	台湾・香港・マカオなどで使われる文字コード
韓国語	KS	韓国の文字コード
Unicode	UTF-8	p.12 参照

日本語の EUC-JP とシフト JIS は、符号化方式[2]が違うだけで、収録している文字は JIS コード[3]と変わらない。

簡体字中国語の文字コードのうち、GB 18030 は Unicode の漢字をすべて取り込んでおり、現在、約 7 万字の漢字を収録する。GB 2312 は 1980 年に制定されたもので、7 千字弱の簡体字を収録する。簡体字中国語の電子メールは一般に GB 2312 を使う。

台湾の Big5 コードは、エイサーなど台湾の 5 大パソコンメーカーが共同で開発した文字コードで、約 1 万 3 千字の漢字を収録する。台湾のほか、香港・マカオでも使われている。

中国語のページが文字化けしているときには、たいてい［GB 18030］か［Big5］を選べばよいが、まれに［UTF-8］の場合もある。文字化けが解消しないときには、いろいろと文字コードを変えて試していただきたい。

[1] 用語解説参照。
[2] p.12 参照。
[3] p.11 参照。

Gmail で中国語メール

千田　大介　Chida Daisuke

●便利な Gmail

　Gmail は Google が提供するフリーのメールサービスだ。メールボックスが Google のサーバ上に置かれ、ユーザーはブラウザでアクセスしてメールを読み書きする、いわゆる Web メールのスタイルを取る。1 つのメールアドレスを複数のパソコンで共有しても同じようにメールを読み書きできる、メールをパソコン上に保存する必要がないのでウイルス感染の危険性が少ないといった利点と、システムの信頼性から、Gmail はビジネスの現場でも広く利用されているほか、メールシステムに Gmail を採用する大学も現れている。

　Gmail を使うには、まず Google アカウントを作らなくてはならない。Google トップページ[1]上部の［Gmail］をクリックし、［アカウントを作成］ボタンをクリック、必要事項を記入して申し込む。

　Gmail では特に何も設定しなくても、そのままで中国語のメールを読み書きできる。作成したメールを送信する際に、システムが自動で言語をチェックして、簡体字なら GB 2312、繁体字なら Big5 に変換してくれる。複数言語が混在していると UTF-8 が選ばれる。

[1] http://www.google.co.jp/

●中国語メールの注意点

　Gmail を利用する際に注意したいのが、中国国内からのアクセスだ。Google は中国政府と対立しているため、ときおりアクセスが遮断されてしまう。中国に行くときには Gmail 以外のメールサービスも用意しておいた方が安心だ。

　また中国では電子メールが検閲されているので、政治的に不適切な内容のメールを送った場合、自分や相手に思わぬ迷惑が降りかかる危険性がある。中国との、また中国でのメールの送受信には十分注意しよう。

Gmail のメール作成画面

COLUMN

メールソフトと Web メール□□■

　メールを読んだり書いたりするアプリケーション（メールクライアント）には、大きく分けるとメールソフトと Web メールの 2 種類がある。Office を買うとついてくる Outlook などは前者で、前ページで紹介している Gmail などは後者にあたる。大学や企業では、Web メールを使うことが多いのではないかと思う。パソコンごとにソフトウェアをインストールして各種設定をしなければならないメールソフトに比べて、Web ブラウザさえあればどこでもすぐに読み書きができる Web メールのほうが手軽であることはまちがいない。

　しかし、Web メールにもデメリットがある。一番のネックは、インターネットにつながっていない状況（オフライン）では利用できないということだ。最近、街中に無線 LAN が飛び交うようになって、一昔前に比べればインターネットにアクセスしやすくなったとはいえ、まだまだオフラインでメールを読みたいこともある。そういった機会が多い人は、メールソフトを使わざるを得ない。もっとも、Gmail のようにブラウザだけでなく任意のメールソフトでも読むことができるサービスも多いので、両方を併用するという手もある。

　前ページでも述べられているように、中国で Gmail を使うには注意が必要だ。Gmail に限らず、中国から中国国外の Web メールのサービスを利用する場合には、アクセスできなくなるかもしれない、というリスクが多かれ少なかれつきまとう。メールソフトであれば、新着メールにはアクセスできなくなったとしても、過去に受信したメールは読むことができる。

　また概して、Web メールは、メールソフトと比べると、機能の自由度という点で劣る。個人で Web メールを使っている場合には、機能的に気に入らなければ別のものに移行することもできるだろうが、大学や企業で提供されている Web メールのサービスだとそう簡単にもいかない。Gmail のようなグローバル企業のメールサービスであればともかく、日本のサービスプロバイダーが提供しているものだと多言語機能が弱い（日本語だけを前提にしている）ものもある。中国語などでメールをやりとりしなければいけないユーザーにとって、それは致命的だ。

　いずれにせよ、現代人にとって、メールクライアントの使いこなしは必須のスキルといえるだろう。メールソフトと Web メールのどちらが自分にとって便利なのかを見きわめる力もその 1 つだ。

（師）

多言語でブログ・SNS

師　茂樹　Moro Shigeki

●情報発信をしよう

　世の中には、ブログやTwitter(ツイッター)で日記のようなものをマメに書いている人がいる。なぜ、そのようなことをするのだろうか。何かを表現したい、目立ちたい…等々、書いている人それぞれに理由はあるだろうが、1つ指摘しておきたいのは、情報は発信している人のところに集まってくるものだ、ということである。つまり、ブログなどで情報発信をする大きな理由として、情報を手に入れやすくなるから、というのがある。

　一昔前であれば、ホームページ制作ソフトを使ってWebページを自分でデザインする、というのがインターネットでの情報発信の主流であったが、現在ではブログやWiki(ウィキ)[1]のように比較的容易に内容を更新できるシステム（コンテンツ・マネジメント・システム、CMS）を利用する人が多くなってきた。

　また近年、ソーシャル・ネットワーキング・サービス（SNS）と呼ばれるサービスも急速に普及している。これもCMSの一種だが、特に人と人との結びつきやコミュニケーションを促進することを目的としたものである。

　どのシステムにも目的に応じた向き不向きがあるので、いろいろ試してみて自分にあったものを選ぶとよいだろう。

●ブログ

　日本語だけでなく、中国語などの外国語を使って情報発信をしたい、となると、利用するCMSも多言語対応したものが望ましい。そうなると、日本語ユーザーを相手にしている日本企業のサービスよりも、グローバルな企業のサービスのほうが、使い勝手がよい場合が多い。

　日本のブログサイトで多言語対応（要するにUnicode対応）しているところはまだ限られている。大手のサービスとしては@niftyのココログ[1]などが代表的である。一方、GoogleのBlogger[2]は、Unicodeに対応しているだけでなく、（Googleの他のサービスと同様）インターフェイス[2]の言語も多言語に対応している。140字だけ投

---

[1] 用語解説参照。

[1] http://www.cocolog-nifty.com/
[2] http://www.blogger.com/

[2] 用語解説参照。

I-3. インターネットで中国語

稿でき、マイクロブログに分類される Twitter[3]も、同じように多言語対応している。

[3] http://twitter.com/

● SNS

日本国内では mixi[4]や GREE[5]などが有名であるが、参加者のほとんどが日本人なので、海外の情報を集めたり、海外の人々と交流したりするのには向いていない。いろいろな言語で書かれた情報を読んだり、発信したりするためには、ブログと同様グローバルな企業の SNS を利用するのがよいだろう。代表的なところでは、Facebook(フェイスブック)[6]のように世界中から億単位のユーザーを集めているサービスが存在するし、Google にも Google+[7]という SNS が存在する。

Facebook では以下の手順で言語設定を変更できる。

[4] http://mixi.jp/
[5] http://gree.jp/

[6] http://www.facebook.com/
[7] http://plus.google.com/

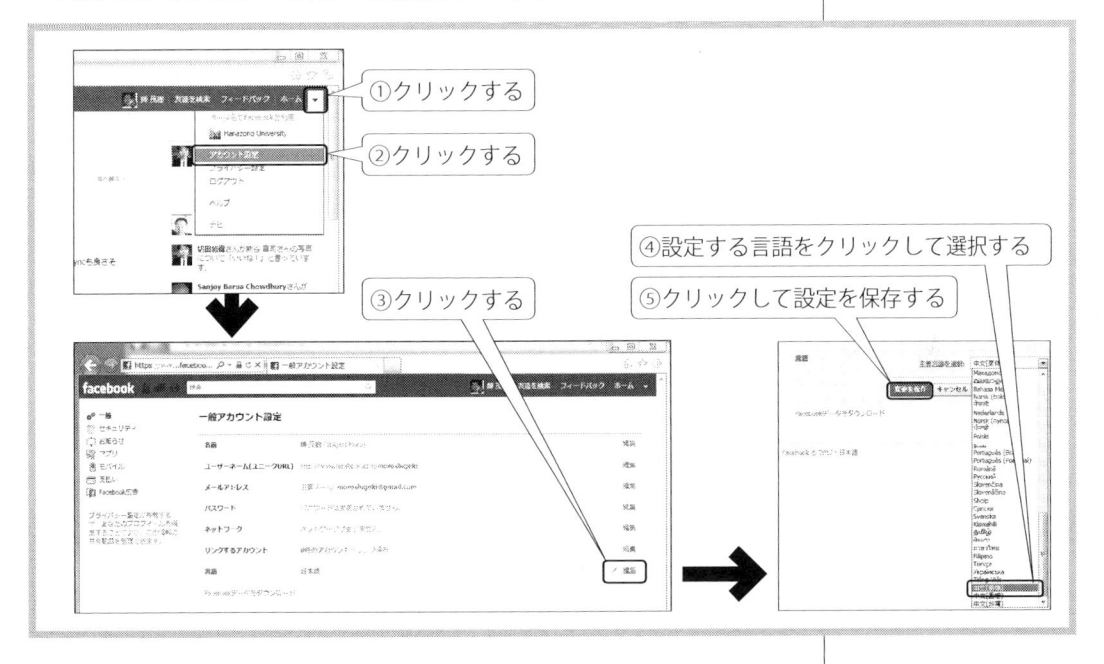

●中国での利用状況

Twitter・Facebook・Google+ などは、いずれも中国での利用が制限されているサービスである。そうでないサービスであっても、中国では不適当とされる情報発信を行えば、いずれ「出入り禁止」となるだろう。そのあたりの事情をふまえたうえで、情報発信を行いたい。

I-4. 論文・レポートのための Word テクニック

Word で長文を作るコツ

千田　大介　Chida Daisuke

● ワンランク上の Word 使いこなし

　Word は多彩な機能を搭載した高機能なワープロソフトだ。とりわけ充実しているのが、論文やレポートなどの長文の作成をサポートする機能で、それらを使いこなすと効率的に美しい論文・レポートを作成することができるようになる。

　以下では、このような論文・レポートの作成に役立つワンランク上の Word の使い方を中心に解説する。

● 読みやすい文書を目指そう

　Word で論文やレポートを読みやすく作る上での大原則は、以下の2点だ。第1に、凝りすぎないこと。論文・レポートは、長時間読んでも疲れないよう、書籍のようなシックなデザインがよい。フォントも MS 明朝・ゴシックだけで十分、文字装飾も極力避ける。

　もう1つは詰め込みすぎないこと。紙の枚数を減らそうと用紙にびっしりと印刷した文書をたまに見かけるが、読みにくいことこの上ない。フォントサイズは 10.5 ポイントよりも 12 ポイント（以下 pt）[1]がよいし、行間や文字間隔も広めに設定した方がよい。

[1] 用語解説参照。

● 編集記号を表示する

　Word の標準の状態では、入力されたスペースやタブ・改行などの編集記号が表示されない。それらを見えるようにするだけで、文書の体裁を整えるポイントが見えてくるものだ。

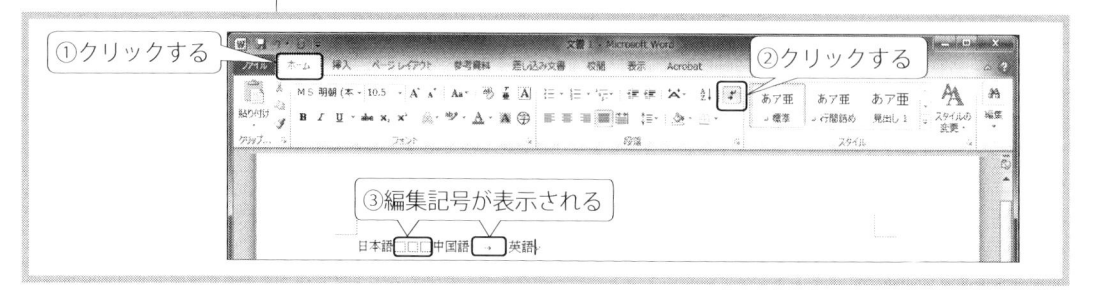

I-4. 論文・レポートのためのWordテクニック

ページの書式を設定する

千田　大介　Chida Daisuke

● ページレイアウトの設定

文書全体のレイアウトデザインは、[ページレイアウト] リボンで設定する。

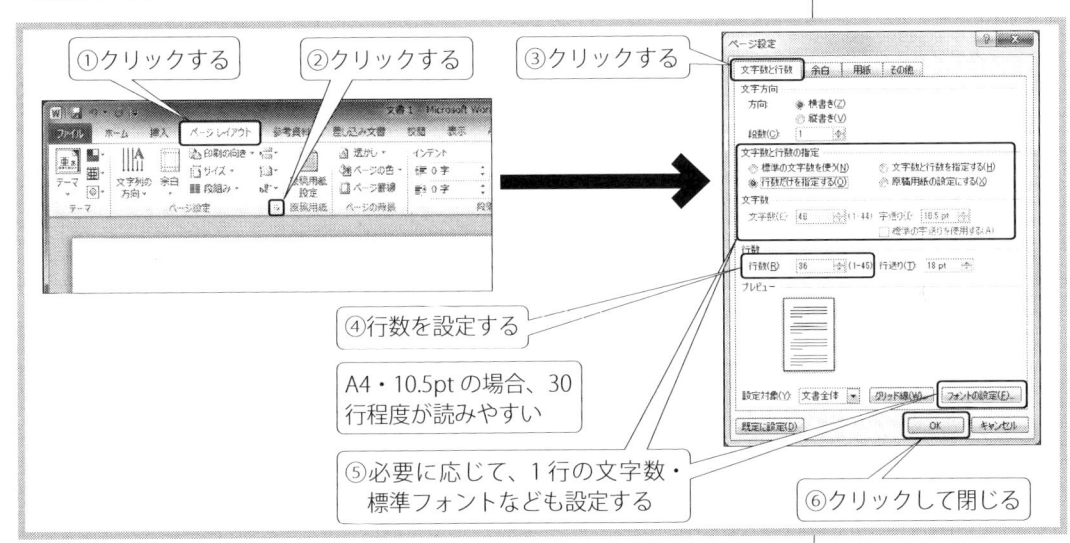

①クリックする
②クリックする
③クリックする
④行数を設定する
A4・10.5ptの場合、30行程度が読みやすい
⑤必要に応じて、1行の文字数・標準フォントなども設定する
⑥クリックして閉じる

● 禁則処理の設定

禁則処理とは、句読点・閉じカッコなどが行頭にこないように調整する機能のことだ。Wordのデフォルト[1]は設定が不十分で、小文字のかななどが行頭にきてしまうので、追加設定しておこう。

[1] 用語解説参照。

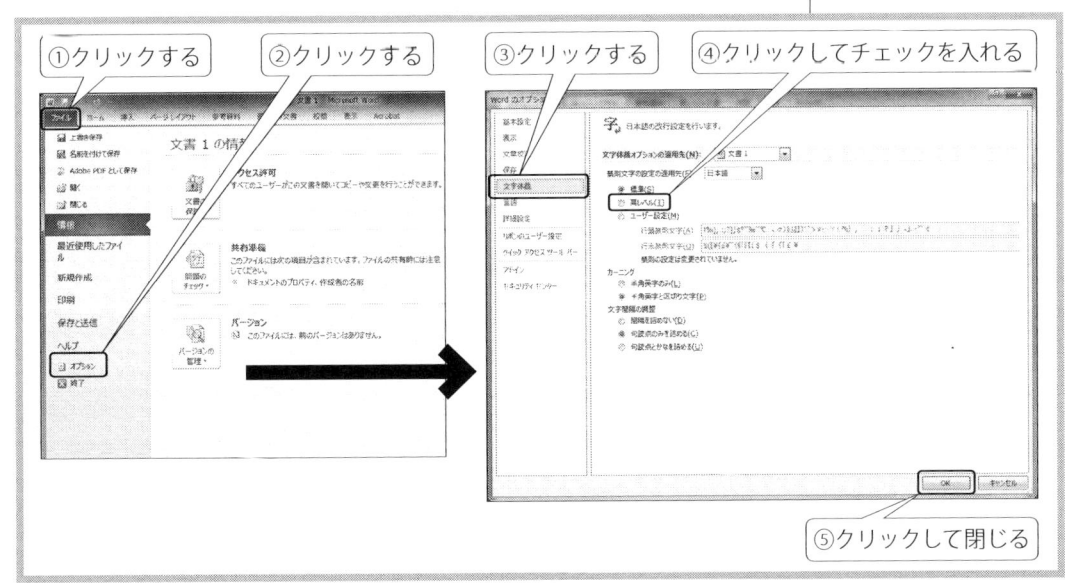

①クリックする
②クリックする
③クリックする
④クリックしてチェックを入れる
⑤クリックして閉じる

章番号を自動で付ける

千田　大介　Chida Daisuke

●スタイル機能とは

　長文を執筆するときには、初めの方と後の方とで見出しや本文のフォント・サイズなどが違っていて統一が取れていない、というような事態がしばしば発生する。

　論文・レポートという文書スタイルは、章・節・項などの見出し、本文、引用文、箇条書き、注釈などのパーツで構成されている。そして論文やレポートを作成するとき、本文はMS明朝・10.5pt、章見出しはMSゴシック・18ptなどと、それらのパーツごとに書式を設定しているはずだ。

　こうした文書のパーツと書式とを関連づけて、たとえば「この段落は章タイトルである」と設定すれば、自動で「MSゴシック・18pt、アラビア数字の連番を振る」という書式が適用されるようにするのが、Wordのスタイル機能だ。このスタイル機能を使いこなせば文書のスタイルを首尾一貫させることができるし、タイトルなどの書式をその都度設定する手間も省けるので、文書の作成を効率化することもできる。

●スタイル機能の基本

　スタイル機能を使って、見出しの書式と自動番号を設定してみよう。Wordのスタイル機能関連のボタンは、以下の場所にある。

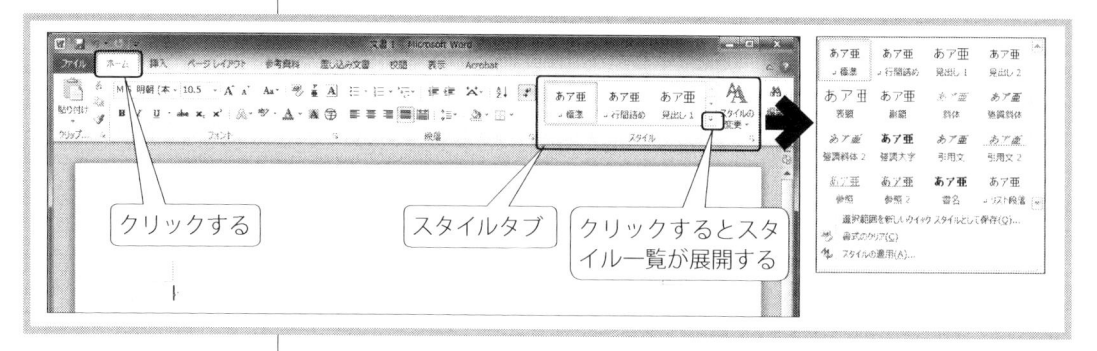

　Wordでは段落（改行から改行まで）ごとに、スタイルを設定することができる。それでは、章のタイトルを設定してみよう。Word標準のスタイルでは、章見出し・節見出し・項見出しはそれぞれ［見出し1・2・3］にあたる。

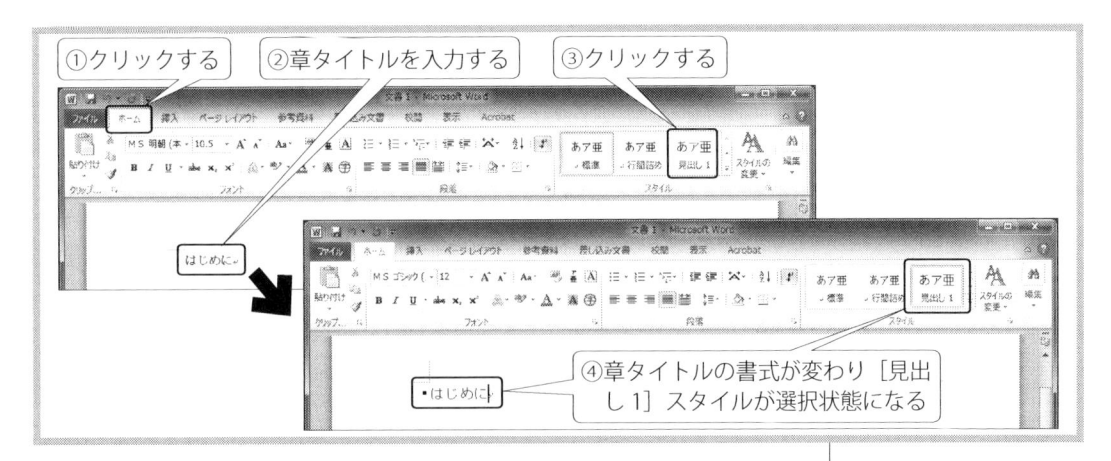

I-4. 論文・レポートのためのWordテクニック

①クリックする　②章タイトルを入力する　③クリックする

④章タイトルの書式が変わり［見出し1］スタイルが選択状態になる

［見出し1～3］スタイルは頻繁に使われるので、ショートカットキー[1]が設定されている。見出しに設定したい段落にカーソルがある状態で、以下のキーを押せばよい。

[1] p.69参照。

　　Ctrl と Alt を押したまま 1/2/3 を押す　→　見出し1/2/3

●見出しのフォント・行間隔を設定する

論文・レポートでは章立てをあまりに細分化せずに、章・節・項の3段階程度に収めるのが一般的だが、もっと下のランクの見出しを使いたいときもあるので、見出し1～4のフォントと段落を設定することにする。ここではそれぞれ以下のような書式に設定する。

- 見出し1：MSゴシック、18pt、上下各2行空ける、新しいページから始まる。
- 見出し2：MSゴシック、14pt、上下各1行空ける。
- 見出し3：MSゴシック、12pt、上を1行空ける。
- 見出し4：MS明朝、太字、アンダーライン、12pt。

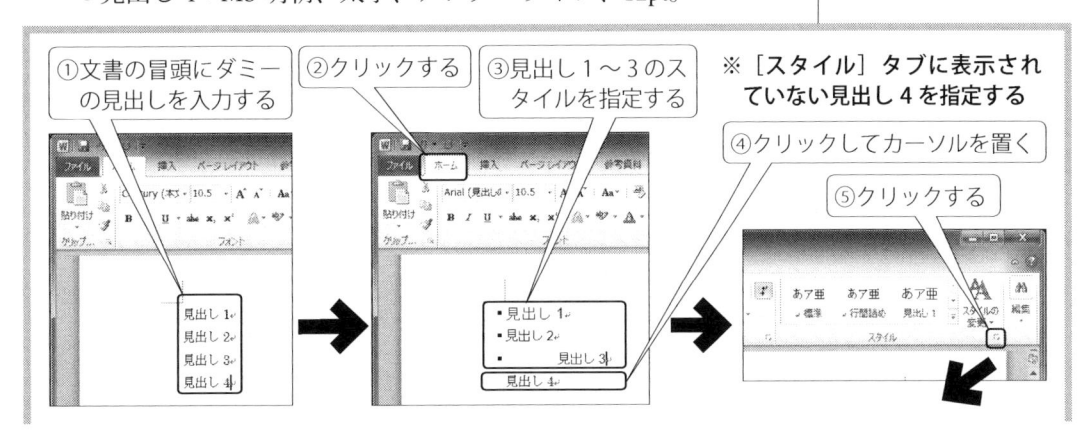

①文書の冒頭にダミーの見出しを入力する　②クリックする　③見出し1～3のスタイルを指定する　※［スタイル］タブに表示されていない見出し4を指定する　④クリックしてカーソルを置く　⑤クリックする

⑥クリックする

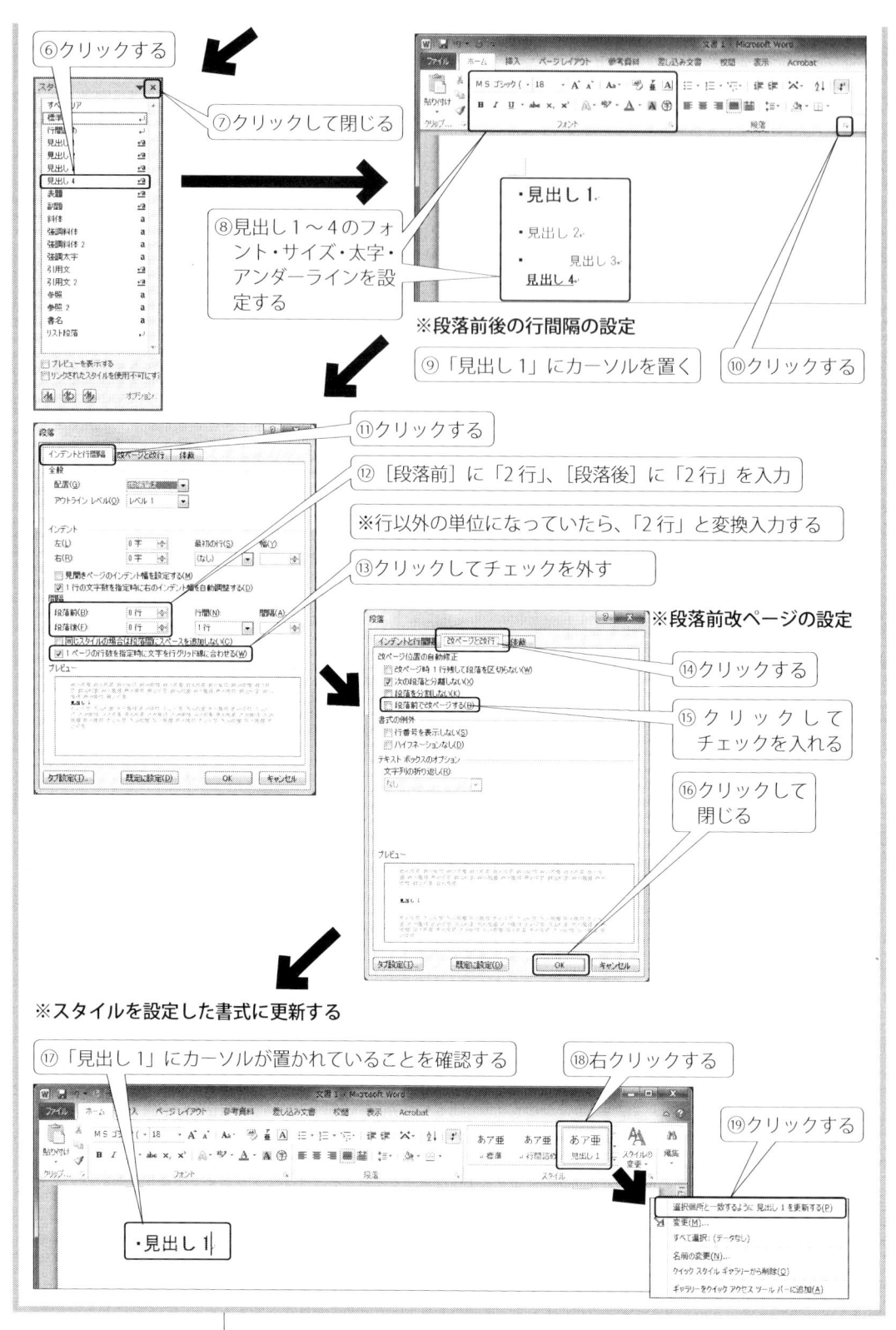

⑦クリックして閉じる

⑧見出し1～4のフォント・サイズ・太字・アンダーラインを設定する

・見出し1
・見出し2
・　　見出し3
見出し4

※段落前後の行間隔の設定

⑨「見出し1」にカーソルを置く

⑩クリックする

⑪クリックする

⑫ [段落前] に「2行」、[段落後] に「2行」を入力

※行以外の単位になっていたら、「2行」と変換入力する

⑬クリックしてチェックを外す

※段落前改ページの設定

⑭クリックする

⑮クリックしてチェックを入れる

⑯クリックして閉じる

※スタイルを設定した書式に更新する

⑰「見出し1」にカーソルが置かれていることを確認する

⑱右クリックする

⑲クリックする

・見出し1

　見出し2以下も、同じ要領で書式を整えて、スタイルを更新しよう。[スタイル] タブにスタイル名が見えないときは、スタイル一

48

1-4. 論文・レポートのためのWordテクニック

覧を展開すればよい[2]。

[2] p.46参照。

◉見出しの自動番号を設定する

次に、見出しの番号が自動で振られるように設定しよう。

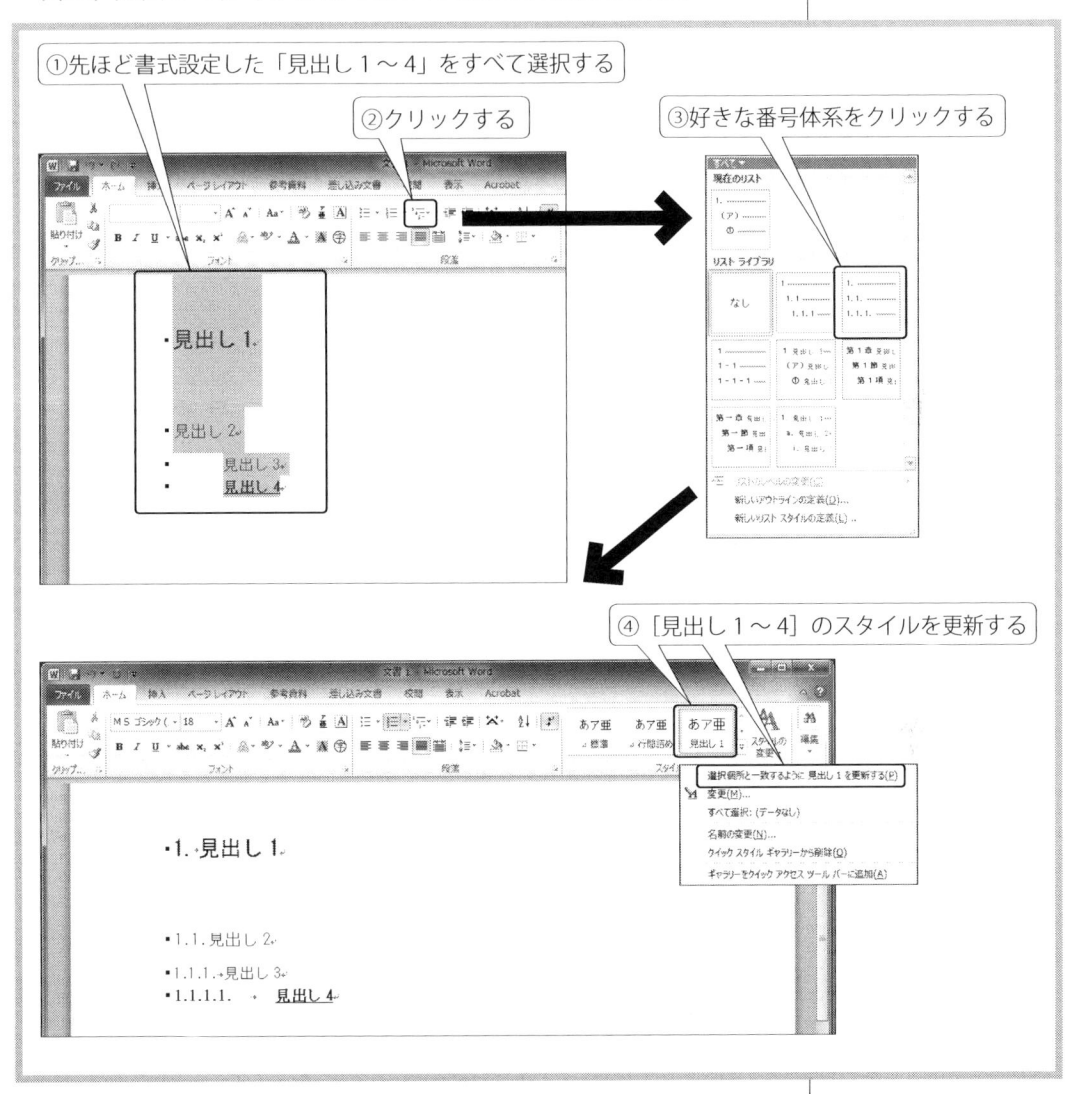

① 先ほど書式設定した「見出し1〜4」をすべて選択する

② クリックする

③ 好きな番号体系をクリックする

④ ［見出し1〜4］のスタイルを更新する

設定が終わったら、ダミーの見出しを削除する。

見出しの自動番号を設定・変更するときには、必ず文書冒頭に全ランクの見出しをダミーで作ってから上記手順でスタイルを更新し、その後でダミーを削除すること。そうしないと、しばしば連番が乱れる現象が発生する。

引用文の書式設定と貼り付け

千田　大介　Chida Daisuke

◉引用スタイルを設定する

　論文・レポートでは引用箇所を、それをわかるように区別しなくてはならない。日本語の場合は、3字下げにするのが一般的だ。

　引用文もスタイル機能を使って書式設定しよう。

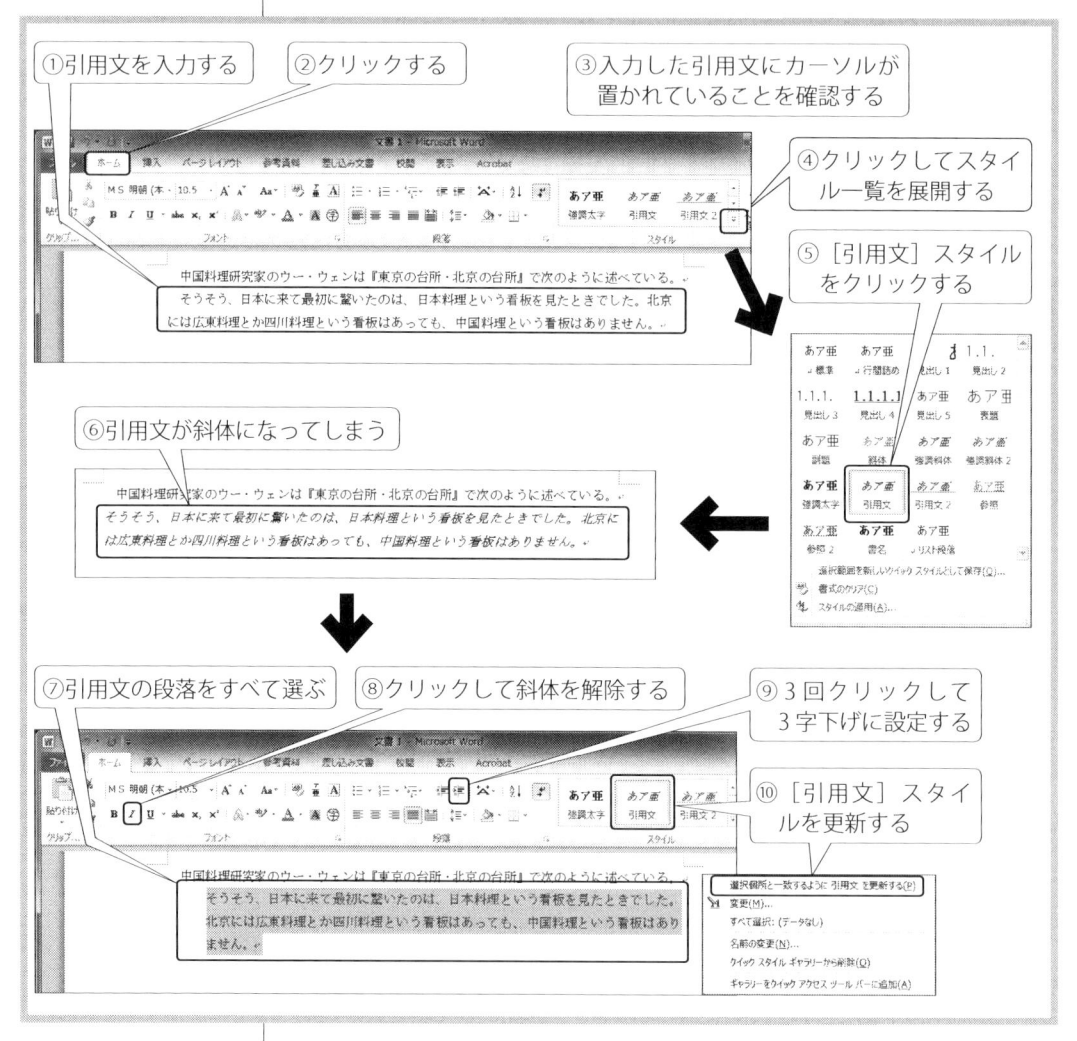

①引用文を入力する　②クリックする　③入力した引用文にカーソルが置かれていることを確認する

④クリックしてスタイル一覧を展開する

⑤［引用文］スタイルをクリックする

⑥引用文が斜体になってしまう

⑦引用文の段落をすべて選ぶ　⑧クリックして斜体を解除する　⑨3回クリックして3字下げに設定する

⑩［引用文］スタイルを更新する

　引用文の前後に1行ずつ空行を入れると、更に読みやすくなる。

　字下げの設定でクリックした▤は［インデントを増やす］ボタン、隣の▤は［インデントを減らす］ボタンという。インデントとは要するに段落の字下げのことで、行頭にスペースを入れて字下げにすると文を書き換えたときにスペースが行の途中に入ってしまうが、インデントを設定しておけばそのような問題が発生しない。

I-4. 論文・レポートのためのWordテクニック

●ネットから引用する

近頃は、ネット上のWebページから資料をコピー&ペーストで引用するケースも多い。そのときには貼り付け方法に注意しよう。

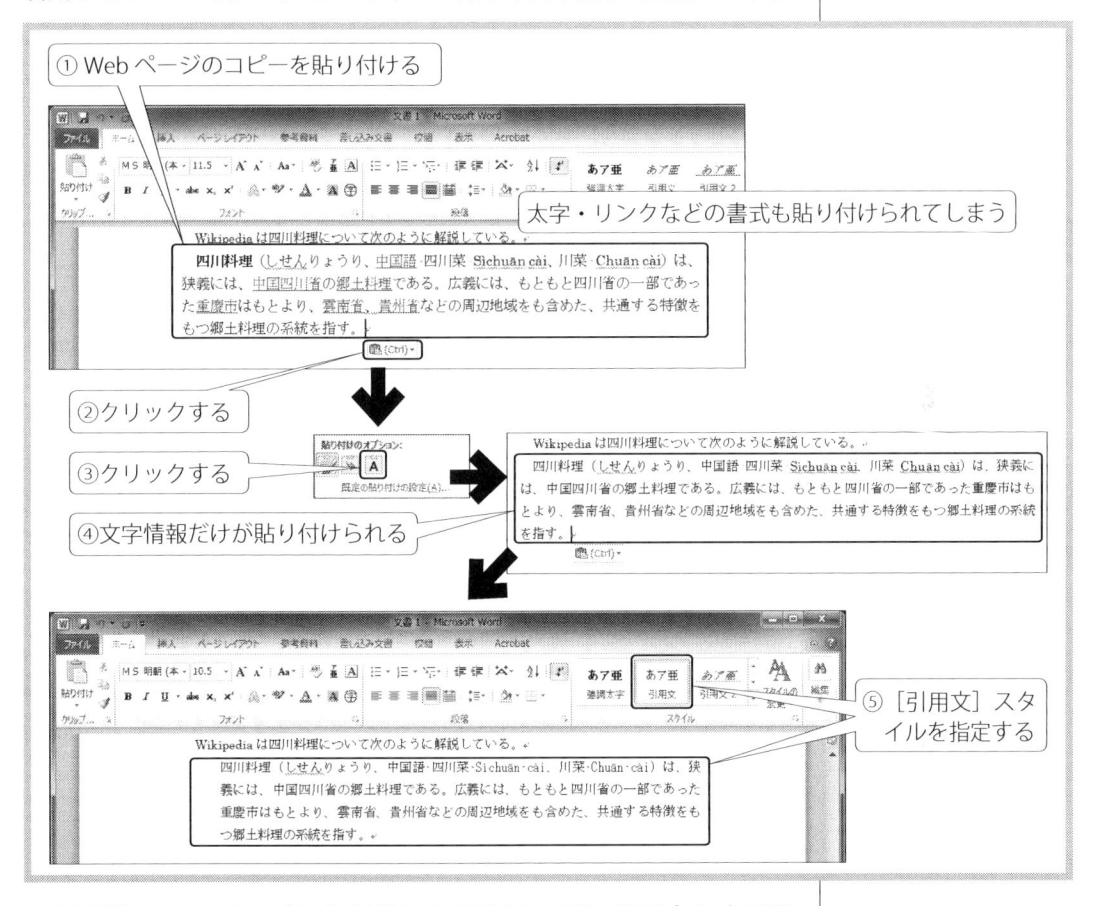

① Webページのコピーを貼り付ける
太字・リンクなどの書式も貼り付けられてしまう
② クリックする
③ クリックする
④ 文字情報だけが貼り付けられる
⑤ [引用文] スタイルを指定する

中国語のWebページから引用した場合は、更に引用文を中国語フォントに設定しなくてはならない。

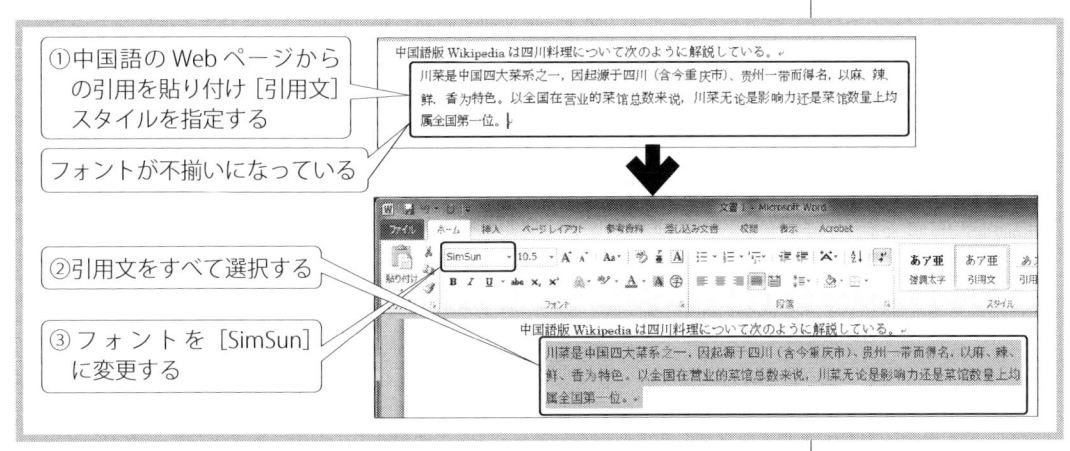

① 中国語のWebページからの引用を貼り付け [引用文] スタイルを指定する
フォントが不揃いになっている
② 引用文をすべて選択する
③ フォントを [SimSun] に変更する

繁体字ならばフォントを [MingLiU] に設定する。

訓点文を作る

千田　大介　Chida Daisuke

●訓点文を作る準備

漢文訓読では、白文に訓点や送り仮名を付けた訓点文が使われる。近頃の中国学の論文では、白文と日本語訳を載せるのが一般的になっていることもあり、訓点文のニーズは以前ほどではないが、それでもレジュメや教材の作成などで使う機会はまだまだある。

訓点文はWordでも作ることができる。まず文書を縦書きに設定し、白文を入力、あるいはWebページからコピーして貼り付ける。

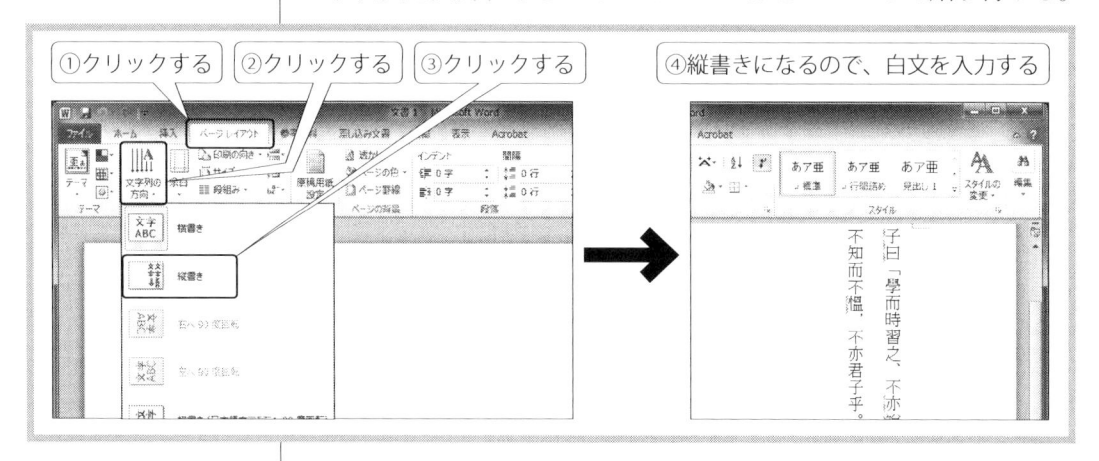

①クリックする　②クリックする　③クリックする　④縦書きになるので、白文を入力する

文字のサイズが小さいと返り点・ルビなどが読みにくくなるので、訓点文は14～18ptくらいに設定した方がよい。

●返り点を付ける

貼り付けた白文に訓点を付ける。

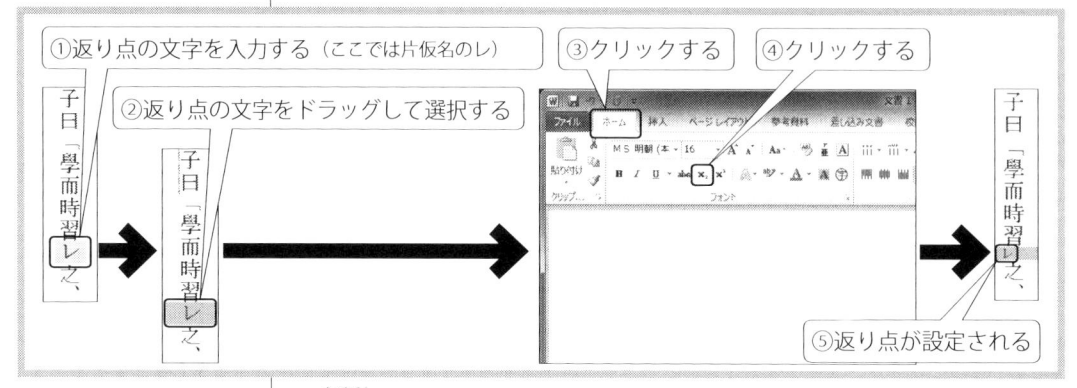

①返り点の文字を入力する（ここでは片仮名のレ）　②返り点の文字をドラッグして選択する　③クリックする　④クリックする　⑤返り点が設定される

竪点（たててん）は半角のハイフン「-」で代替し、フォントをMS明朝に設定しよう。

I-4. 論文・レポートのためのWordテクニック

●送り仮名と再読文字

振り仮名・送り仮名はルビ機能を使って表現する。

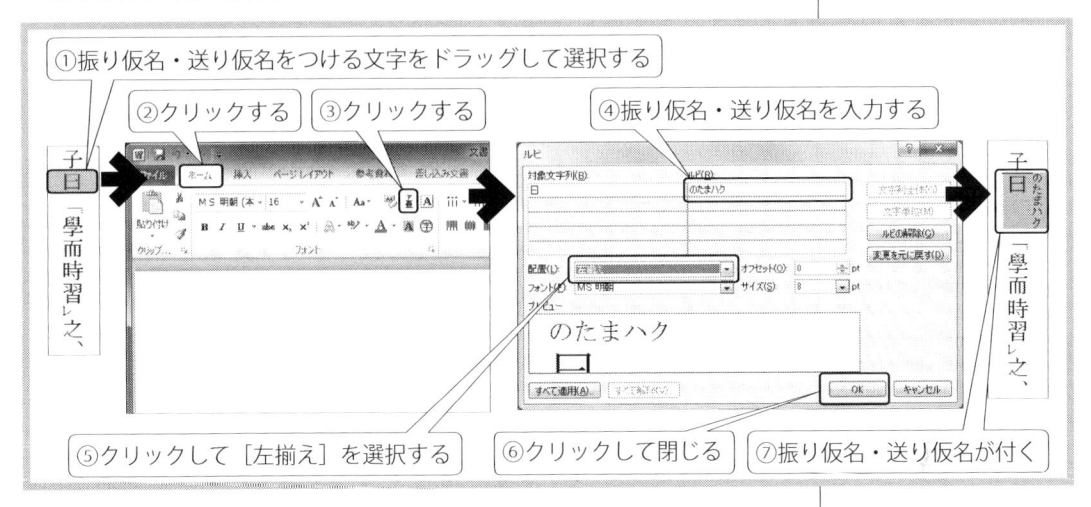

[図：ルビ機能による振り仮名・送り仮名の設定手順
①振り仮名・送り仮名をつける文字をドラッグして選択する
②クリックする
③クリックする
④振り仮名・送り仮名を入力する
⑤クリックして［左揃え］を選択する
⑥クリックして閉じる
⑦振り仮名・送り仮名が付く]

振り仮名なしに送り仮名だけを付ける場合は、振り仮名の代わりに全角スペースを2つ入力する。上の例では「＿＿ハク」になる。

●再読文字の左右送り仮名

再読文字の左右の送り仮名は通常の方法では表現できないが、訓点マクロ[1]を使うと裏技で表現することができる。

[1] http://wagang.econ.hc.keio.ac.jp/index.php?download

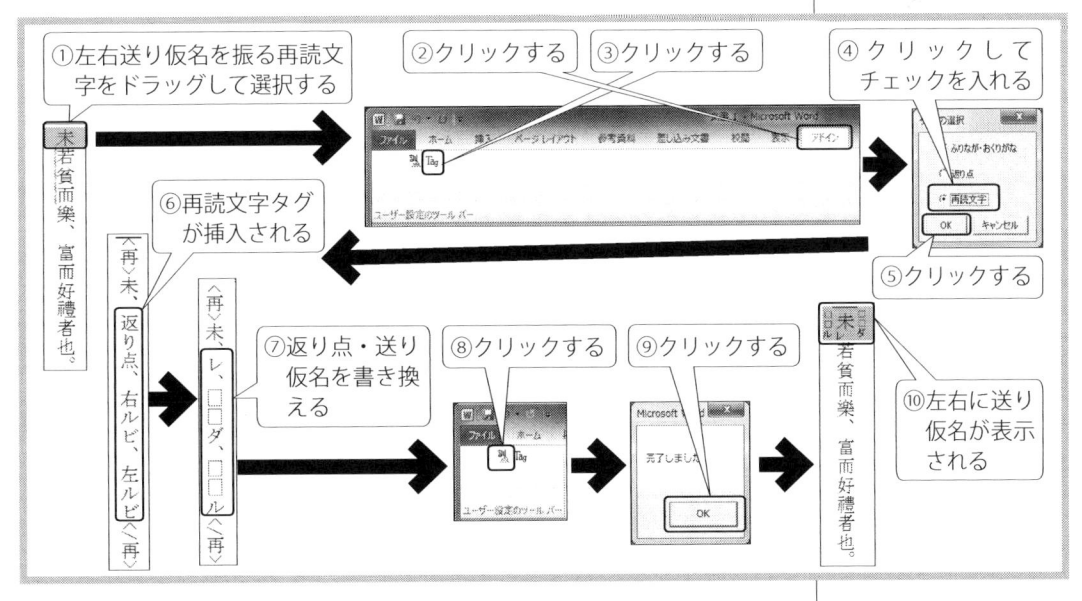

[図：訓点マクロによる再読文字の左右送り仮名の設定手順
①左右送り仮名を振る再読文字をドラッグして選択する
②クリックする
③クリックする
④クリックしてチェックを入れる
⑤クリックする
⑥再読文字タグが挿入される
⑦返り点・送り仮名を書き換える
⑧クリックする
⑨クリックする
⑩左右に送り仮名が表示される]

操作方法の詳細については、マクロの解説を読んでいただきたい。

なお、縦書きや訓点文については、国産ワープロの一太郎[2]に一日の長がある。使用頻度が高い人は一太郎を使うのも1つの方法だ。

[2] http://www.justsystems.com/

ピンインのルビを自動で振る

千田　大介　Chida Daisuke

Wordでは漢字に声調符号付きピンインのルビ（ふりがな）を自動で振ることができる。この機能を使うと、Webページからコピーした中国語の引用文にも手軽にピンインをつけることができる。

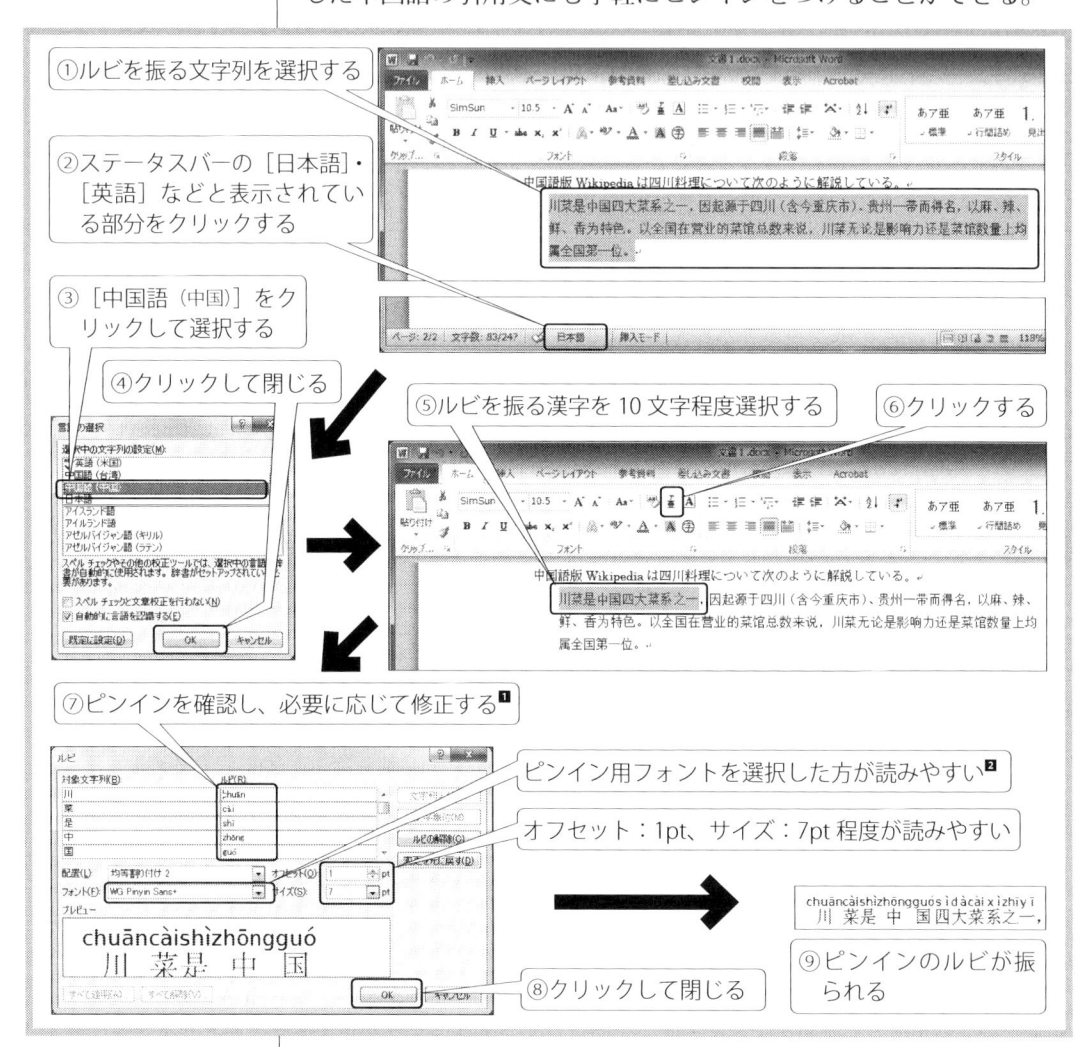

①ルビを振る文字列を選択する

②ステータスバーの［日本語］・［英語］などと表示されている部分をクリックする

③［中国語（中国）］をクリックして選択する

④クリックして閉じる

⑤ルビを振る漢字を10文字程度選択する

⑥クリックする

⑦ピンインを確認し、必要に応じて修正する[1]

ピンイン用フォントを選択した方が読みやすい[2]

オフセット：1pt、サイズ：7pt程度が読みやすい

⑧クリックして閉じる

⑨ピンインのルビが振られる

[1] ピンインの入力については p.32 参照。
[2] ピンインフォントについては p.32 参照。

ピンインのルビは、選択する文字列が長いとうまく振れないことが多いので、面倒でも、一度に選択する文字数を10文字以内に抑えて、少しずつルビを振っていった方がよい。

Windows 7 と Word 2010 の組み合わせで自動でピンインルビを振るには、MSピンイン IME 2010 をインストールしておく必要がある[3]。また複数の読み方のある漢字や軽声・r化(アル)などはうまくルビが振れないことが多いので[1]、人の目によるチェックが必要だ。

[3] p.22 参照。
[1] Office 2010 言語パックを導入すると、こうした問題を改善することができる。p.66 参照。

脚注を挿入する

千田　大介　Chida Daisuke

　論文・レポートでは、本文の補足や引用箇所の説明などを脚注として挿入する。Wordでは、以下の手順で注釈を挿入することができる。

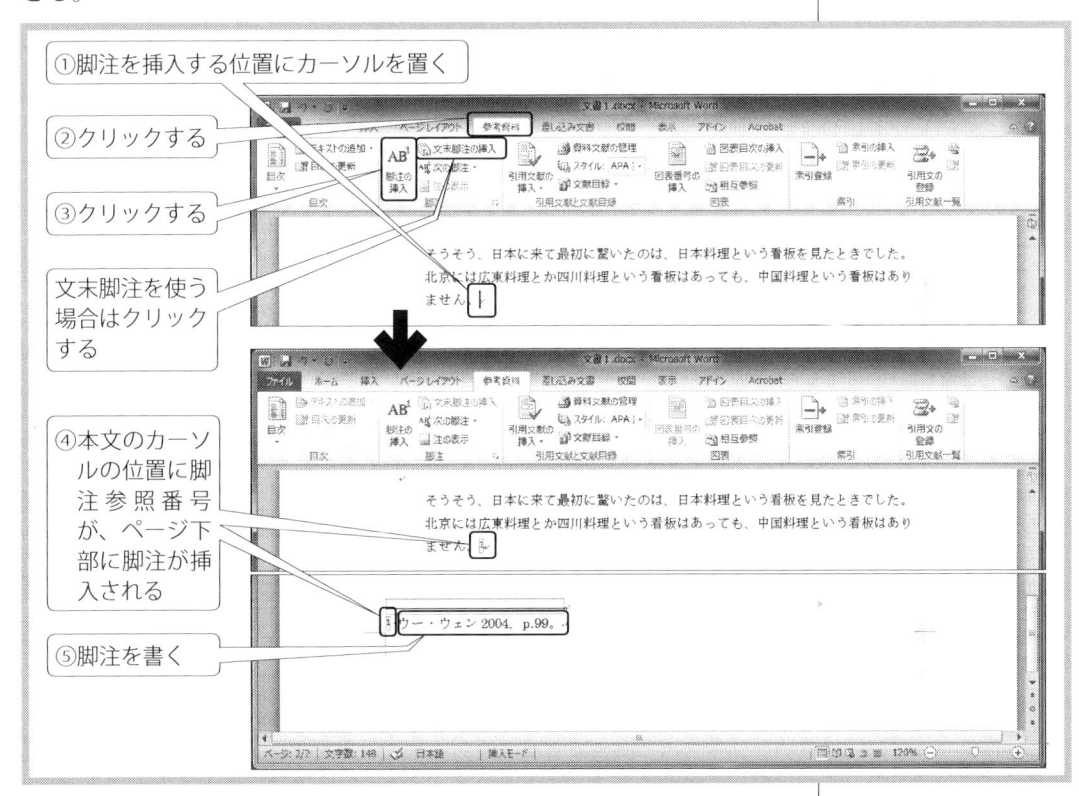

①脚注を挿入する位置にカーソルを置く
②クリックする
③クリックする
文末脚注を使う場合はクリックする
④本文のカーソルの位置に脚注参照番号が、ページ下部に脚注が挿入される
⑤脚注を書く

　普通に脚注を挿入すると、各ページの末尾に脚注が挿入される［ページ脚注］形式になるが、［文末脚注］を選択すると脚注が文末にまとめて掲載される。ページ脚注との相互変換もできる。

　Wordでは、脚注参照番号をダブルクリックすると脚注に、脚注番号をダブルクリックすると脚注参照番号の位置に、それぞれジャンプすることができる。

　なお、脚注の挿入には、以下のショートカットキー[1]を使うこともできる。

[1] p.69参照。

　　　Alt と Ctrl を押しながら F を押す　→　脚注の挿入

図表番号を自動で振る

千田　大介　Chida Daisuke

◉図表にキャプションを付ける

　論文やレポートに写真・絵画・表・グラフといった図表を引用したら、それぞれの図表に番号とタイトルをキャプションとして付けるのが一般的だ。出典は、論文末に図表一覧として載せてもよいし、図表ごとにキャプションや脚注として記載してもよい。

　図表番号を手作業で管理すると、後から図表を入れたり削ったりした場合にキャプションや本文中での言及箇所をすべて変更しなくてはならず、どうしてもミスが生じてしまうが、Word の［図表番号］機能を使えば図表番号を自動で処理することができる。

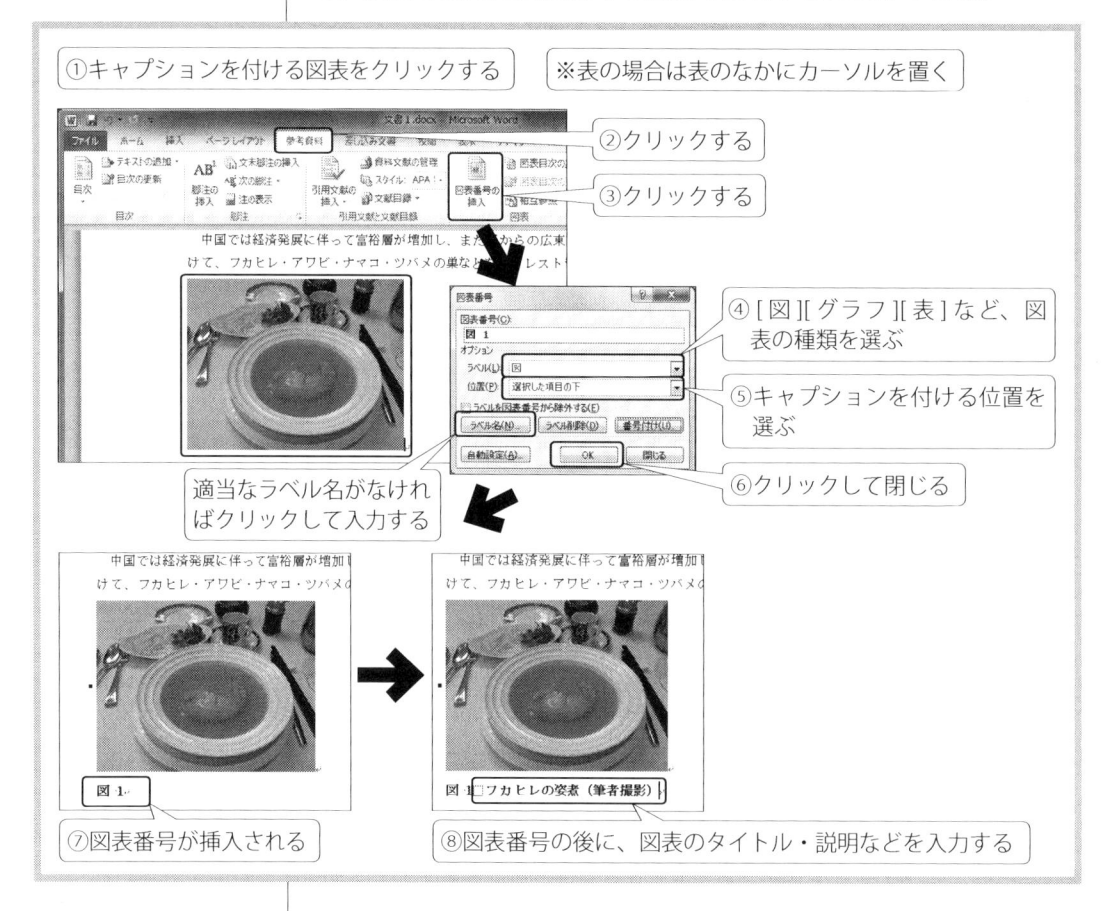

①キャプションを付ける図表をクリックする　※表の場合は表のなかにカーソルを置く
②クリックする
③クリックする
④［図］［グラフ］［表］など、図表の種類を選ぶ
⑤キャプションを付ける位置を選ぶ
⑥クリックして閉じる
適当なラベル名がなければクリックして入力する
⑦図表番号が挿入される
⑧図表番号の後に、図表のタイトル・説明などを入力する

◉本文中に図表番号への参照を埋め込む

　図表番号機能を使って、番号を設定した図への参照を、本文に「図〜参照」のように埋め込んでみよう。

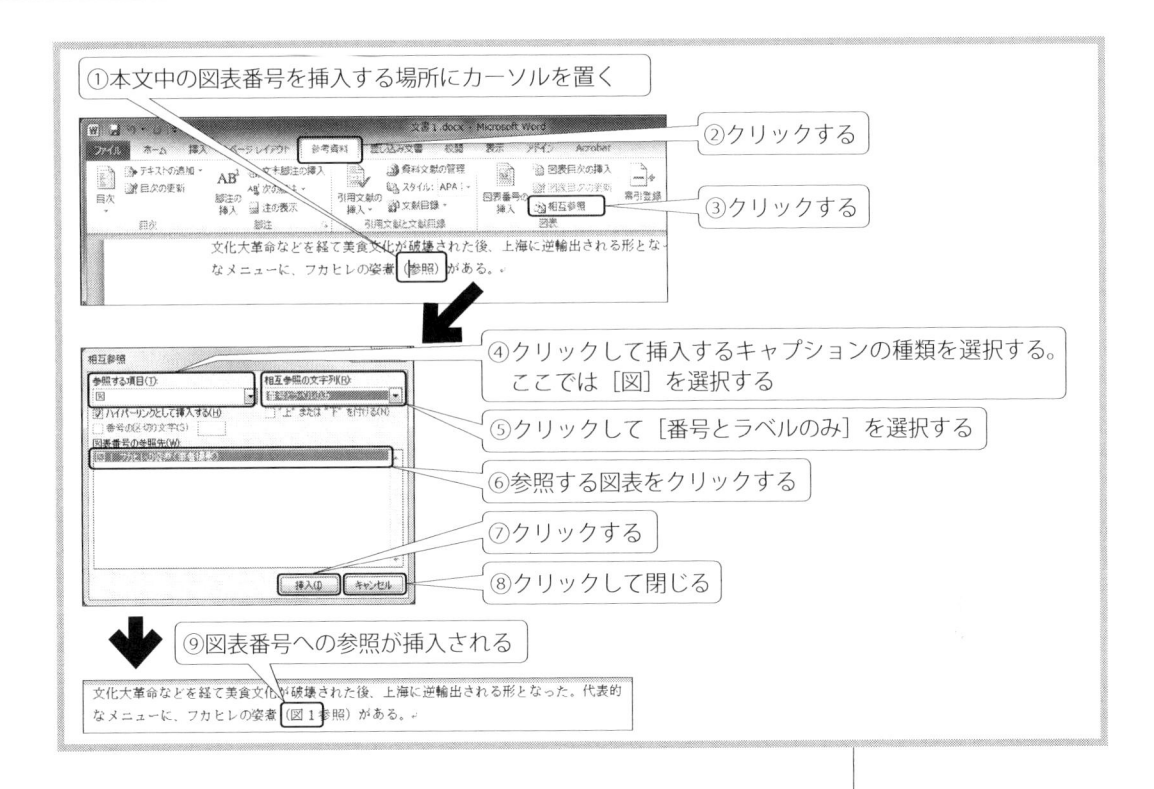

I-4. 論文・レポートのためのWordテクニック

●図表番号を更新する

　図表と図表番号を追加・削除するとキャプションの番号は自動で変更されるが、本文中の相互参照の番号はもとのまま変わらない。本文中の参照番号は、以下の手順で更新する。

[1] p.69 参照。

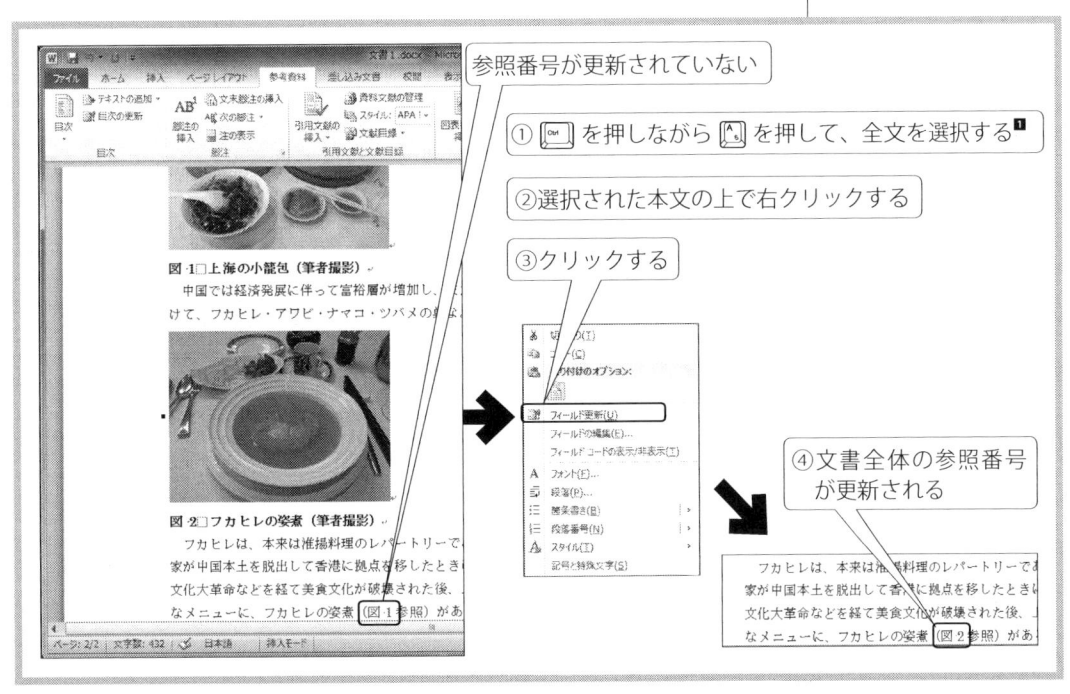

全ページの余白にページ番号・タイトルを表示する

千田　大介　Chida Daisuke

論文・レポートでは、各ページにページ番号（ノンブル）を振り、論文タイトルや執筆者名が全ページの余白に表示されるように設定するのが一般的だ。ここでは、下の余白にページ番号が、上の余白に論文タイトルと著者名が、それぞれ表示されるように設定する。

●ページ番号を振る

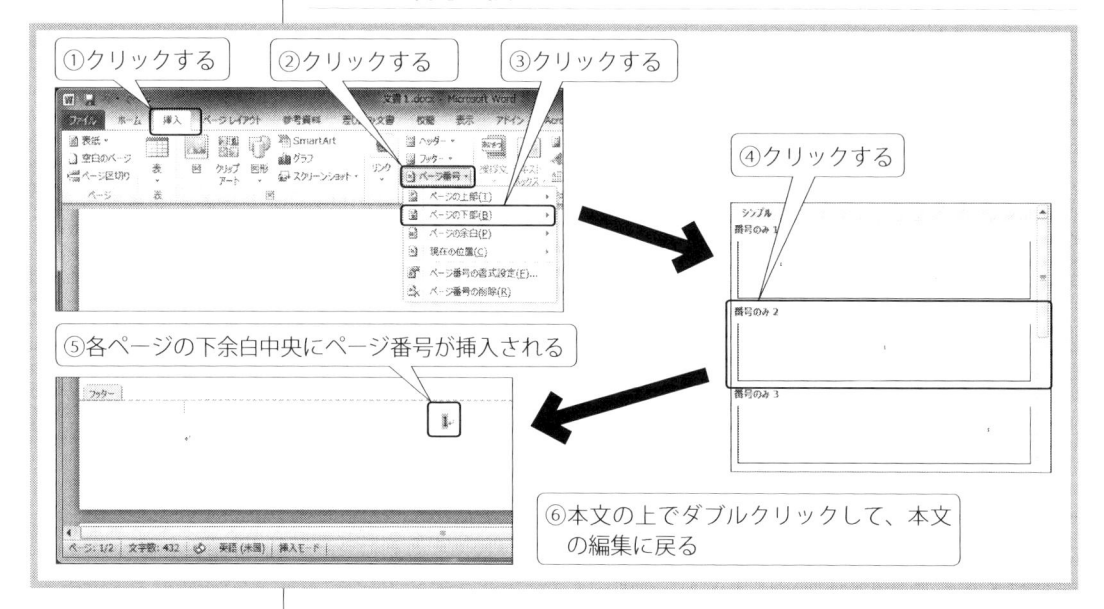

①クリックする
②クリックする
③クリックする
④クリックする
⑤各ページの下余白中央にページ番号が挿入される
⑥本文の上でダブルクリックして、本文の編集に戻る

●論文タイトル・執筆者名を埋め込む

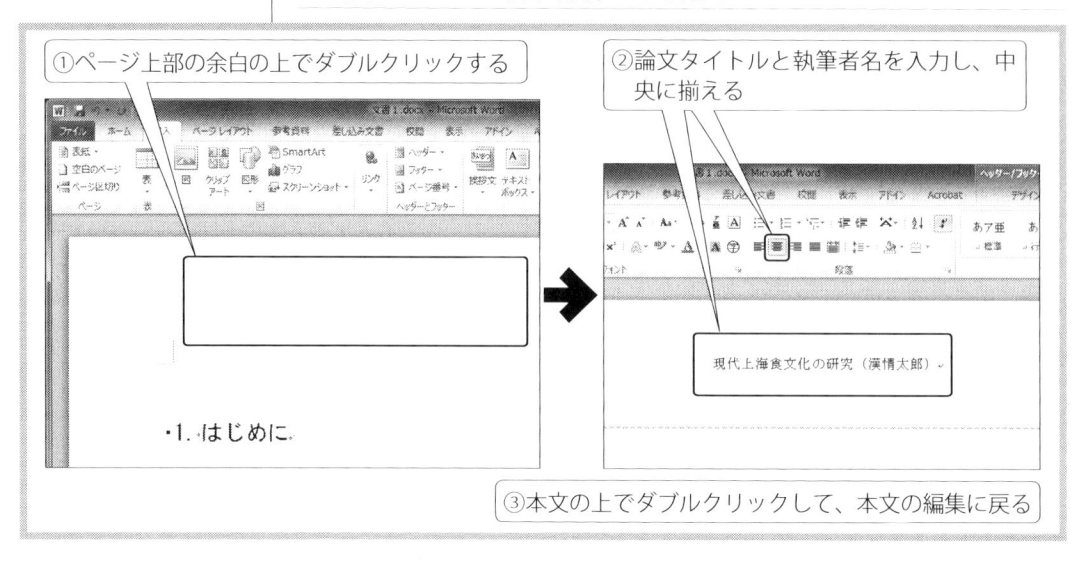

①ページ上部の余白の上でダブルクリックする
②論文タイトルと執筆者名を入力し、中央に揃える
③本文の上でダブルクリックして、本文の編集に戻る

COLUMN

論文の書き方本とWordの解説本

手元に1冊、論文の書き方本

　高校生が大学に進学して戸惑うことの1つがレポートの執筆ではあるまいか。高校までに課されてきた調べ学習・感想文・自由研究などといった作文は、学習の成果を主観的にまとめるものが大半であるが、大学のレポート・論文では客観的な叙述が重視され、引用・注釈・参考文献一覧など、こと細かにルールが決まっている。レポート・論文とは文章のスタイルのことである、ともいえよう。

　しかし、スタイルの定まった文章というのは、慣れてしまえば案外書きやすいものだ。たとえば、学生のなかにはレポートで原稿用紙10枚という分量を要求されたことに心が折れて、ついネットからコピー、発覚して処分、などという羽目に陥る者もいる。実際には、レポート・論文では決まった手順で人の著作を引用してよいので、自分で書かなくてはならない分量はずっと少なくてすむのだが。

　こうした不幸を防ぐためにも、論文・レポートの書き方本を手元に1冊備えておこう。こうした本は数多く出ており基本的な内容は大差ないので、書店で適当なものを選べばよい。大学にいわゆる初年次教育の授業が設置されていたら、その教科書の内容をしっかりと身につければよい。なお本会でも2012年度に中国学の初年次教育テキストを刊行する予定なので、興味のある方にはご一読いただきたい。

Wordで長文を作成するためのマニュアル

　本書で解説しているWordのテクニックをマスターすれば、論文やレポートの書式を、そのまま審査に提出したり同人学術雑誌としてもおかしくない程度に整えることができるが、これも全機能の一部にすぎない。文書を美しく整え、長文作成をサポートする便利な機能が、Wordにはまだまだたくさん備わっている。

　そうしたWordの長文作成関連の機能についてもっと詳しく知りたい人は、以下の書籍を一読されることをお勧めする。

- 西上原裕明著『Wordで作る長文ドキュメント～論文・仕様書・マニュアル作成をもっと効率的に』(技術評論社、2011)

　スタイル機能を中心とした詳細な解説は、表面的な書式設定ばかりを解説する凡百のWordマニュアル本と、一線を画している。

(千田)

目次の生成

千田　大介　Chida Daisuke

◉目次の生成

スタイル機能を使って見出しを設定しておけば[1]、Wordの目次自動生成機能を使うことができる。

目次を生成する前に、目次用のページを文書の冒頭に用意しよう。このとき、目次のページ数がページ数にカウントされないように、まずセクションの区切りを設定してから、目次を挿入する。

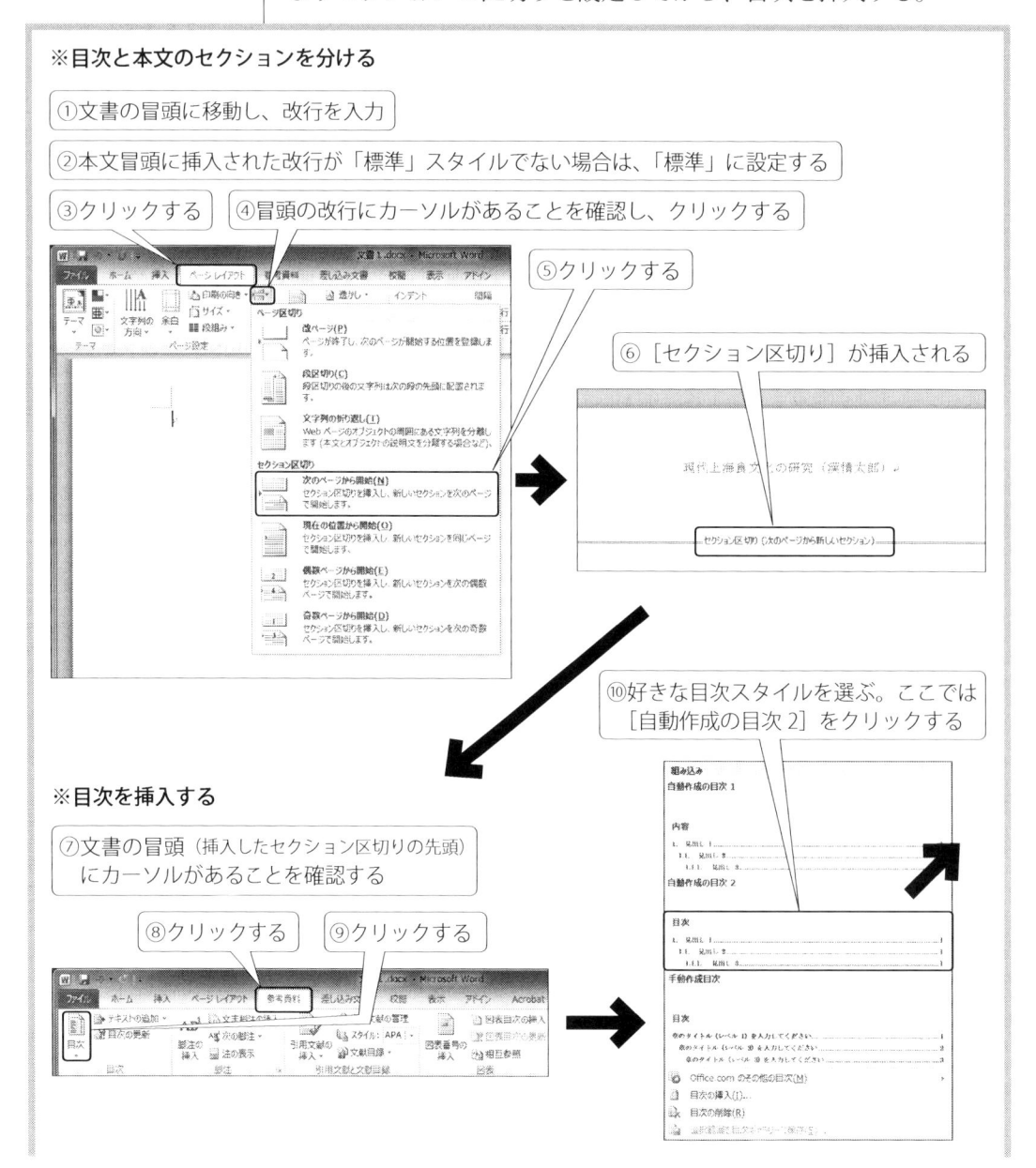

[1] p.46参照。

※目次と本文のセクションを分ける

①文書の冒頭に移動し、改行を入力

②本文冒頭に挿入された改行が「標準」スタイルでない場合は、「標準」に設定する

③クリックする　④冒頭の改行にカーソルがあることを確認し、クリックする

⑤クリックする

⑥［セクション区切り］が挿入される

※目次を挿入する

⑦文書の冒頭（挿入したセクション区切りの先頭）にカーソルがあることを確認する

⑧クリックする　⑨クリックする

⑩好きな目次スタイルを選ぶ。ここでは［自動作成の目次2］をクリックする

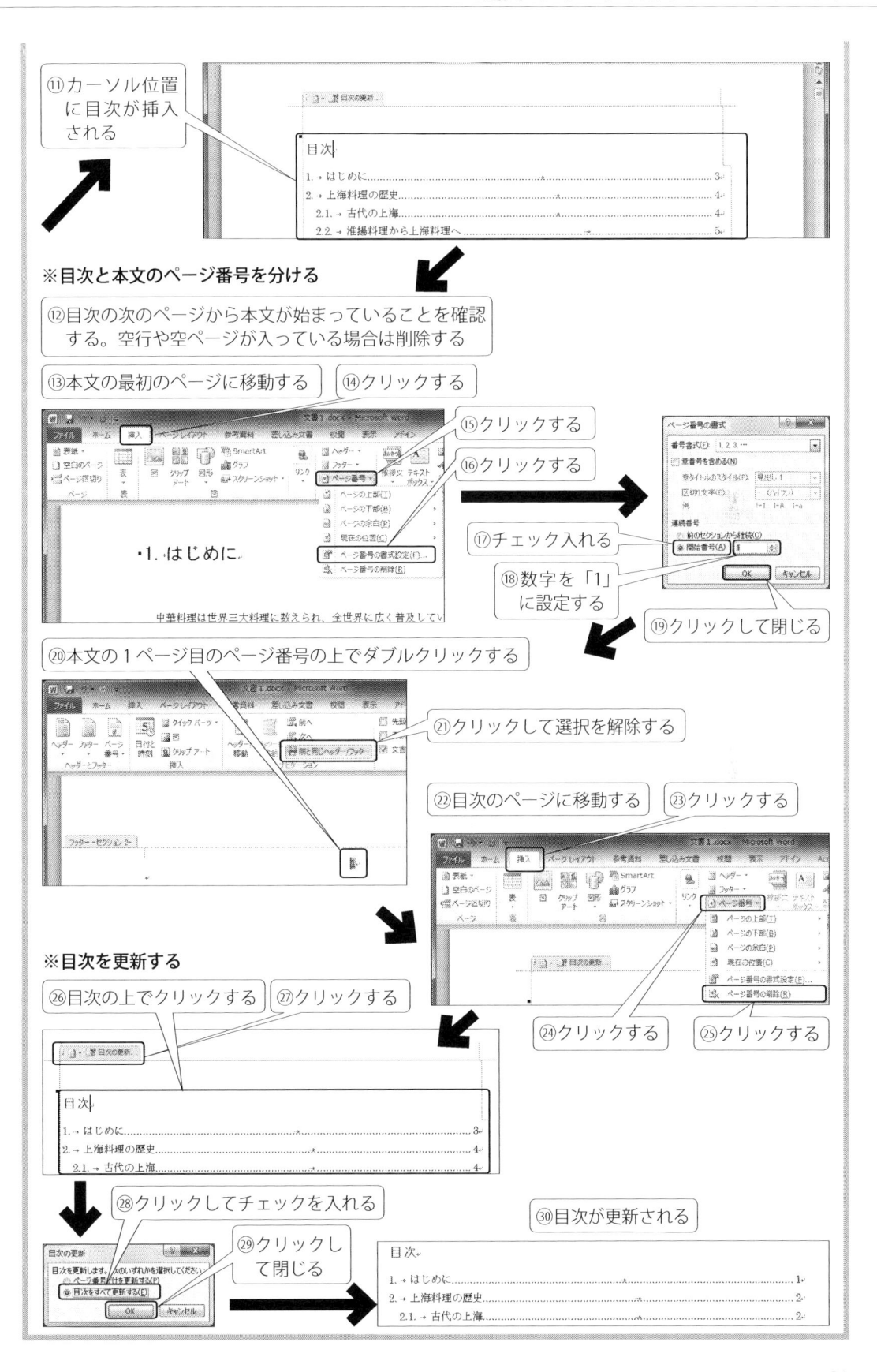

I-4. 論文・レポートのためのWordテクニック

⑪カーソル位置に目次が挿入される

※目次と本文のページ番号を分ける

⑫目次の次のページから本文が始まっていることを確認する。空行や空ページが入っている場合は削除する

⑬本文の最初のページに移動する ⑭クリックする

⑮クリックする

⑯クリックする

⑰チェック入れる

⑱数字を「1」に設定する

⑲クリックして閉じる

⑳本文の1ページ目のページ番号の上でダブルクリックする

㉑クリックして選択を解除する

㉒目次のページに移動する ㉓クリックする

㉔クリックする ㉕クリックする

※目次を更新する

㉖目次の上でクリックする ㉗クリックする

㉘クリックしてチェックを入れる

㉙クリックして閉じる

㉚目次が更新される

I-5. Windows・Office でもっと多言語

Windows で別言語のソフトを動かす

千田　大介　Chida Daisuke

◉国際版ソフトとローカル版ソフト

　以前、海外版のソフトを日本語 Windows で動かすのは至難の業だったが、Windows 2000 の登場以降、様相は大きく変化した。ソフト開発の国際化・多言語化が進み、どの言語版の Windows でも問題なく動作するソフトが大半になっている。

　中国語コンピューティングで問題になってきた中国トップシェアのインスタントメッセンジャー[1]QQ も、2011 年に国際版がリリースされ、日本語版 Windows でも問題なく動作するようになった。

　とはいえ、現在でも一部のソフトは多言語対応していないし、また比較的古い学術マルチメディアソフト、あるいはゲームソフトなどは中国版や台湾版の Windows でしか動作しないものが大半だ。

◉ Windows のシステムロケールを切り替える

　システムロケールとは、Unicode に対応していないソフトウェアを動作させる言語、という意味だ。これをソフトの言語に合わせて切り替えてやれば、日本語 Windows でも Unicode に未対応のローカルソフトを動かせる。

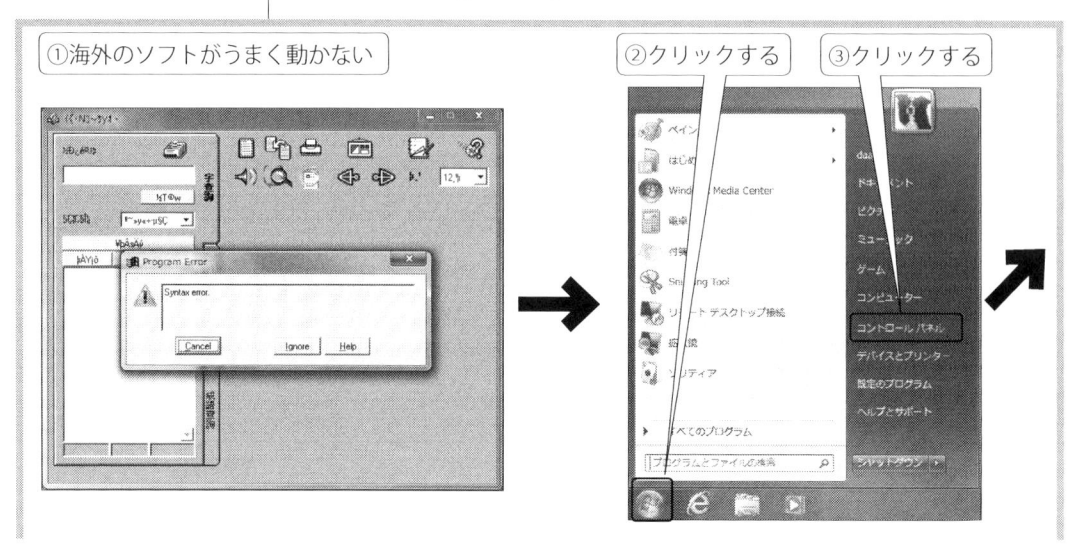

[1] 用語解説参照。

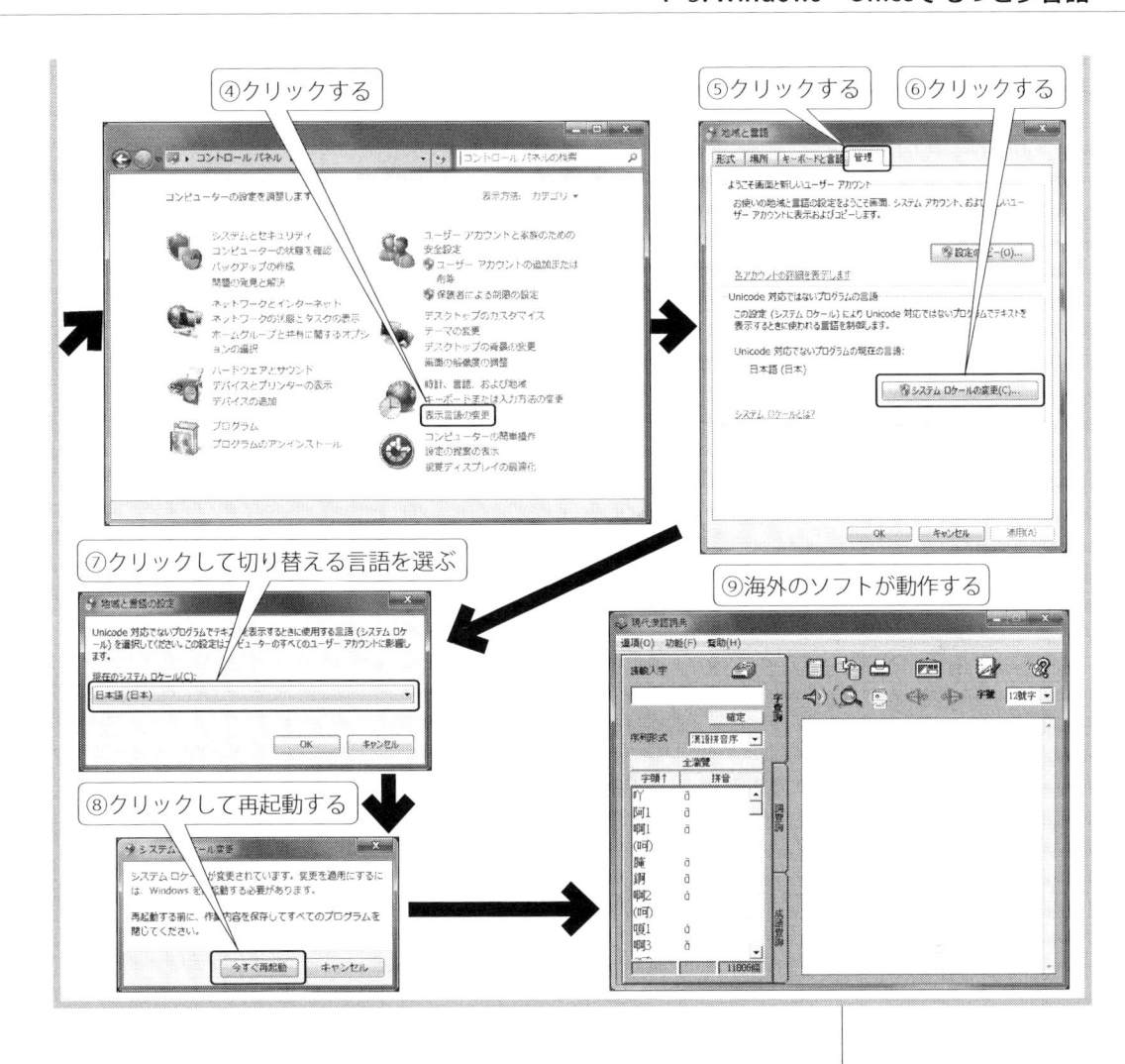

I-5. Windows・Officeでもっと多言語

④クリックする　⑤クリックする　⑥クリックする

⑦クリックして切り替える言語を選ぶ

⑧クリックして再起動する

⑨海外のソフトが動作する

● 旧版 Windows でしか動かないソフト

　ちょっと古めの中国・台湾のソフトのなかには、Windows XP 以前のバージョンでしか動作しないものも多い。そうした旧版ソフトウェア対策として、Windows 7 には［Windows XP モード］という機能がある。

　Windows XP モードは、Windows 7 の Professional・Ultimate・Enterprise 版で動作する。XP モードという名称だが、実態は Windows 7 の上で動作するバーチャルマシン[1]だ。Windows XP モードと Windows Virtual PC はマイクロソフトの Web サイト[2]からダウンロードできる。インストール方法などは、上記ページの解説などを参照していただきたい。

　Windows XP も Windows 7 と同様の方法で、システムロケールを切り替えることができるので、メインの Windows 7 は日本語で、そ

[1] コンピュータのシステム全体をソフトウェアで再現し、OS を動作させるもの。仮想機械ともいう。
[2] http://www.microsoft.com/japan/windows/virtual-pc/default.aspx

の上で動作するバーチャルマシンの Windows XP は中国語で、というように使い分けることもできる。

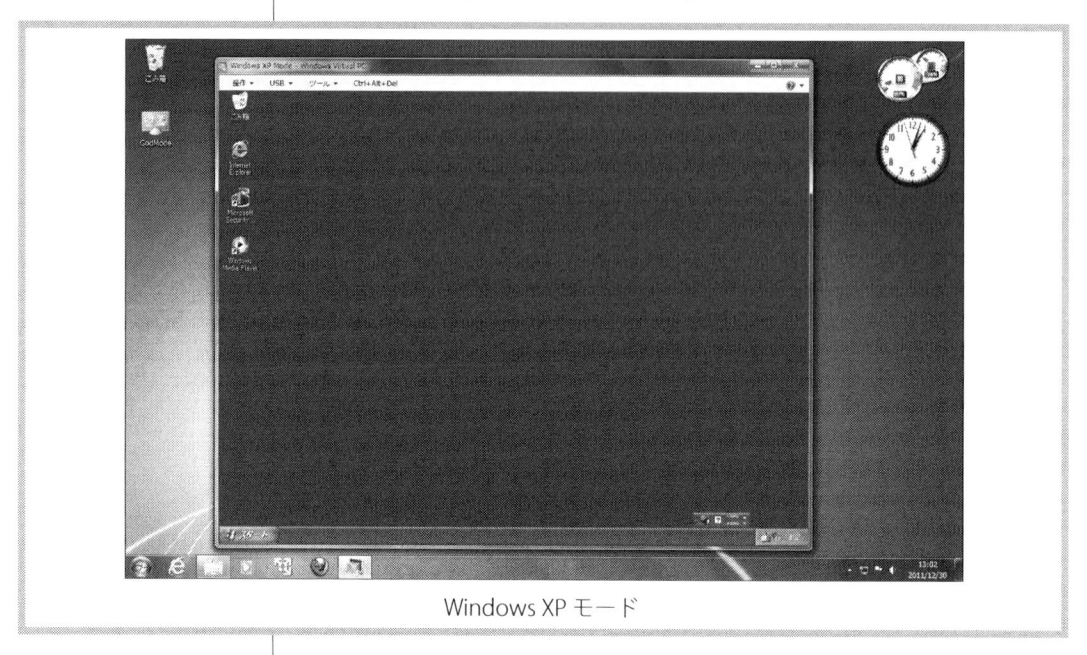

Windows XP モード

Windows 7 の Home・Home Premium などのエディションを使っている場合には、Windows XP モードが使えない。手元に旧バージョンの Windows をお持ちならば、VMware[3]などのバーチャルマシンソフトを導入するのがよいだろう。使い勝手は、Windows XP モードとほとんど違いがない。

[3] http://www.vmware.com/jp/　無償の VMware Player でも、バーチャルマシンの作成から運用までをこなすことができる。

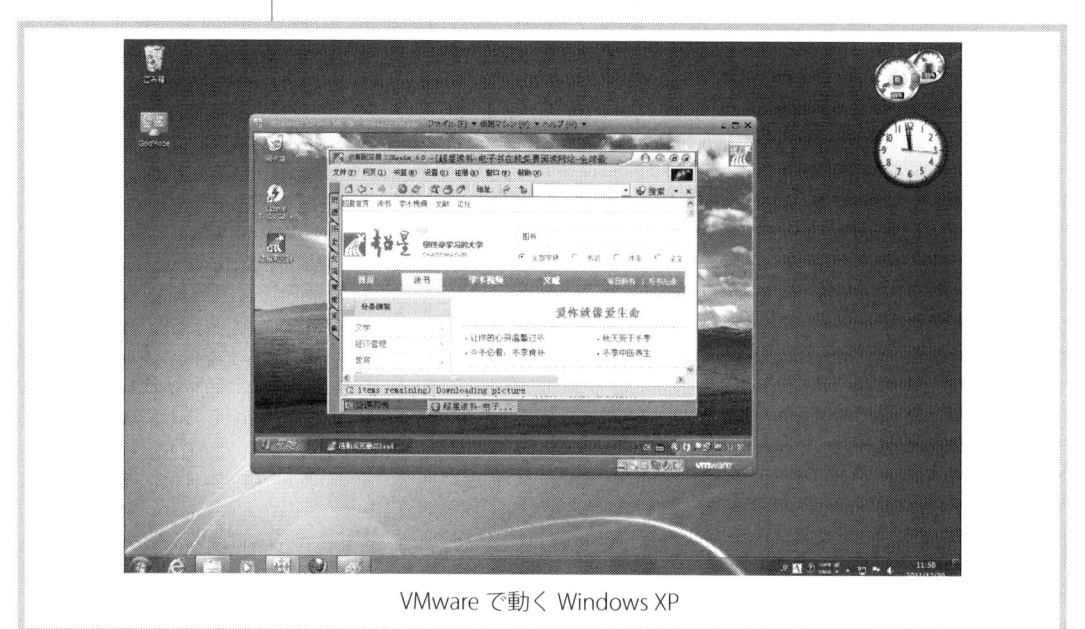

VMware で動く Windows XP

I-5. Windows・Officeでもっと多言語

● Windows 7のインターフェイスを別言語に切り替える

Windows 7 の Ultimate・Enterprise には、インターフェイス[2]を他の言語表示に切り替える機能がある。この機能を使うには、まず Windows Update を通じて言語パックを入手する。

[2] 用語解説参照。

① Windows Update を開く
② クリックする
③ インストールする言語パックをクリックしてチェックを入れる
④ クリックして Windows Update を続行する

※インターフェイスの表示言語を切り替える

① p.62 ②〜④の手順で［地域と言語］を開く
② クリックする
③ クリックして表示言語の種類を選ぶ
④ クリックする
⑤ クリックしてログオフする
⑥ 再度ログオンすると、インターフェイスの表示言語が切り替わる

Windows 7 で多言語の入力や表示をするだけなら、表示言語の切り替えは必要ない。この機能の真価が発揮されるのは、さまざまな母語の人がパソコンを共有する学校・企業・組織といったシーンであろう。

Office 2010 言語パックを使う

千田　大介　Chida Daisuke

◎ Office 2010言語パックを入手する

　Office 2010 は世界各国で発売されている国際化されたソフトだが、すべての言語のすべての機能がはじめから搭載されているわけではない。別の言語の校正ツールや拡張機能・テンプレートなどを使うには、別途、言語パックを導入しなくてはならない。

　Office 2010 の言語パックには、複数の言語パックを1つにまとめた Multi Language Pack も用意されているが、これはマイクロソフト・ソフトウェア・アシュアランスによるボリュームライセンス契約ユーザーのみに提供される。一般のユーザーは、単一の言語の機能のみを追加する言語パックを導入することになる。

　Office 2010 言語パックはマイクロソフトの Web サイトからダウンロード購入する。

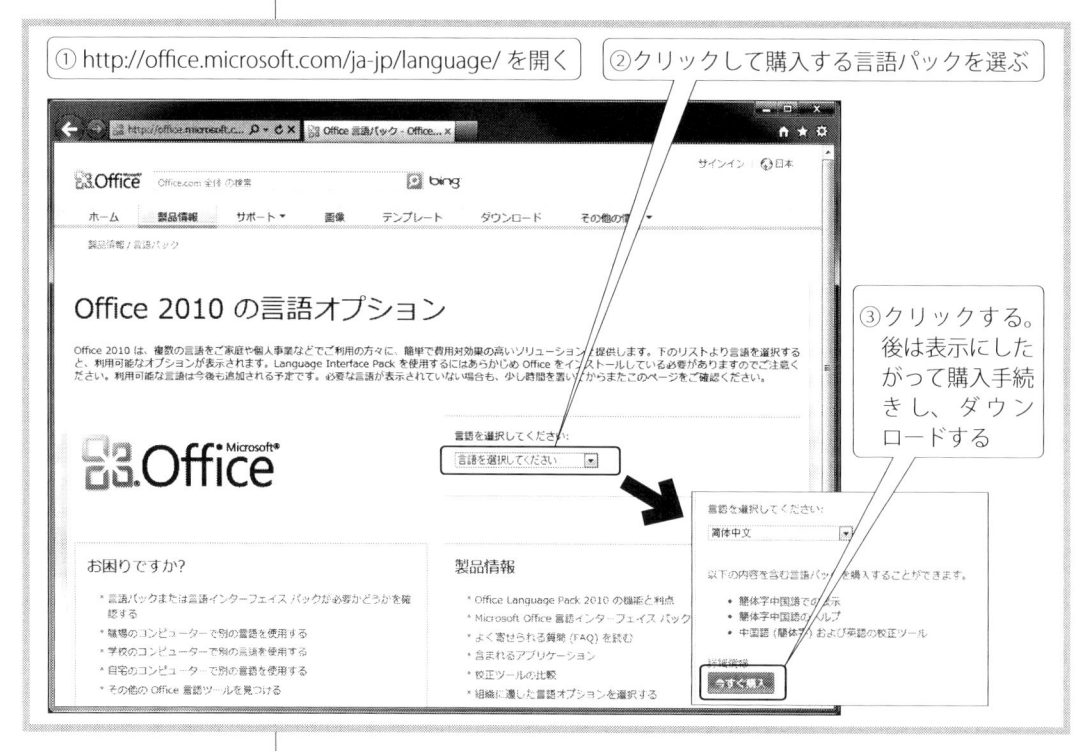

①http://office.microsoft.com/ja-jp/language/ を開く　②クリックして購入する言語パックを選ぶ　③クリックする。後は表示にしたがって購入手続きし、ダウンロードする

　後はダウンロードした Office 2010 言語パックをインストールすればよいのだが、1つ注意点がある。簡体字・繁体字中国語の言語パックをインストールする場合、インストールオプションで［立即安装］を選ぶと、Excel のアドイン[1]が中国語で上書きされてしまい、

[1] 用語解説参照。

I-5. Windows・Officeでもっと多言語

日本語に戻せなくなってしまう。この問題を避けるため、インストールオプションで［自定义］を選び、Excelの［加载项］をクリックして［不可用］に設定しよう。

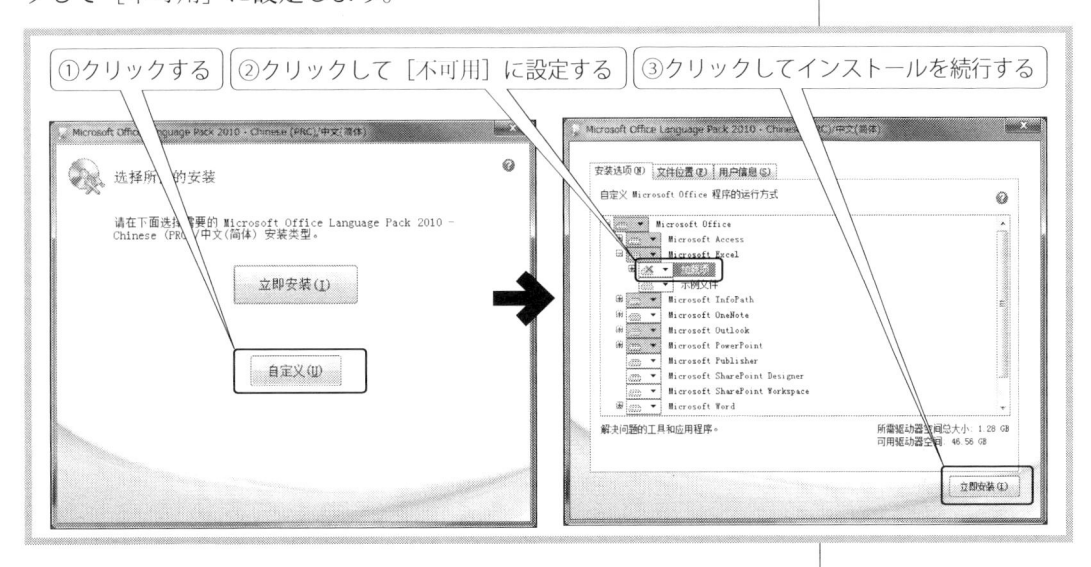

① クリックする　② クリックして［不可用］に設定する　③ クリックしてインストールを続行する

●中国語言語パックの追加機能

簡体字・繁体字中国語の言語パックを導入すると、［中国語の変換］機能が追加される。これは、簡体字と繁体字を相互変換する機能だ。Wordで簡体字を繁体字に変換する手順は、以下のとおり。

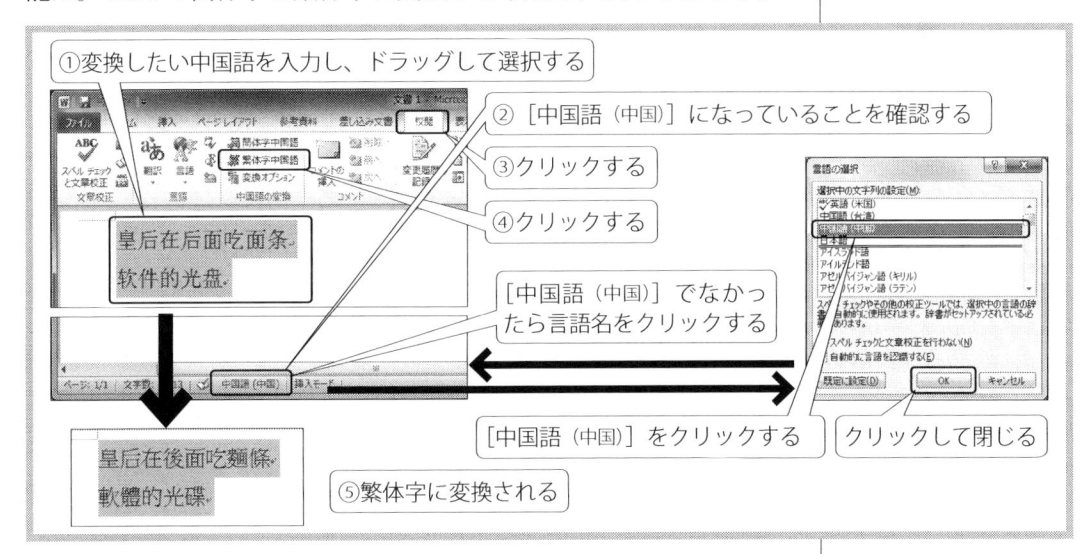

① 変換したい中国語を入力し、ドラッグして選択する
② ［中国語（中国）］になっていることを確認する
③ クリックする
④ クリックする
［中国語（中国）］でなかったら言語名をクリックする
［中国語（中国）］をクリックする　クリックして閉じる
⑤ 繁体字に変換される

簡体字の「后」・「面」が文脈に応じて、「后」と「後」、「面」と「麵」に正しく変換されている。このように、Officeの［中国語の変換］機能は、漢字を一対一で変換するのではなく、辞書ファイルを参照して熟語を適切に変換してくれる。

また、「軟件」・「光盘」が台湾の用語である「軟體」・「光碟」に変換されているように、中国の普通話と台湾の国語との簡易翻訳機能も備えている。この機能は［変換オプション］でオフにすることもできる。

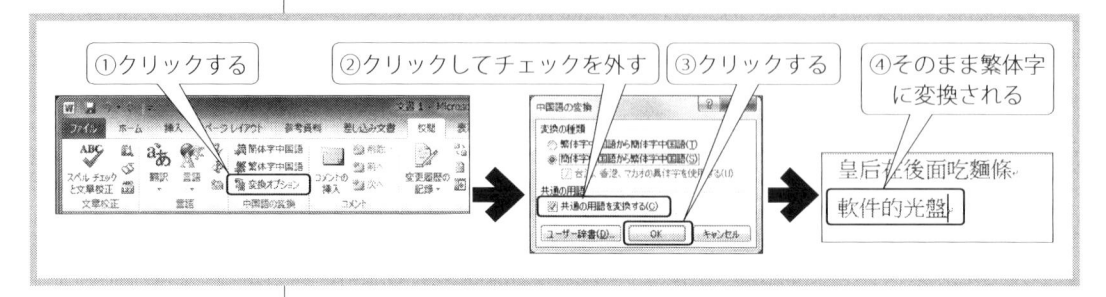

　［中国語の変換］機能はPowerPoint・Publisher・Excelでも使える。いずれもアイコンは［校閲］リボンに登録される。PowerPoint・PublisherではWordと同じように選択した文字列だけが変換されるが、Excelでは表示しているシート全体が変換され、しかも元に戻せないので注意が必要だ。

　中国語の言語パックでは、中国語の校正ツールが追加され、Wordに中国語のスペルチェック機能（あまり効率は良くない）と中国語の単語認識機能が追加される。このため、Wordで中国語のルビを自動で振る効率がかなり改善される[2]。また、MSピンインIMEのIMEパッドに手書き入力機能が追加される。

　このほか、Officeの中国語のインターフェイスも追加され、メニューやヘルプを中国語で表示できるようになる。表示言語は、［Microsoft Office 2010 言語設定］で設定する。

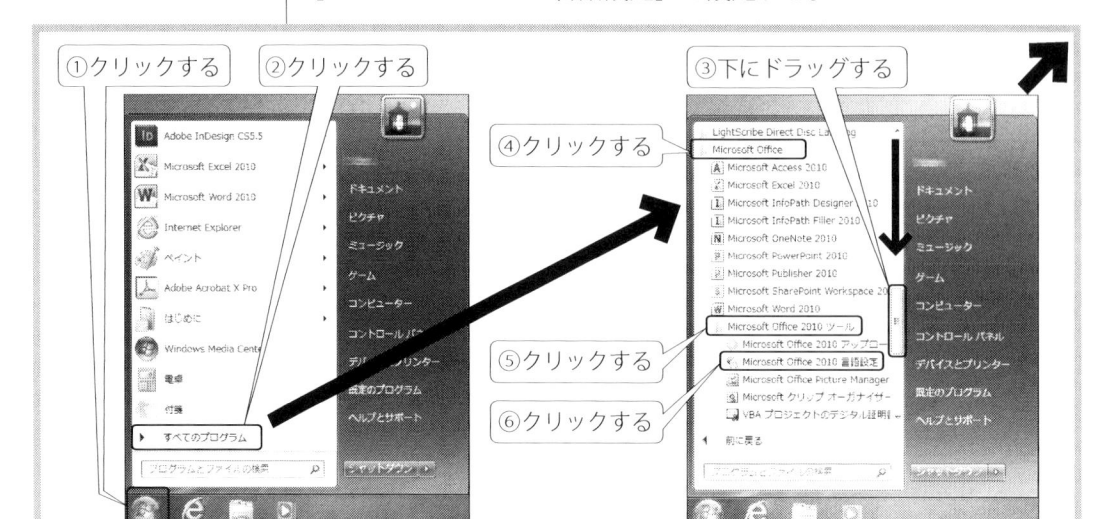

[2] p.54参照。

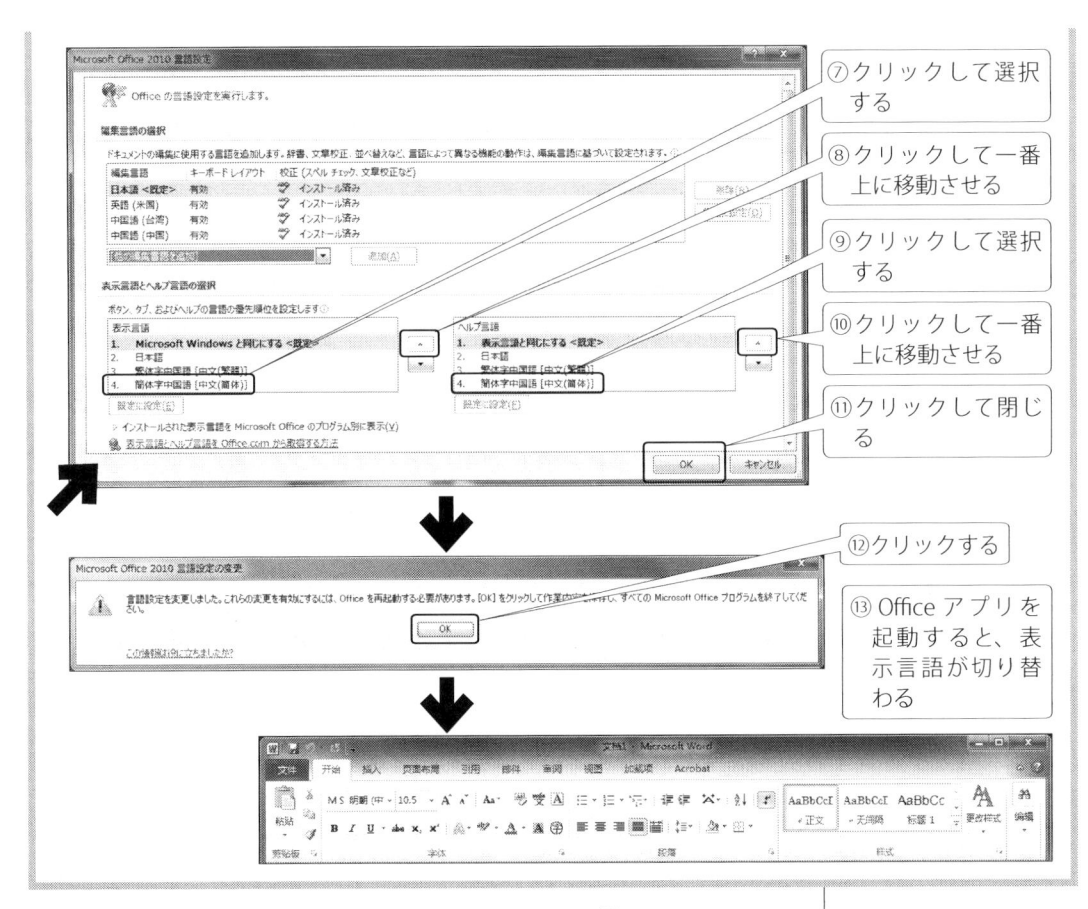

I-5. Windows・Officeでもっと多言語

⑦クリックして選択する

⑧クリックして一番上に移動させる

⑨クリックして選択する

⑩クリックして一番上に移動させる

⑪クリックして閉じる

⑫クリックする

⑬Officeアプリを起動すると、表示言語が切り替わる

これも、Windows 7の多言語インターフェイス[3]同様、学校や企業などのさまざまな母語を使う人がパソコンを共有する環境向けの機能だといえよう。

[3] p.62参照。

COLUMN

Windowsのショートカットキー□□■

ショートカットキー（ショートカットともいう）とは、ソフトの機能を直接呼び出せるように設定された、特別なキー操作のことをいう。キーボードからマウスに手を伸ばす必要がなくなるので、使いこなすと作業効率を高めることができる。

代表的なWindows標準のショートカットに以下のようなものがある。

キー操作	意味	キー操作	意味
Ctrlを押したままA	全て選択	Ctrlを押したままC	コピー
Ctrlを押したままX	切り取り	Ctrlを押したままV	ペースト（貼り付け）
Ctrlを押したままP	印刷	Ctrlを押したままZ	アンドゥ（元に戻す）

このほか、独自にショートカットを定義しているソフトも多い。　　　　　（千田）

I -6. 教師のための Excel 基本テクニック

人文系ツールとしての Excel

千田　大介　Chida Daisuke

◎Excel は理数系のソフト？

　Microsoft Office にもれなく入っている Excel だが、こと人文系の学生や研究者となると、使いこなしている人はさほど多くないようだ。確かに Excel は表計算ソフトであり、大量の数値を打ち込んで分析したりグラフを作ったりするときに使う理数系あるいはビジネス向けツールというイメージが強いので、人文系の立場からは使う必然性を感じない、というのは理解できる。しかし Excel を実際に使ってみると、数値計算だけでなくさまざまな用途に役立つものだ。

　Excel では入力された文字列、すなわちテキストデータを操作することもできる。そうした機能で最も基本的かつ汎用性が高いのが並べ替えだろう。たとえば、各行に左から順に分類・単語・よみがな・用例を入れておき、分類順やよみがな順に行を並べ替えたり、よみがな順かつ同音の単語は分類順というように、複数の条件を指定して並べ替えることもできる。

[1] 用語解説参照。

　さらに関数[1]などの機能を使って、文字数を数えるなどすれば、テキストデータの簡易分析ツールとして利用することもできる。むろん数値分析も得意なので、語彙や文字の出現頻度統計、テキストのパターン解析なども、スキルを磨けば可能になる。

◎成績管理で Excel に慣れよう

　とはいえ、そうしたスキルは一朝一夕に身につくものではないので、まずは Excel を使う機会を増やすことから始めよう。表の作成や集計などに Excel を使うだけでも作業を効率化することができるものだ。慣れてきたら、徐々に難しい処理を試していけばよい。

　本書の想定読者である人文系の学生・大学院生・教員といった方々が、普段のアルバイトや仕事のなかで Excel に継続的に触れ、かつ作業の効率を直ちに高めることができる具体例として、以下では Excel による授業の出席・成績管理を取り上げる。

I-6. 教師のためのExcel基本テクニック

　出席・成績の管理には、データの並べ替えや計算といった基本的な操作から、さまざまな関数、ピボットテーブルなど、テキストデータ処理にも役立つ諸機能を使うので、これらのスキルを一通りマスターすればExcelの人文学研究への応用も可能になってくる。

　また以下では大学の授業を念頭に解説するが、もちろん小中高校あるいは塾での成績管理にもそのまま使えるので、教員を目指す学生にとっても是非身につけておくべきスキルだといえる。むろん、企業でのさまざまな業務にも十分役立つだろう。

● Excelの基本用語

　操作方法の解説に入る前に、基本的な用語について見ておこう。

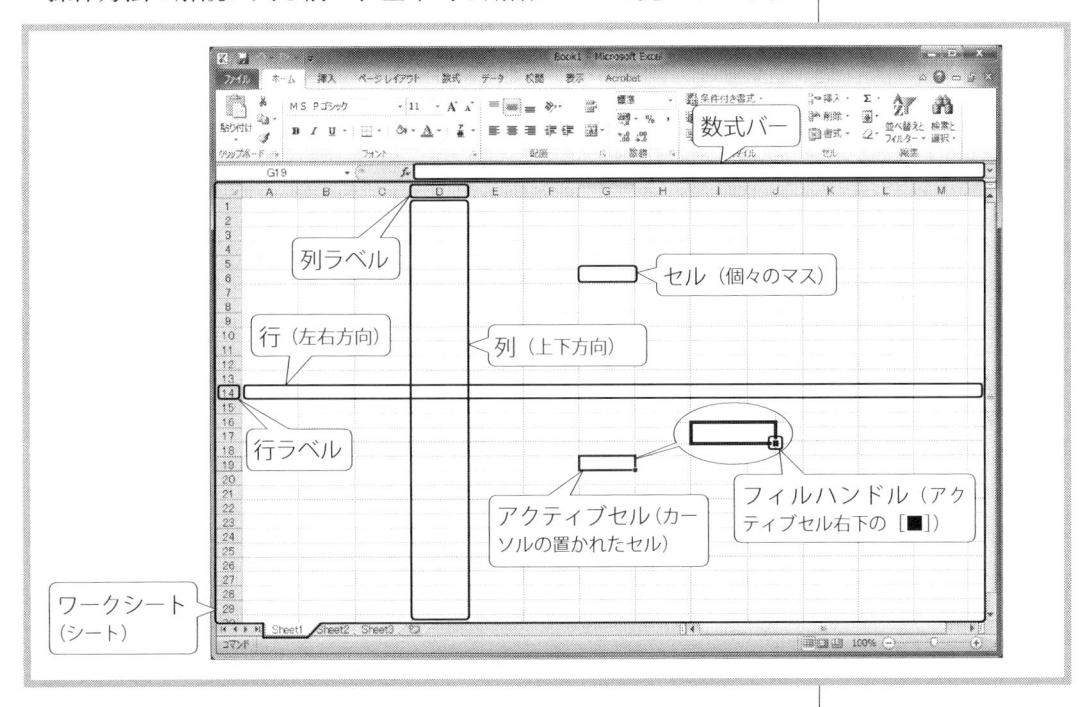

　Excel操作の基本単位はセルである。セルは、列の番号（A～）と行の番号（1～）を組み合わせて、「G19」のように番地表示する。

　複数のシートを含むExcelファイルを、ブックと呼ぶ。

　また、セルの文字や数値・数式などを修正するときは、そのセルをダブルクリックするか、セルをクリックしてアクティブにした上で数式バーで修正することになる。

　以下の解説では、関数の入力にリボンのコマンドアイコンを使っているが、「=」に続けてセルに直接打ち込むこともできる。関数の書式は欄外に注記したが、詳細はヘルプなどを参照してほしい。

名簿を作る

山田　崇仁　Yamada Takahito

◉名簿の見出しを整える

それでは成績管理の基礎となる名簿を作成して書式を整えよう。まず、見出しを入力し、見出しの行・列が常に表示されるように［ウィンドウ枠の固定］を設定する。

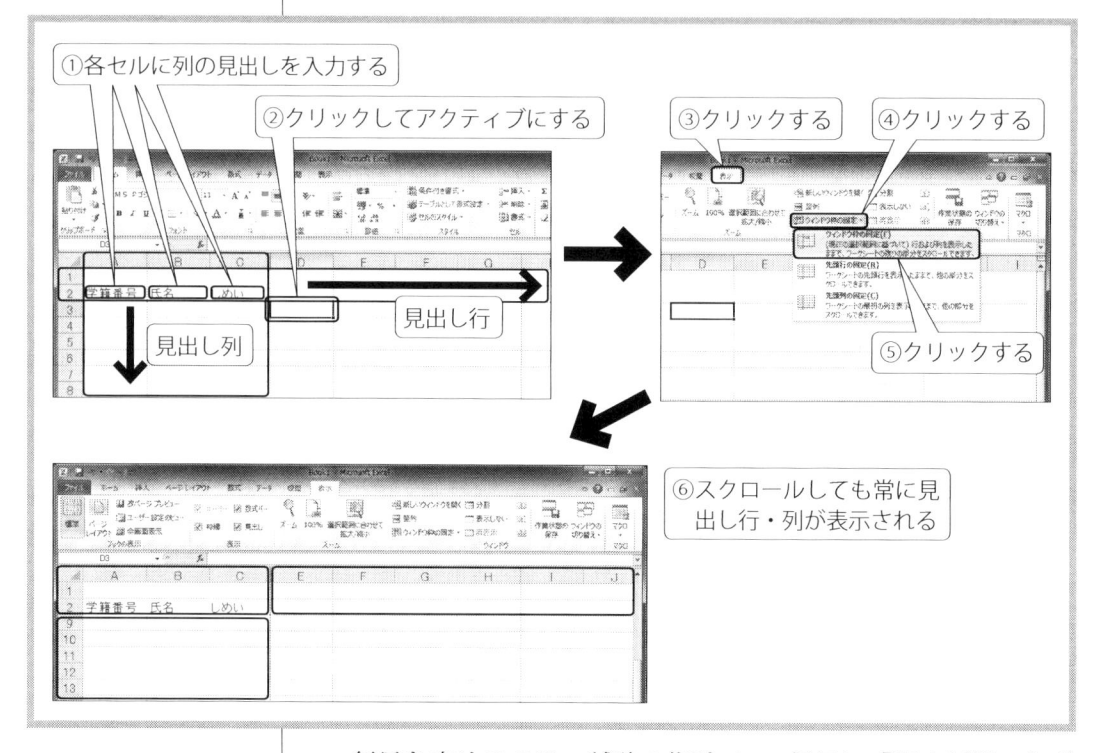

①各セルに列の見出しを入力する
②クリックしてアクティブにする
③クリックする
④クリックする
見出し行
見出し列
⑤クリックする
⑥スクロールしても常に見出し行・列が表示される

1行目を空けるのは、試験の集計で、1行目に「期末試験」など試験の種類を、2行目に各設問番号の見出しを入れるためである。

シートにたくさんのデータを入力していると、見出しが見えなくなってしまうので、［ウィンドウ枠の固定］は必ず設定しよう。

◉学籍番号・氏名の入力と並べかえ

近頃は学籍番号・氏名・氏名のよみといった名簿データを提供する学校も増えているようだ。そのときは、Excelの当該列にそれらのデータをコピーして貼り付ければよかろう。以下では、そうしたデータが提供されていないという前提で、作業手順を解説する。

クラスの学生の学籍番号がバラバラの場合は一々打ち込まないといけないが、連番であれば一気に自動入力できる。

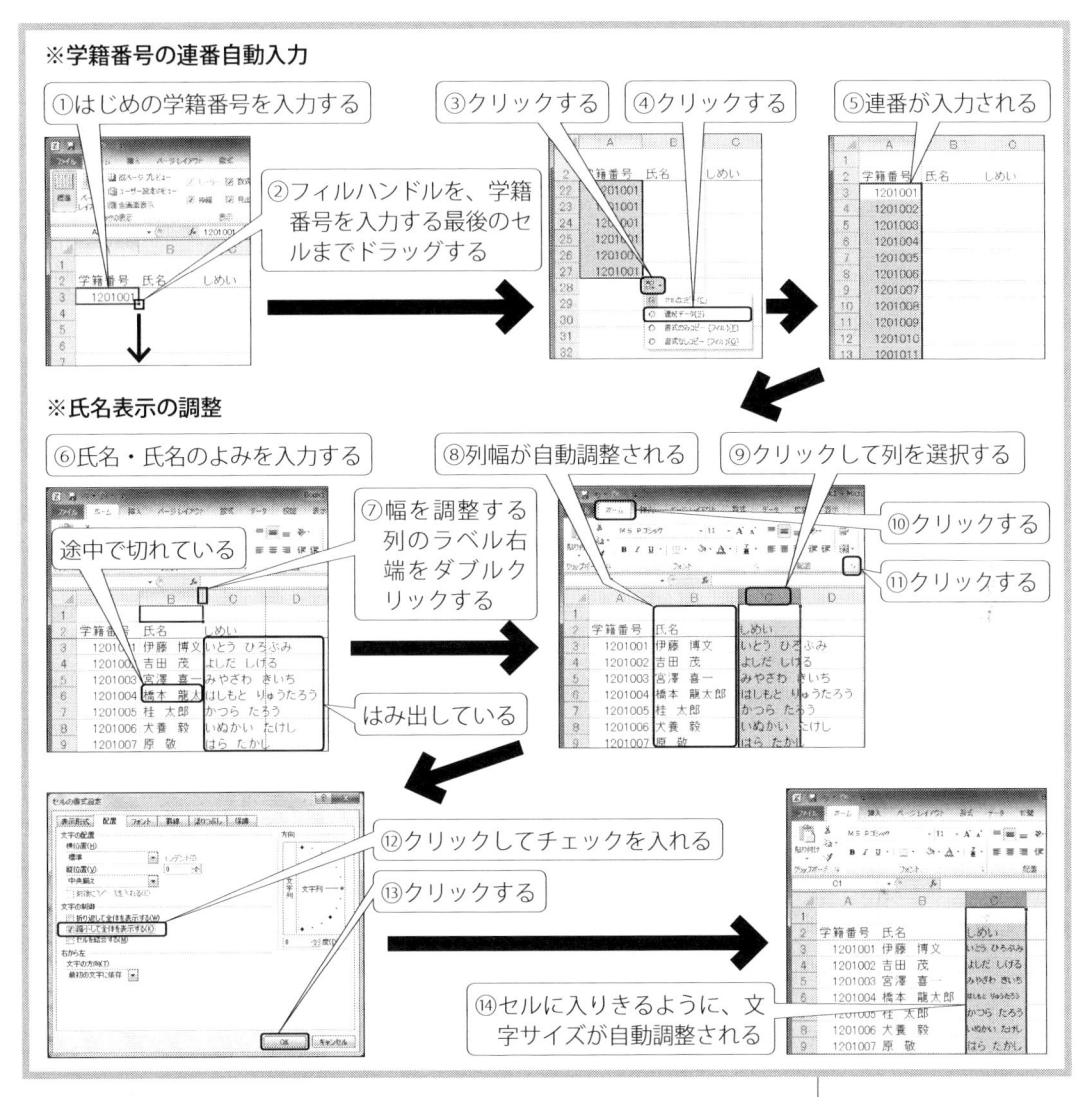

I-6. 教師のためのExcel基本テクニック

※学籍番号の連番自動入力

①はじめの学籍番号を入力する
②フィルハンドルを、学籍番号を入力する最後のセルまでドラッグする
③クリックする
④クリックする
⑤連番が入力される

※氏名表示の調整

⑥氏名・氏名のよみを入力する
途中で切れている
⑦幅を調整する列のラベル右端をダブルクリックする
はみ出している
⑧列幅が自動調整される
⑨クリックして列を選択する
⑩クリックする
⑪クリックする
⑫クリックしてチェックを入れる
⑬クリックする
⑭セルに入りきるように、文字サイズが自動調整される

次に、名簿を五十音順に並べかえてみよう。

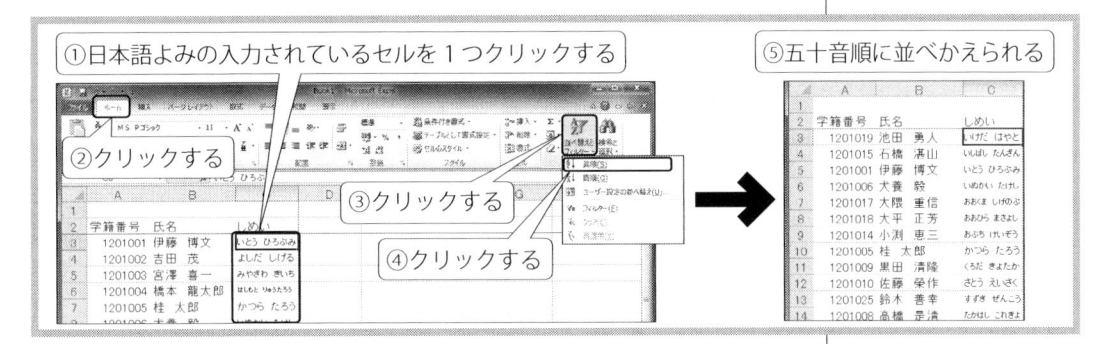

①日本語よみの入力されているセルを1つクリックする
②クリックする
③クリックする
④クリックする
⑤五十音順に並べかえられる

並べかえのときには、クリックしたセルから連続している空白でないセルがすべて自動で選択される。途中に空白行がある場合は、手動で範囲を選択しなくてはならない。

設定が終わったら、ファイルを保存しておこう。

中国語の名簿を作る

山田　崇仁　Yamada Takahito

●中国語教師用クラス名簿一発作成ツールを使う

　初級中国語のクラスでは、学生の氏名の簡体字とピンインの一覧を配布して、学生を指名したり会話練習をする際に活用することが多いのではなかろうか。このとき、Excelには中国語のピンインを自動で振る機能がないので、鈴木慎吾氏による［中国語教師用クラス名簿一発作成ツール］[1]を使うのが便利だ。

[1] http://www.world-lang.osaka-u.ac.jp/user/suzukish/chinese/manMeibo.htm

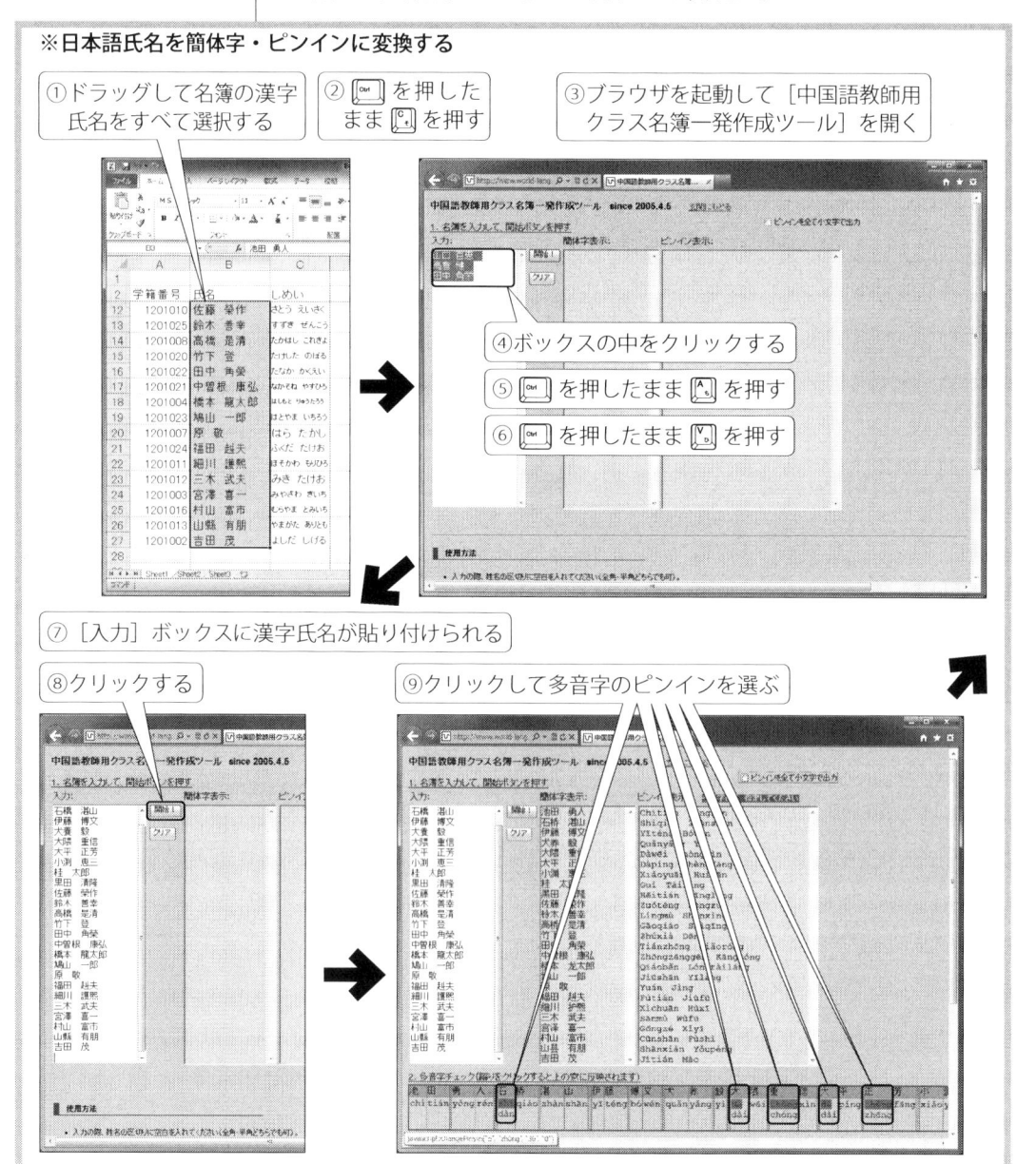

※日本語氏名を簡体字・ピンインに変換する

①ドラッグして名簿の漢字氏名をすべて選択する

②[Ctrl]を押したまま[C]を押す

③ブラウザを起動して［中国語教師用クラス名簿一発作成ツール］を開く

④ボックスの中をクリックする

⑤[Ctrl]を押したまま[A]を押す

⑥[Ctrl]を押したまま[V]を押す

⑦［入力］ボックスに漢字氏名が貼り付けられる

⑧クリックする

⑨クリックして多音字のピンインを選ぶ

74

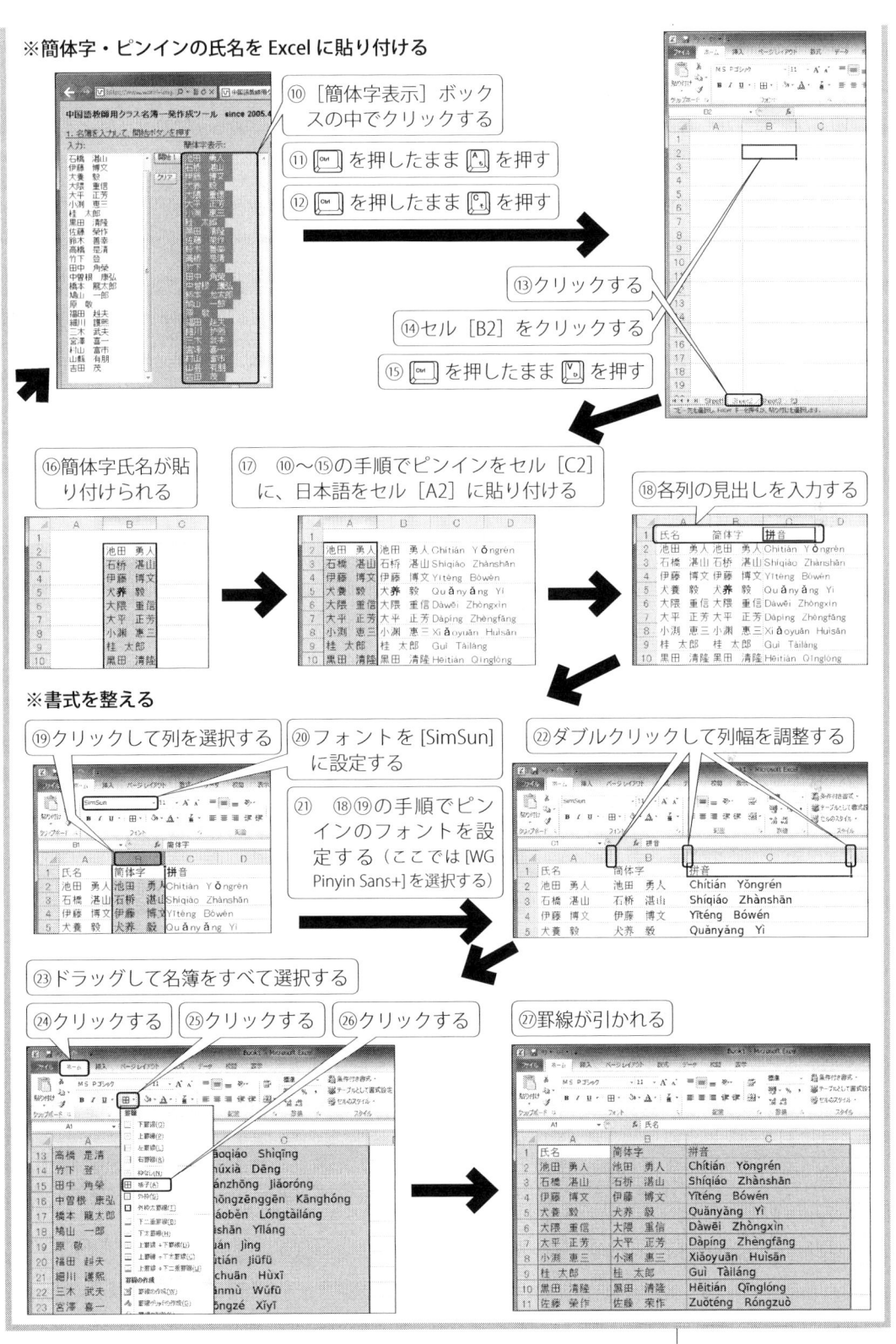

I -6. 教師のためのExcel基本テクニック

※簡体字・ピンインの氏名を Excel に貼り付ける

⑩ [簡体字表示] ボックスの中でクリックする
⑪ [Ctrl] を押したまま [A] を押す
⑫ [Ctrl] を押したまま [C] を押す
⑬ クリックする
⑭ セル [B2] をクリックする
⑮ [Ctrl] を押したまま [V] を押す

⑯ 簡体字氏名が貼り付けられる
⑰ ⑩～⑮の手順でピンインをセル [C2] に、日本語をセル [A2] に貼り付ける
⑱ 各列の見出しを入力する

※書式を整える

⑲ クリックして列を選択する
⑳ フォントを [SimSun] に設定する
㉑ ⑱⑲の手順でピンインのフォントを設定する（ここでは [WG Pinyin Sans+] を選択する）
㉒ ダブルクリックして列幅を調整する

㉓ ドラッグして名簿をすべて選択する
㉔ クリックする
㉕ クリックする
㉖ クリックする
㉗ 罫線が引かれる

ここでは「[Ctrl] を押したまま [C] を押す」などのショートカット[1]を使ったが、右クリック→ [コピー] / [貼り付け] でも構わない。

[1] p.69 参照。

出席の集計と試験の採点

山田　崇仁　Yamada Takahito

●出席を集計する

Excelで出欠を、といっても教室では紙の出席簿で出欠を取っておき、その結果をあとでまとめてExcelに入力・集計すればよい。

出欠データはたとえば、出席：1　遅刻・早退：0.5　欠席：0　忌引き・公欠：空白[1]、のように入力していく。こうしておけば数値の合計が出席日数、平均が出席率になるので、計算しやすい。

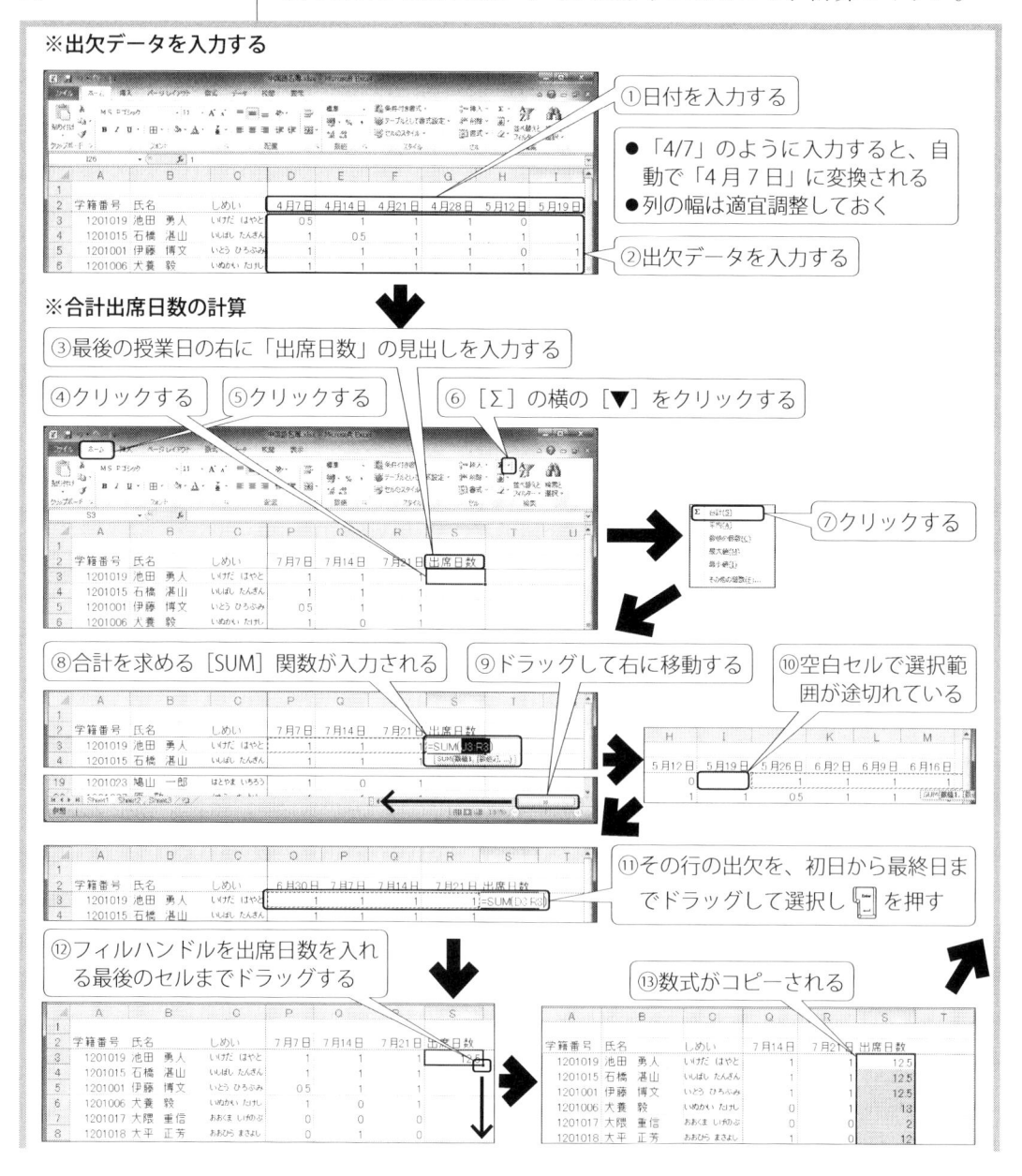

[1] 空白のセルは、合計にはカウントされないが、平均値（＝出席率）計算からは除外される。授業での扱いに応じて、方針を決めていただきたい。

※出欠データを入力する

①日付を入力する
- 「4/7」のように入力すると、自動で「4月7日」に変換される
- 列の幅は適宜調整しておく

②出欠データを入力する

※合計出席日数の計算

③最後の授業日の右に「出席日数」の見出しを入力する

④クリックする　⑤クリックする　⑥［Σ］の横の［▼］をクリックする

⑦クリックする

⑧合計を求める［SUM］関数が入力される　⑨ドラッグして右に移動する　⑩空白セルで選択範囲が途切れている

⑪その行の出欠を、初日から最終日までドラッグして選択し［↵］を押す

⑫フィルハンドルを出席日数を入れる最後のセルまでドラッグする

⑬数式がコピーされる

I -6. 教師のためのExcel基本テクニック

※出席率を計算する

⑭「出席率」の見出しを入力する
⑮クリックする
⑯クリックする
⑰クリックする
⑱平均を求める [AVERAGE] 関数が入力される
⑲ ⑪⑫の要領で、出欠データの範囲を選択し直し、式をコピーする
⑳ドラッグして出席率のセルをすべて選択する
㉑数回クリックして小数点以下2桁に揃える

※出欠データを隠す

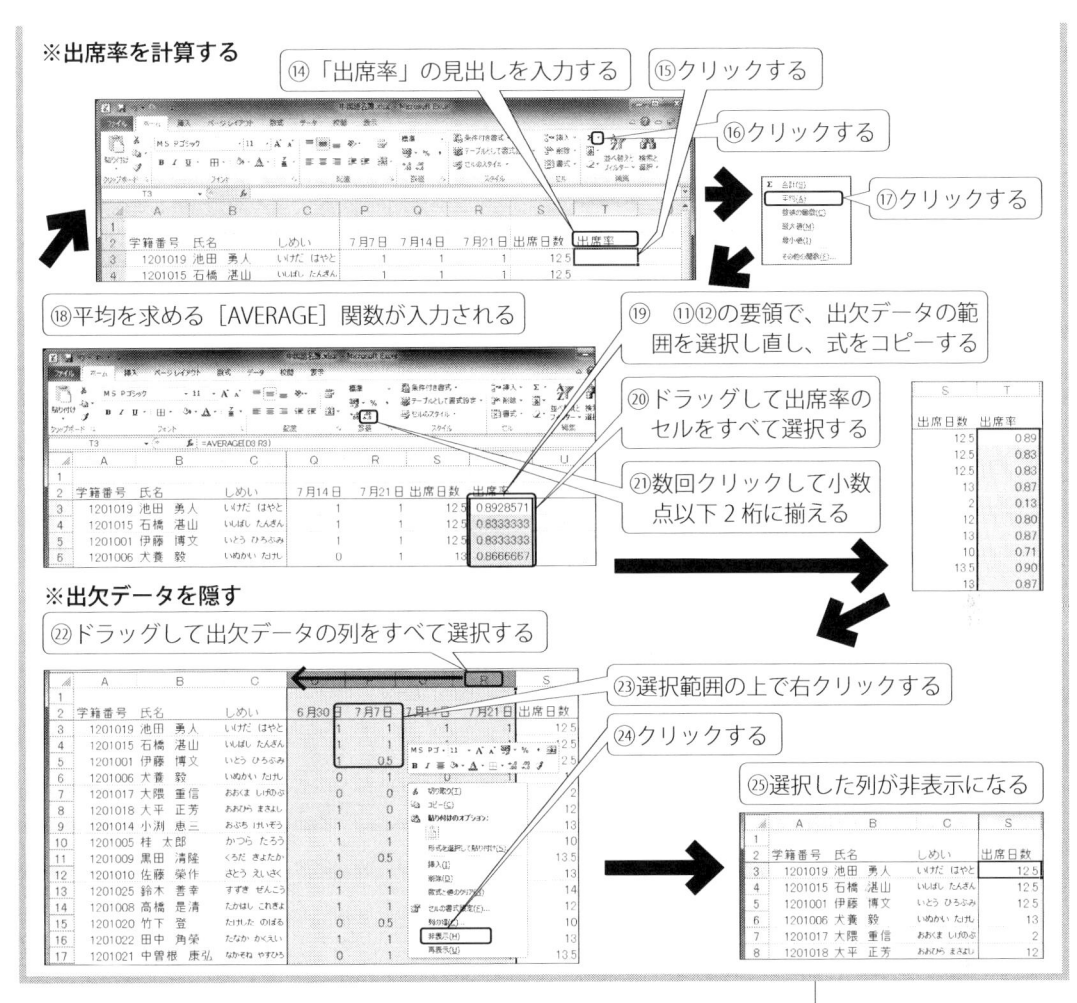

㉒ドラッグして出欠データの列をすべて選択する
㉓選択範囲の上で右クリックする
㉔クリックする
㉕選択した列が非表示になる

列を再表示するには、列ラベルをドラッグして非表示に設定した前後の列を選択して、右クリックから [再表示] を選択すればよい。

●試験の得点を計算する

試験の得点計算も、基本は出欠の集計と同じで、合計点を [SUM] 関数[2]で、平均点を [AVERAGE] 関数[3]で計算していけばよい。

[2] [SUM] は範囲内のセルの数値の合計を求める関数。書式は、「SUM(セル番地:セル番地)」。

[3] [AVERAGE] は範囲内のセルの数値の平均値を求める関数。書式は「AVERAGE(セル番地:セル番地)」。

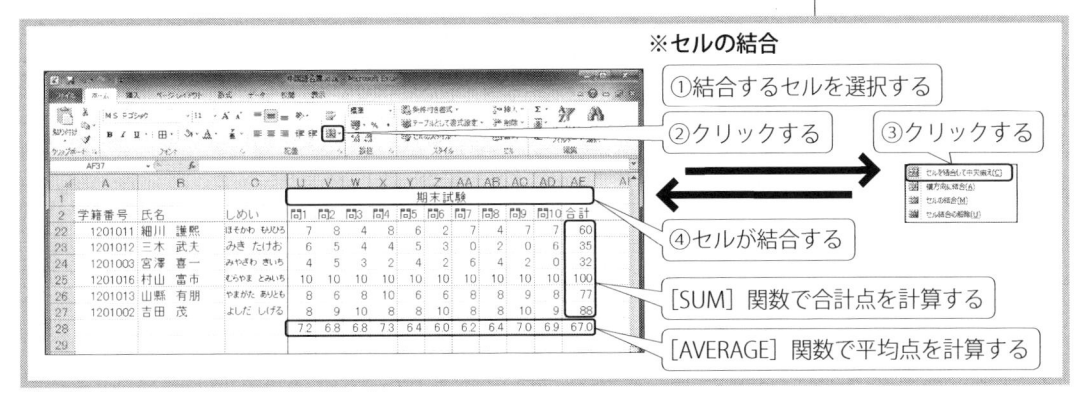

※セルの結合

①結合するセルを選択する
②クリックする
③クリックする
④セルが結合する
[SUM] 関数で合計点を計算する
[AVERAGE] 関数で平均点を計算する

総点の計算と順位付け

山田　崇仁　Yamada Takahito

●総点の計算

　成績の評価方法はさまざまあるが、ここでは以下のような基準で100点満点の総点を算出して評価する、という想定で解説する。

　　　出席点30点＋小テスト10点×2回＋期末試験50点＝総点

小テストは30点満点ということにしよう。

　出席率・各テストの得点などがExcelで図のようなデータ形式になっている場合、それぞれの要素は以下の式で総点用の数値に換算できる。

- 出席点………出席率（全出席＝1）× 30
- 小テスト……得点（30点満点）÷ 3（2回）
- 期末試験……得点（100点満点）÷ 2

　これに基づきExcelで総点を計算する。四則演算などの式を使うときには、セルの始めに「=」（半角）を入力する。

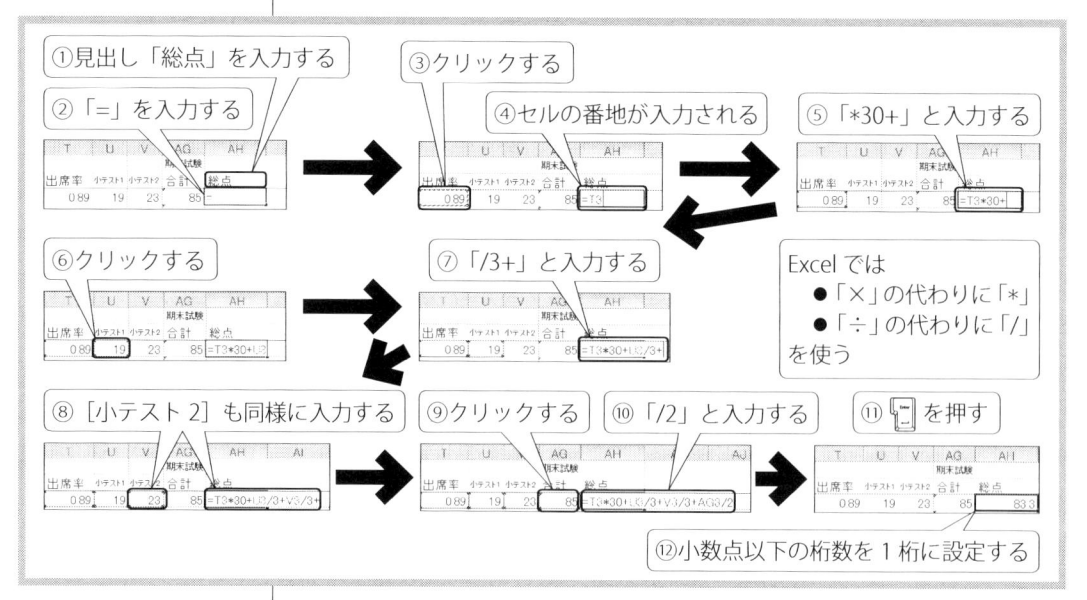

①見出し「総点」を入力する
②「=」を入力する
③クリックする
④セルの番地が入力される
⑤「*30+」と入力する
⑥クリックする
⑦「/3+」と入力する

Excelでは
- 「×」の代わりに「*」
- 「÷」の代わりに「/」
を使う

⑧［小テスト2］も同様に入力する
⑨クリックする
⑩「/2」と入力する
⑪ Enter を押す
⑫小数点以下の桁数を1桁に設定する

　最終的に「=T3*30+U3/3+V3/3+AG3/2」という式になる。このようにExcelの式にセルの番地を記入すると、そのセルの数値を代入して計算してくれる。

　最後に式を入力したセルをコピーして、全員の総点を計算しよう。

I-6. 教師のためのExcel基本テクニック

●総点の順位をつける

Excelでは［RANK.EQ］関数[1]を使うことで、あるセルの数値が指定した範囲内で何番目の大きさかを求めることができる。

> [1]［RANK.EQ］は指定した数値の範囲内における順位を求める関数。書式は「RANK.EQ(数値,範囲,順序)」。順序は省略可能。

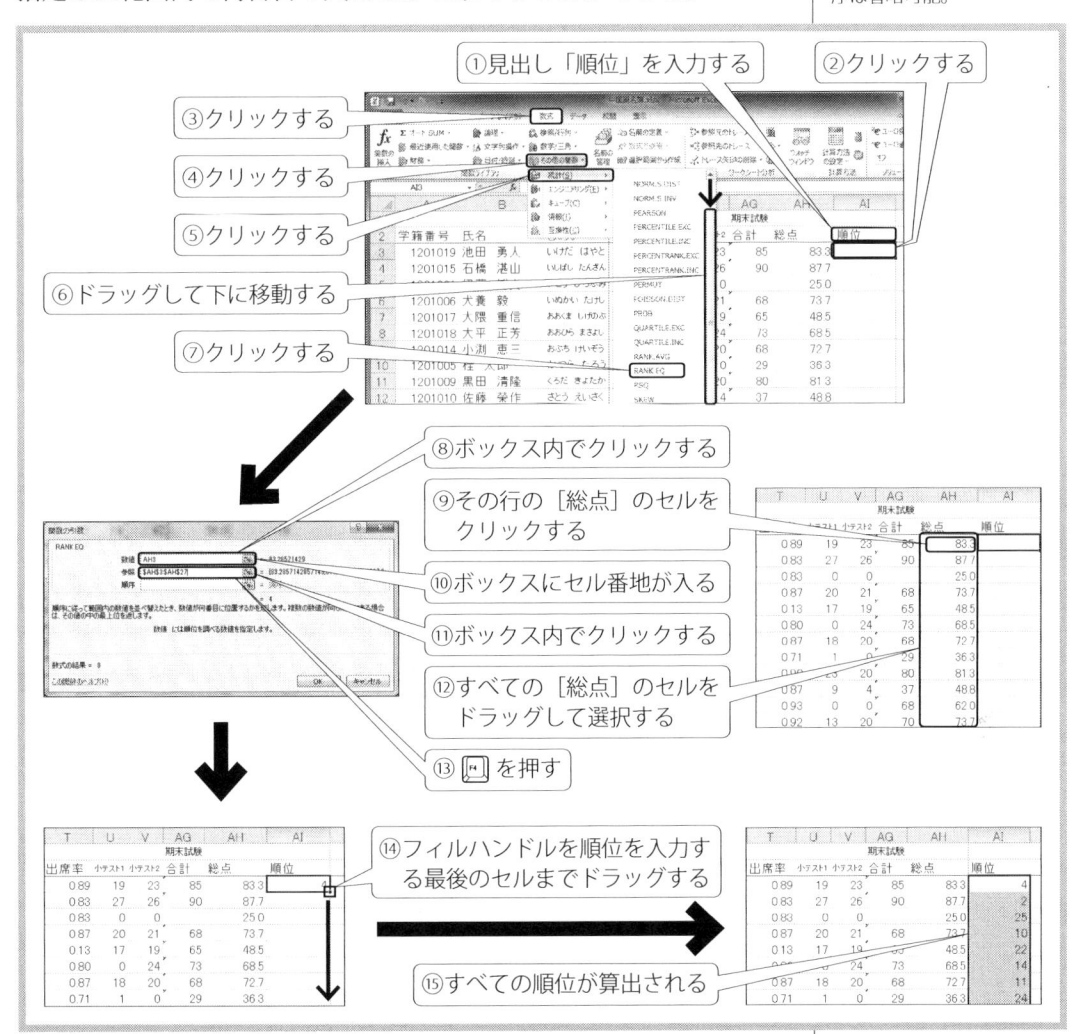

①見出し「順位」を入力する
②クリックする
③クリックする
④クリックする
⑤クリックする
⑥ドラッグして下に移動する
⑦クリックする
⑧ボックス内でクリックする
⑨その行の［総点］のセルをクリックする
⑩ボックスにセル番地が入る
⑪ボックス内でクリックする
⑫すべての［総点］のセルをドラッグして選択する
⑬ [F4] を押す
⑭フィルハンドルを順位を入力する最後のセルまでドラッグする
⑮すべての順位が算出される

⑬で [F4] を押すと、ボックス内のセルの番地表示が［AH3:AH27］から［$AH$3:$AH$27］へと、［$］付きに変化する。

Excelでは、たとえばセルB3の数式［=A3*5］をセルB4にコピーすると、［=A4*5］のように相対的な位置関係で式のなかのセル番地が書き換わる（これを「相対参照」という）。しかし、例のようにどのセルからも同じセルや範囲を参照したい、というケースもある。そのようなときに使うのがこの［$］で、列番号・行番号の前に付けるとコピーしてもセルの番地が変化しなくなる（これを「絶対参照」という）。

偏差値を計算する

山田　崇仁　Yamada Takahito

◉偏差値を活用しよう

　日本における偏差値、すなわち学力偏差値は、もっぱら受験生のレベルをはかるために使われている。このため、偏差値は塾や予備校といった受験教育の道具というイメージが一般的だが、偏差値とは本来、母集団の中での相対的な位置を数値化したものであるので、受験ばかりでなく学校教育などでも十分に活用が可能である。

　たとえば、数回の試験で平均点に極端な差が出てしまい、得点合計だけではうまく成績が付けられないことがある。また、数百人・数千人の大規模授業で相対評価を求められることもある。そうしたときには試験の得点や評価の総点をもとに偏差値を算出して参照すると、案外うまく処理できるものだ。

◉偏差値を算出する

　Excelには、偏差値を直接算出できる関数が用意されていない。とはいえ、偏差値の算出に必要な数値を得るための関数は揃っているので、以下の計算式を設定すればよい。

　　（得点－平均値）÷標準偏差× 10 ＋ 50

　このうち平均値は前述の［AVERAGE］関数[1]で求めることができる。また標準偏差には［STDEV.P］関数を使えばよい[1]。

　ここでは前項で計算した総点をもとに、偏差値を算出してみる。

1　p.77 参照。
[1]　［STDEV.P］は指定した数値もしくは範囲内の数値の標準偏差を求める関数。書式は、「STDEV.P(数値)」。数値はセルの範囲で指定してもよいし、「,」区切りで数値やセル番地を並べてもよい。なお、［STDEV.P］は Excel 2010 で新たに追加された。Excel 2007 以前のバージョンでは、［STDEVP］関数を利用する。

※平均値と標準偏差を算出する

①見出し「平均値」を入力する
②平均値を入力するセルをクリックする
③クリックする
④クリックする
⑤クリックする
⑥［AVERAGE］関数が入力される
⑦ドラッグして総点のセルをすべて選択する
⑧ ⏎ を押す

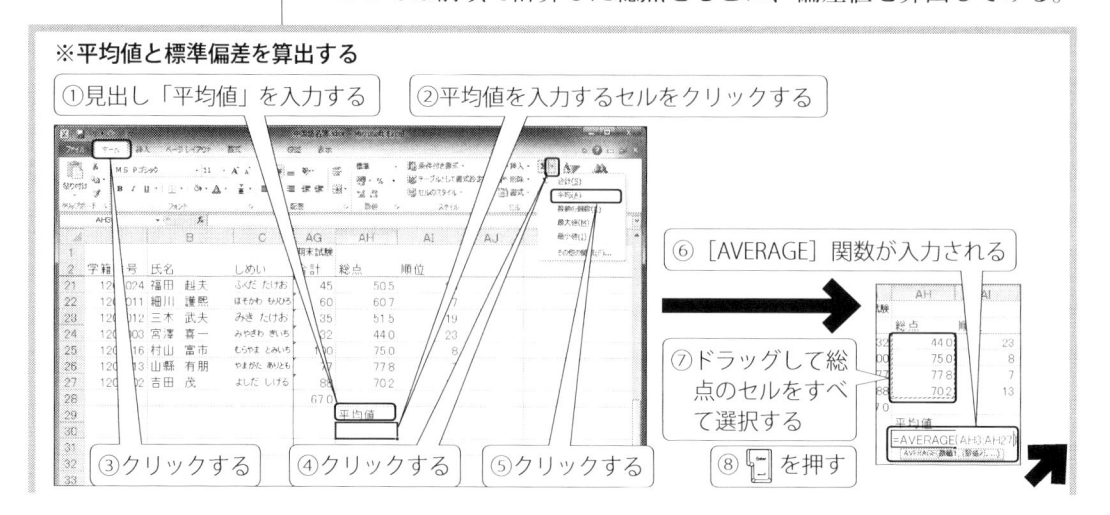

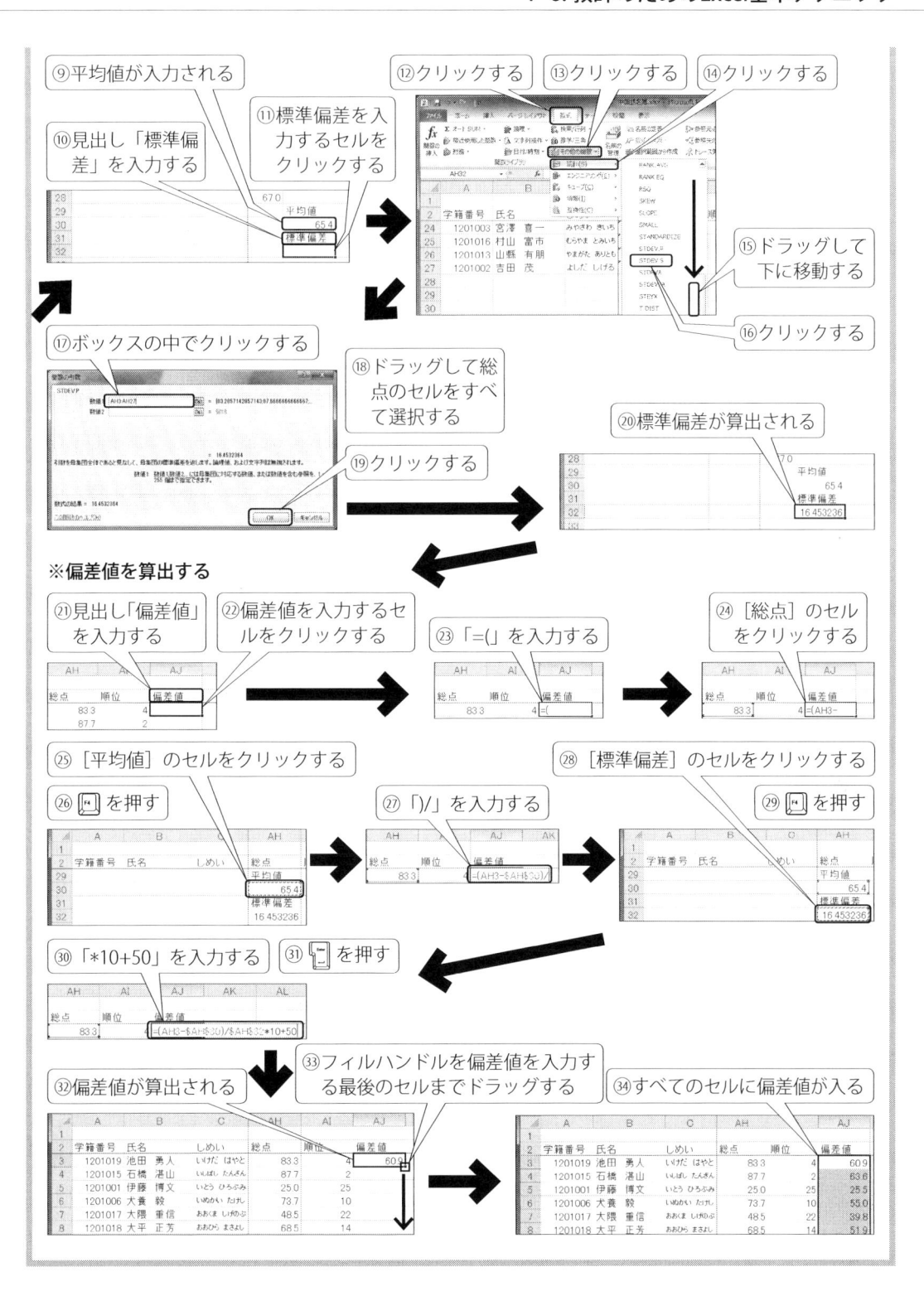

I-6. 教師のためのExcel基本テクニック

得点の分布図を作る

山田　崇仁　Yamada Takahito

●ヒストグラムを作成する準備

偏差値が個人の集団の中でのポジションを知るために有用なのに対して、集団の全体的な学力の傾向やばらつきを可視化するのに便利なのが度数分布図、すなわちヒストグラムだ。たとえば以下の表では、得点範囲ごとの人数を集計している。

30点未満	40点台	50点台	60点台	70点台	80点台	90点以上
3人	5人	8人	12人	17人	8人	4人

このような、ある数値や数値の範囲に該当するデータの数を集計した表（度数分布表）を棒グラフにしたものが、ヒストグラムである。統計の知識がなくても視覚的にデータの傾向を把握できる特徴から、研究から企業活動まで、さまざまな分野で活用されている。

Excelには手軽にヒストグラムを作成する機能が用意されているが、標準インストールした状態では有効になっていないので、まずはじめに以下の手順で設定しておこう。

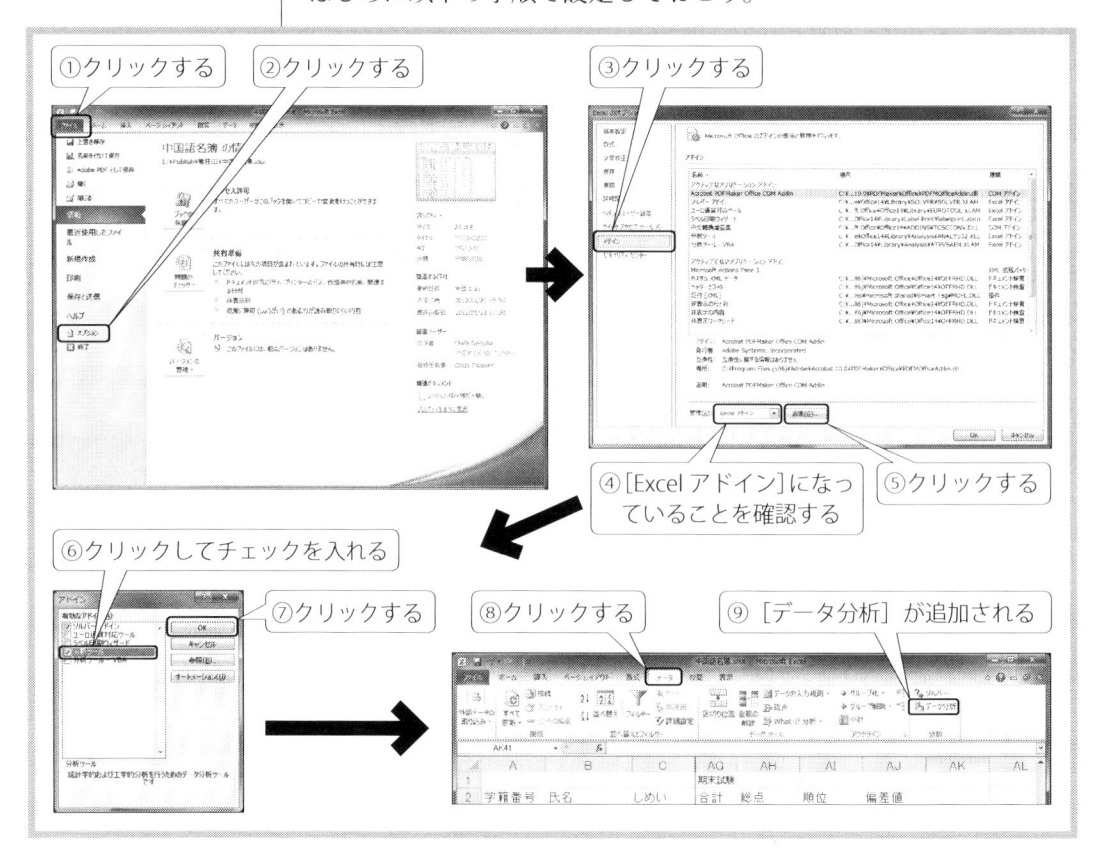

①クリックする
②クリックする
③クリックする
④[Excelアドイン]になっていることを確認する
⑤クリックする
⑥クリックしてチェックを入れる
⑦クリックする
⑧クリックする
⑨[データ分析]が追加される

I -6. 教師のためのExcel基本テクニック

◉ヒストグラムを作成する

　試験成績などからヒストグラムを作るときには、数値（得点）の範囲をどう設定するか、すなわち階級を、まず決めなくてはならない。ここではサンプル数が 25 人と少ないので、試験得点を 10 点刻みで集計する。人数が多ければ 5 点刻みなどでもよかろう。

　階級の数値は、小さい数値から順番に、昇順で入力する。それぞれの数値は階級値の最大値になる。右の例では、初めの「9」が「9 以下の数値」、次の「19」が「9 より大きく 19 以下の数値」ということになる。試験の得点は整数なので、これで 10 点刻みで集計できる。

※階級を設定する
- ①データのあるシートの適当なセルに階級の名称を入力する
- ②階級の数値を入力する

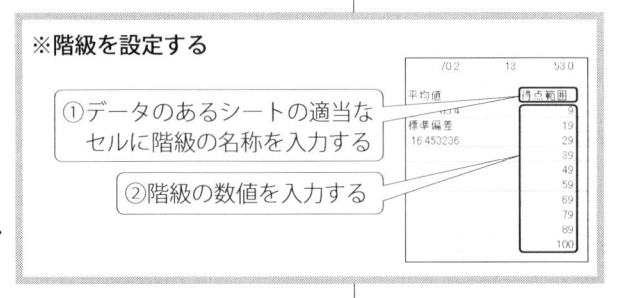

※ヒストグラムを作成する
- ①クリックする
- ②クリックする
- ③クリックする
- ④クリックする
- ⑤ボックス内でクリックする
- ⑥階級の名称・数値をドラッグして選択する
- ⑦ボックス内でクリックする
- ⑧集計するデータをドラッグして選択する
- ⑨クリックしてチェックを入れる
- ⑩クリックしてチェックを入れる
- ⑪クリックする
- ⑫ヒストグラムが作成される

※グラフを調整する
- ⑬グラフエリアの上でクリックする
- ⑭カーソルを合わせ、⇕になったら下にドラッグする
- グラフの背が低い
- 余計な階級
- ⑮行ラベルをクリックして余計な階級の行を選択する
- ⑯選択した行の上で右クリックする
- ⑰クリックする
- ⑱余計な階級が削除される

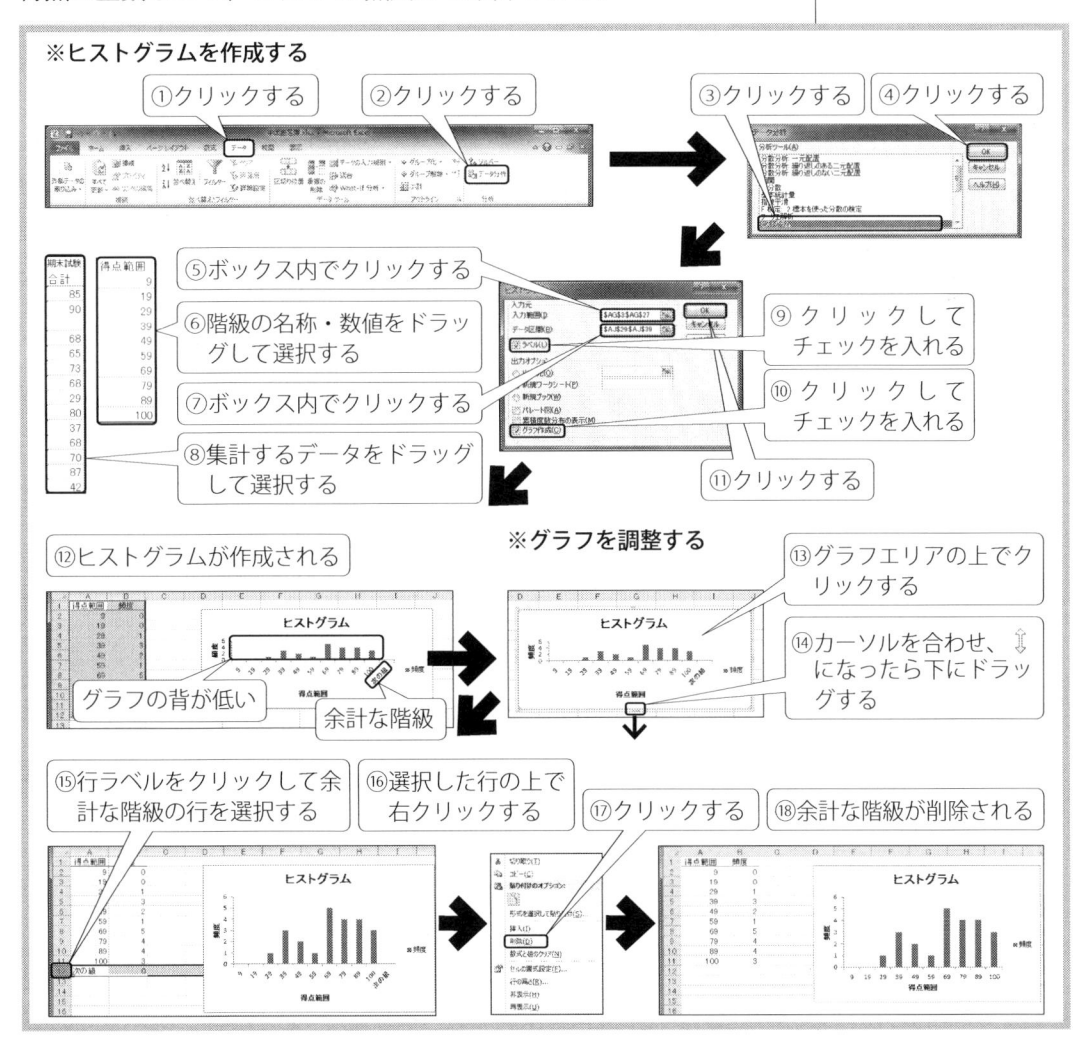

ピボットテーブルで出席を集計する

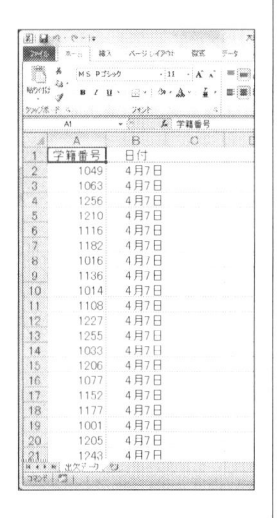

山田　崇仁　Yamada Takahito

◉出席カードの憂鬱

　大教室授業の出欠管理というのは、なかなかに骨の折れるものだ。受講者が数百人にもなると、回収した出席カードを学部・学年・学籍番号順に整理して出席簿に転記して……という作業には膨大な手間と時間がかかってしまう。学生証をスキャンして自動で出欠を取るようなシステムの普及はそれほど進んでいないので、大学関係者が出席カードの憂鬱から解放される日は、まだ遠そうだ。

　しかしこの作業も、Excelを使うことでそれなりに効率化することができる。とはいえ、学生の出席データは当然手打ちで入力しなくてはならない。ただ、学部や氏名を一々入力していては手間がかかるので、左図のように学籍番号と日付だけを入力していこう。

◉ピボットテーブルで集計する

　入力したデータは、Excelのピボットテーブル機能を使って集計する。

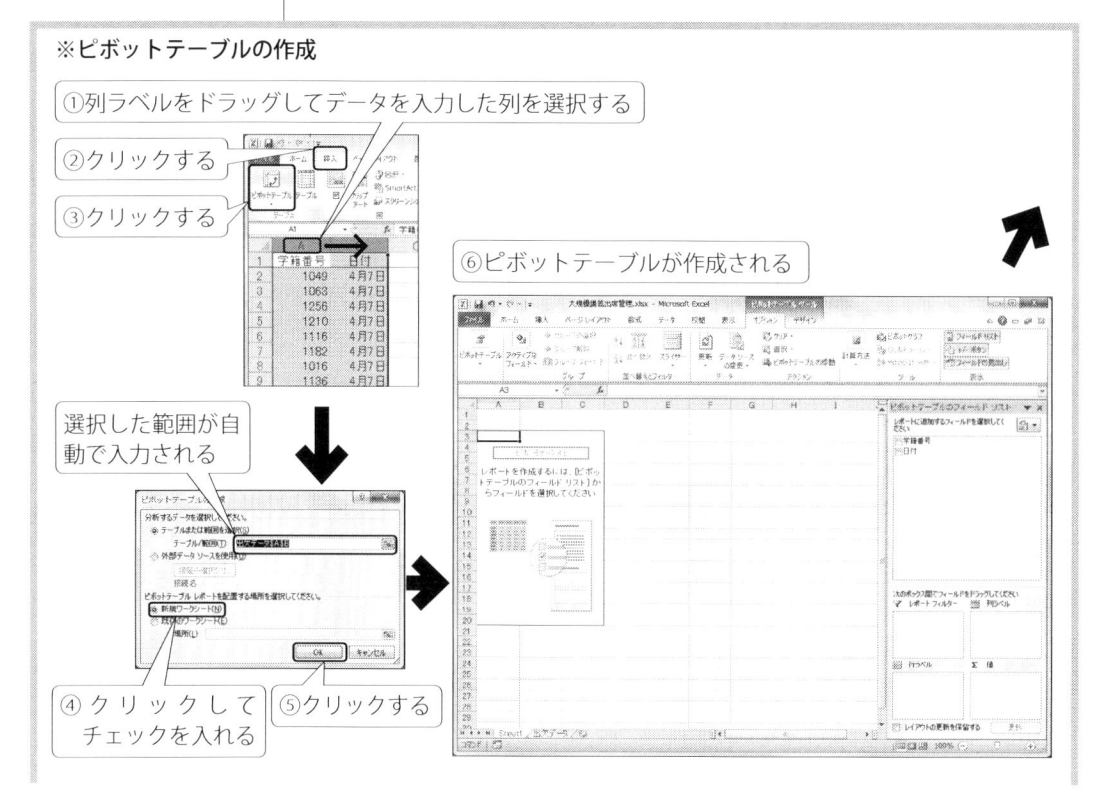

※ピボットテーブルの作成

①列ラベルをドラッグしてデータを入力した列を選択する
②クリックする
③クリックする
④クリックしてチェックを入れる
⑤クリックする
⑥ピボットテーブルが作成される

選択した範囲が自動で入力される

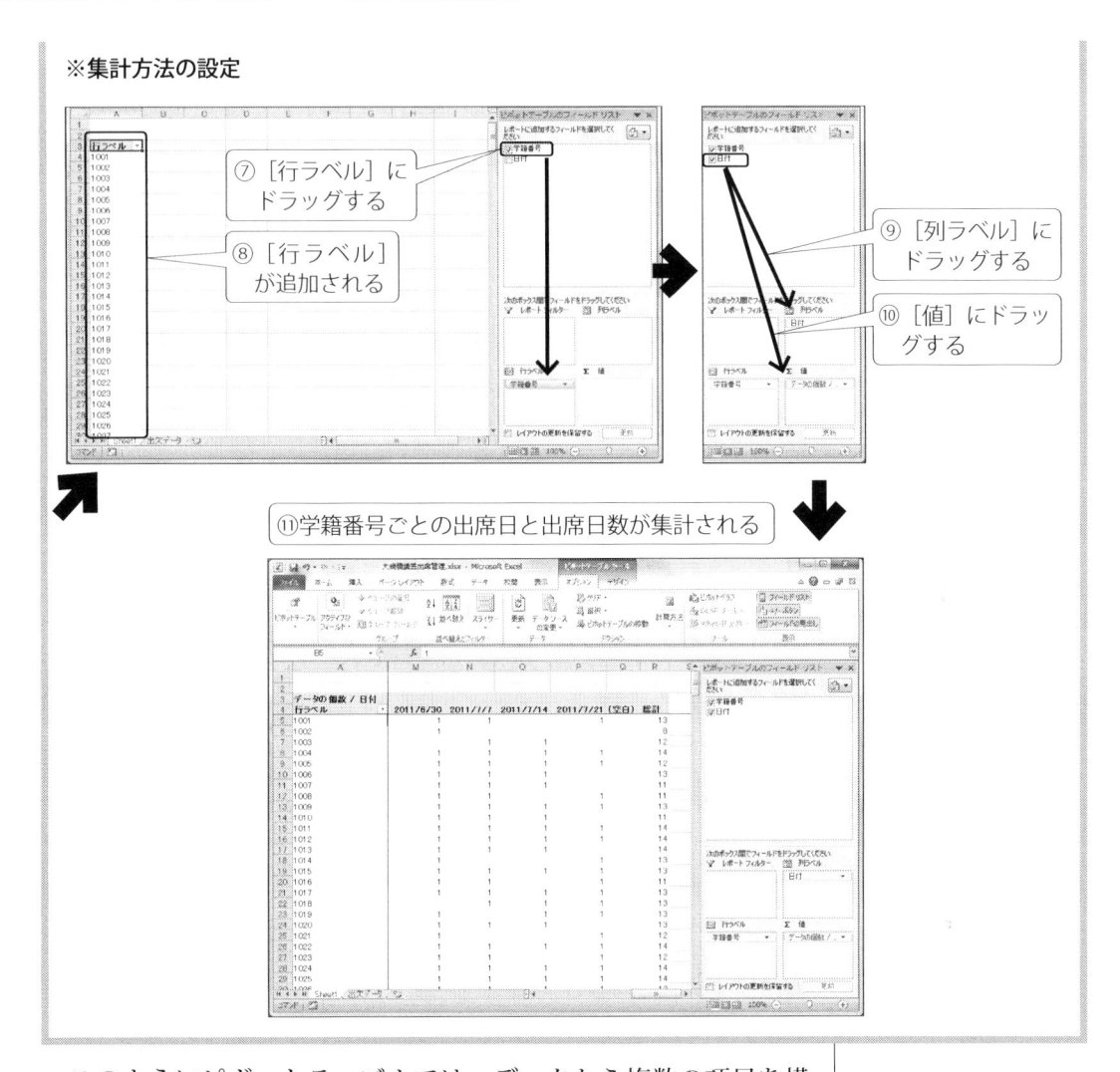

I-6. 教師のためのExcel基本テクニック

※集計方法の設定

⑦ [行ラベル] にドラッグする

⑧ [行ラベル] が追加される

⑨ [列ラベル] にドラッグする

⑩ [値] にドラッグする

⑪学籍番号ごとの出席日と出席日数が集計される

　このようにピボットテーブルでは、データから複数の項目を横軸・縦軸のキーに指定して集計することができる。ドラッグ＆ドロップで手軽に集計表を作ってデータ分析できるので、さまざまに活用できるだろう。

●データチェックは念入りに

　ピボットテーブルで出席を集計すると、出席簿に見えない学籍番号や1日で2回出席しているデータなど、さまざまなエラーに行き当たる。入力ミスが多いのだが、なかには学生が自分の学籍番号を誤記していたり、代返ミスで出席カードが2枚提出されているようなこともある。

　怪しいデータを見つけたら、元の出席カードや出席一覧データをチェック・修正して、ピボットテーブルを作り直してほしい。

評点を自動判定する

山田　崇仁　Yamada Takahito

◉出席の合否判定

作成してきたサンプルデータに基づいて、評点を自動判定してみよう。ここでは以下のような基準で評価する。

- 出席10回未満は一律D（不可）
- 総点60点未満がD、60点台がC（可）、70点台がB（良）、80点以上がA（優）

はじめに出席の合否を加味した成績評価用の総点を算出する。

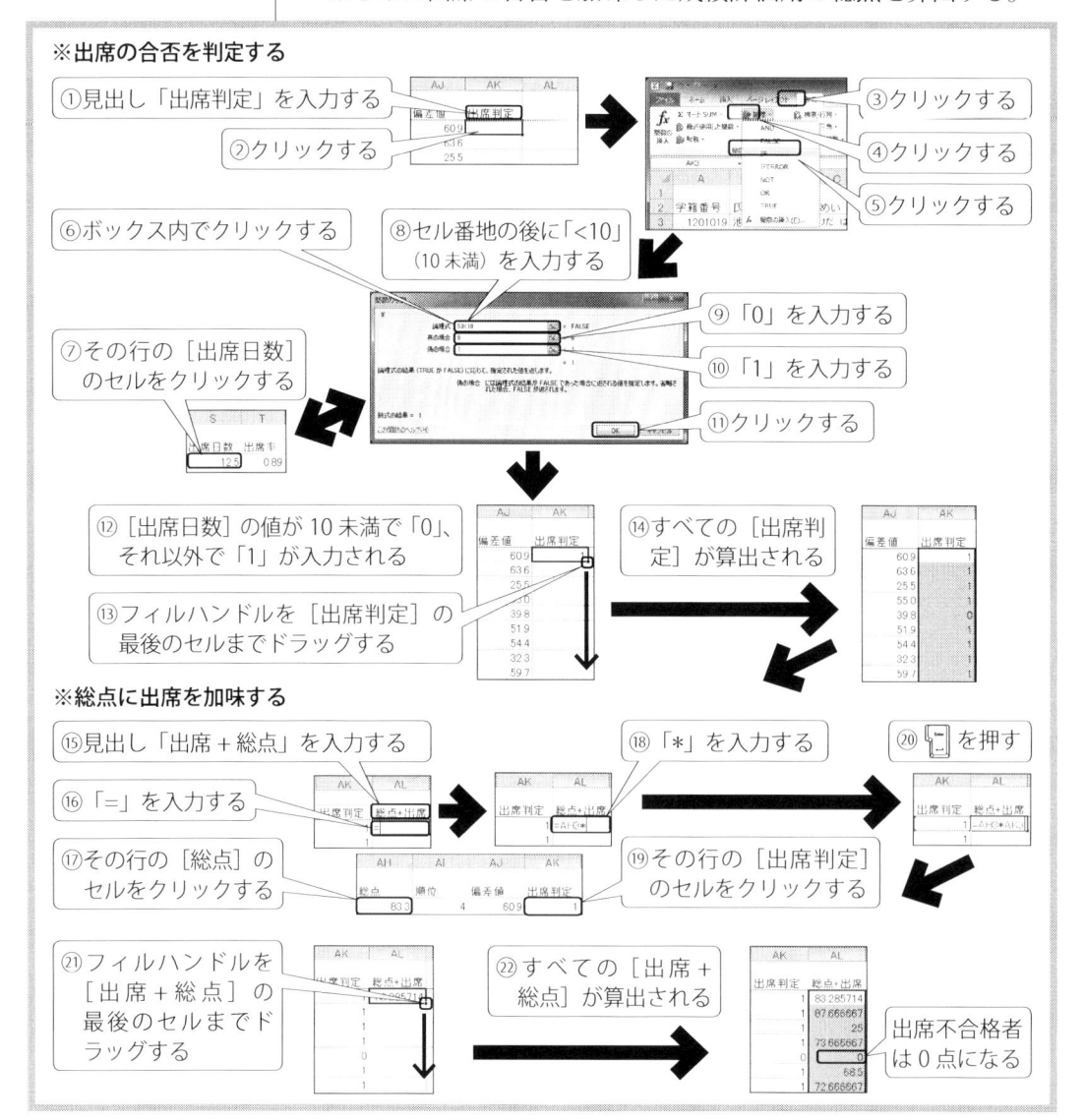

※出席の合否を判定する

① 見出し「出席判定」を入力する
② クリックする
③ クリックする
④ クリックする
⑤ クリックする
⑥ ボックス内でクリックする
⑦ その行の[出席日数]のセルをクリックする
⑧ セル番地の後に「<10」（10未満）を入力する
⑨ 「0」を入力する
⑩ 「1」を入力する
⑪ クリックする
⑫ [出席日数]の値が10未満で「0」、それ以外で「1」が入力される
⑬ フィルハンドルを[出席判定]の最後のセルまでドラッグする
⑭ すべての[出席判定]が算出される

※総点に出席を加味する

⑮ 見出し「出席＋総点」を入力する
⑯ 「=」を入力する
⑰ その行の[総点]のセルをクリックする
⑱ 「*」を入力する
⑲ その行の[出席判定]のセルをクリックする
⑳ [Enter]を押す
㉑ フィルハンドルを[出席＋総点]の最後のセルまでドラッグする
㉒ すべての[出席＋総点]が算出される

出席不合格者は0点になる

[IF] 関数[1]を使うと、別のセルの値などが条件を満たすか否かによって、指定した数値や文字列が得られる。ここでは合格を「1」、不合格を「0」とし、総点にかけることで不合格者を 0 点にした。

[1] [IF] 関数の書式は「IF(条件式,値1,値2)」で、条件式を満たすと値1を、満たさないと値2を返す。
[2] [VLOOKUP] は縦方向の表から値を検索し、その値と対応する別の列の値を返す関数。書式は「VLOOKUP(検索値,範囲,列番号,検索の型)」。

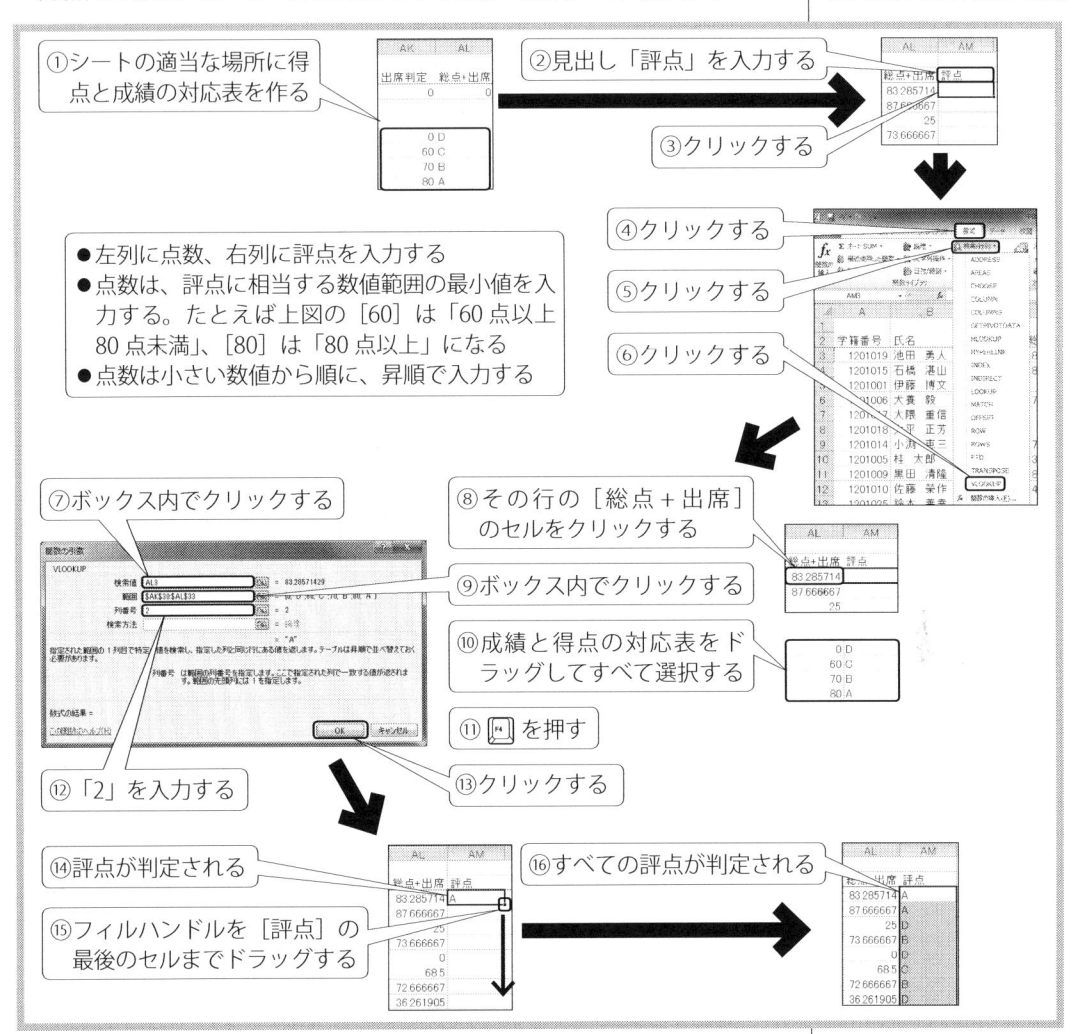

◉評点の判定

評点を判定するには [VLOOKUP] 関数[2]を使うのが便利だ。

①シートの適当な場所に得点と成績の対応表を作る
②見出し「評点」を入力する
③クリックする
④クリックする
⑤クリックする
⑥クリックする

- 左列に点数、右列に評点を入力する
- 点数は、評点に相当する数値範囲の最小値を入力する。たとえば上図の [60] は「60 点以上 80 点未満」、[80] は「80 点以上」になる
- 点数は小さい数値から順に、昇順で入力する

⑦ボックス内でクリックする
⑧その行の [総点+出席] のセルをクリックする
⑨ボックス内でクリックする
⑩成績と得点の対応表をドラッグしてすべて選択する
⑪ を押す
⑫「2」を入力する
⑬クリックする
⑭評点が判定される
⑮フィルハンドルを [評点] の最後のセルまでドラッグする
⑯すべての評点が判定される

相対評価の場合は、いくつかのやり方が考えられる。厳密に評点の比率が決められているのであれば、出席点を加味した総点の順位をもとに評価を決めればよいし、そこまで厳密でないのならば偏差値で 60 以上が A、50 台が B というように区切ればよい。基準にあわせて得点と成績の対応表の数値を変更し、[VLOOKUP] 関数で評点を算出することになる。

Excel を簡易データベースとして使う

千田　大介　Chida Daisuke

●人文学研究とカード

　授業管理を例に Excel の使い方を解説してきたが、こうしたテクニックはさまざまなデータの管理や整理に応用できる。

　一例を挙げよう。読書記録や調査で収集した事例・用例などの整理方法として、カードがよく使われる。カードは手書きで作るのが一般的だが、しかしパソコンがライティングツールとして普及した今日にあって、必要なカードを探すのに手間がかかり、また内容を Word にコピーできないなど、限界の見えてきている面もある。

　カードは、下図のように Excel で代替することができる。列ごとに何を記載するか見出しを付けて、1 行にカード 1 枚分の情報を入力していけばよい。

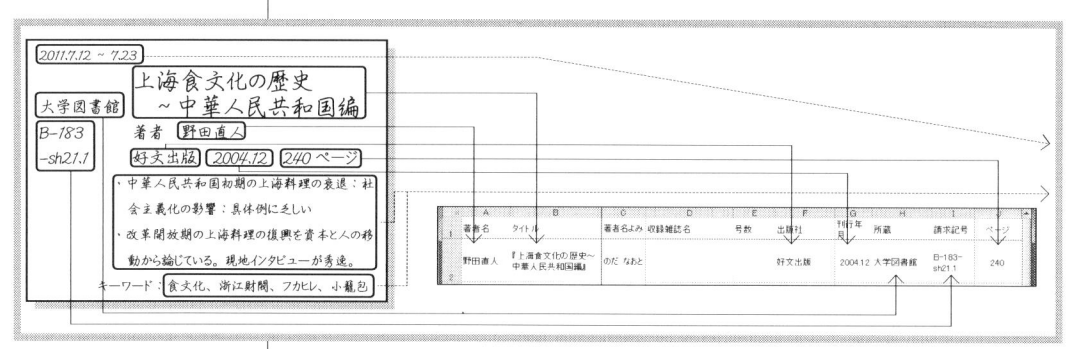

　このように Excel で情報を整理しておくと、容易に並べ替えや抽出を行うことができる。Excel はカード型の簡易データベースとして使うこともできるのだ。

●複数条件でデータを並べ替える

　中国学の論文では、文末の脚注のなかに引用した文献の名称を書く古いスタイルがまだ一般に使われているが、近頃は巻末に参考文献一覧を付して、ページ脚注で「二階堂 2012」のように引用文献を明示するアメリカ方式が普及しつつある[1]。

　引用文献一覧の作成は意外と手間がかかり、締め切りに追われたあげくに並び順も項目もバラバラになってしまうことも多いが、読書カードを Excel で作っておくと、著者名ごとに年代順に並べかえるのも簡単だ。

[1]　アメリカのジャーナルではこうしたスタイルが投稿規定で厳密に定められていることが多い。APA・シカゴなどのスタイルがよく使われる。

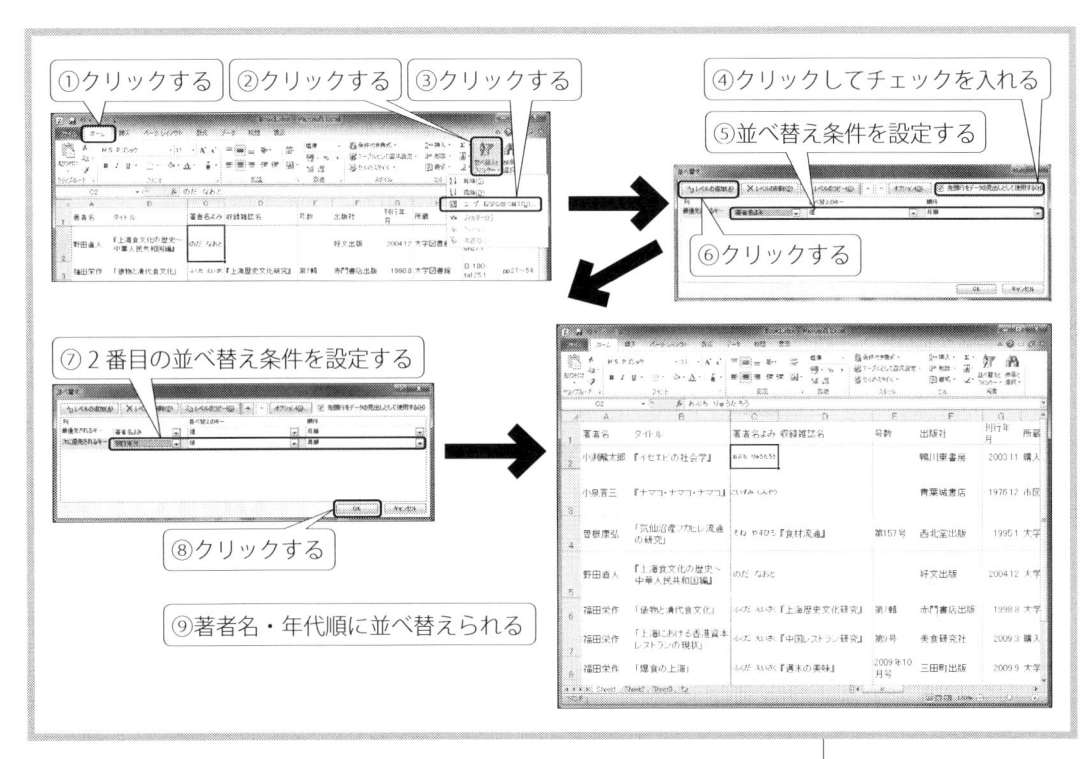

I-6. 教師のためのExcel基本テクニック

並べ替え条件の設定は、列を選び、昇順・降順どちらで並べ替えるかをドロップダウンメニューで選べばよい。2つに限らず、3つでも4つでも条件を追加することができる。

●フィルターで用例を抽出する

キーワードやメモの欄にある言葉が記入されたデータを抽出するときには、Excelの［フィルター］機能を使う。

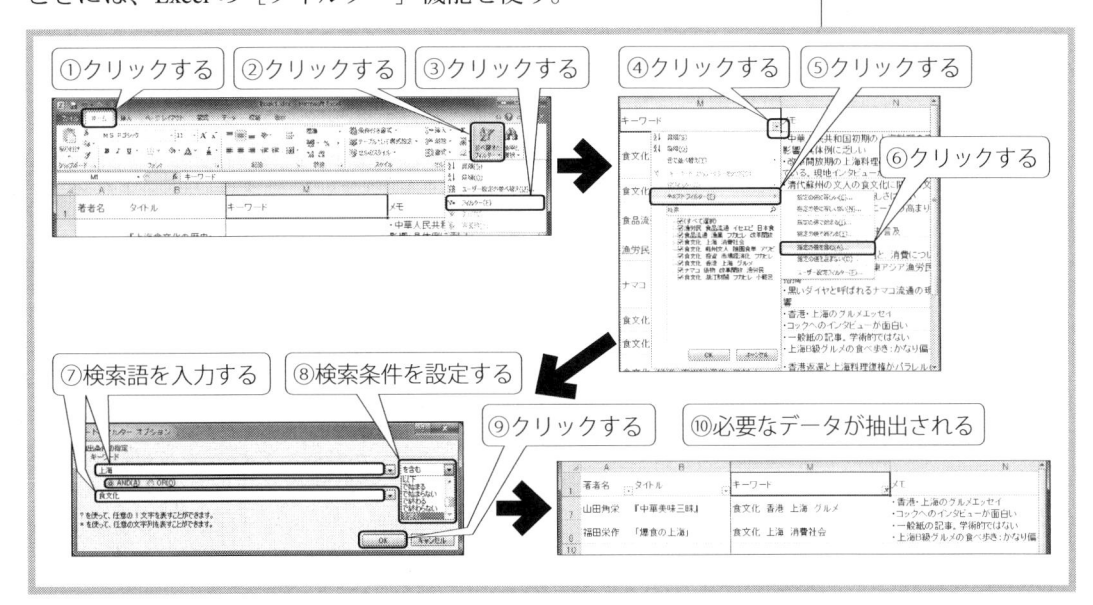

検索語は2つまで入力できる。また、検索語の出現位置、and・or検索のほか、「?」・「*」で任意の文字列を表現する、いわゆるワイルドカードにも対応している。

このほかピボットテーブルを使えば、たとえば語句の用例カードから分類ごとの語彙数の統計をとるようなこともできるし、Ⅲで解説する簡易テキストデータベースから検索した用例を読み込み計量分析することも可能である。

Excelにはこのように中国学研究に応用できる機能が多く備わっているので、マニュアル本などを参照しつつ活用してもらいたい。

COLUMN

そのほかのOffice収録ソフト

Office 2010には収録ソフトの違いによっていくつかのパッケージがある。主要ソフトの収録状況は、以下のようになる。

	パーソナル	ホームアンドビジネス	プロフェッショナル	スタンダード	プロフェッショナルプラス
Word	○	○	○	○	○
Excel	○	○	○	○	○
PowerPoint	×	○	○	○	○
Outlook	○	○	○	○	○
Access	×	×	○	×	○
Publisher	×	×	○	○	○

基本的には、PowerPoint・Access・Publisherなどの必要性で選ぶことになる。なお右の2つはボリュームライセンス契約用パッケージで、特にプロフェッショナルプラスはSharePoint WorkSpace・Business Contact Managerなどすべてを収録している。

これらのソフトはいずれもUnicodeに対応しており、多言語・多漢字を扱うことができる。たとえばプレゼンテーションソフトのPowerPointでは、入力してフォントを切り替えるだけで中国語もExt.A～Dの漢字も使うことができるし、高度なデータベースソフトであるAccessも多言語・多漢字データを問題なく受け付けてくれる。大学・学校関係者にお勧めしたいのが簡易DTP（用語解説参照）ソフトのPublisherで、新聞・パンフレットなどの制作をこなせるほか、ラベル印刷機能も使いやすい。また、長大なポスターを複数用紙に貼りしろ付きで分割して印刷する機能は、大学業務に重宝する。また、アラビア語やチベット語などにまで対応する強力な多言語DTP機能も大きな魅力である。

（千田）

III

中国学
基本リソースガイド

インターネットは広大な情報の海である。Google で検索すればさまざまな Web ページが見つかるが、勘所がつかめていないと必要な情報にたどり着けずに溺れてしまうことだろう。ここでは、検索エンジンの使い方、中国現地情報の入手、論文や書籍の調査・入手、そして中国学の研究に役立つ Web サイトやデータベースといった情報資源(リソースガイド)を案内する。幅広いジャンルを扱うので、入門者が情報の海に溺れないよう、精選した本当に役立つリソースだけを紹介することにしたい。

II-1. 検索エンジン

わからないことはまず「ググる」

http://www.google.co.jp/

佐藤　仁史　Sato Yoshifumi

◉とにかく「ググって」みよう

　何か未知の情報に出会ったとき、Googleで検索してみること、すなわち「ググる」（Googleする[1]）ことは、現在ではほぼ常識となっている。しかしながら、無造作にキーワードを入力して検索し、膨大な情報が検出されてしまい、必要な情報にたどり着くのに苦労したという経験を、筆者を含めて誰しもが持っているのではないだろうか。Googleに限ったことではないが、実は検索エンジンには多くの便利な機能があり、それらを使いこなすと必要な情報をより効率的に得ることができる。

◉検索Tips

　ある単語の意味を調べたいときには、キーワードの後ろに「とは」とつけて検索してみよう。「○○とは」の後には言葉の定義や解説が書かれていることが多いので、その単語の解説が見つかる可能性が高くなる。これは「とは検索」といい、Googleの検索テクニックの1つである。

　このほか効率よく「ググる」コツは、Googleの検索条件設定を理解し、使いこなすことに尽きる。たとえば、長めのセンテンスを入れて検索すると、自動でいくつかの単語に分解した上で検索してくれる。この方法でも必要な情報が見つかる確率が高くなるが、より精度を上げるには検索条件を設定した方がよい。

　Googleで検索ボックスに入れられるのは、1語だけではない。複数の語を半角スペースで区切って検索すると、それらの語がすべて含まれるページが検索される（and検索）。また、「電脳 OR 中国」と語と語の間に「OR」を入れれば、どちらかの語を含むページが検索される（or検索）。このほか、「電脳 -中国」とすれば「電脳」を含み「中国」を含まないページが検索される。これをマイナス検索という。特定のフレーズを含むページを検索する場合には、引用符

[1] 近頃、若者の間では「Yahoo!でググる」というような使い方もされるようだが、語源的に誤っており、糺されるべき若者言葉の乱れであるといえる。

「"………"」を使用し、「"電脳中国学入門が刊行されるらしい"」のように入力する。すると、このフレーズをそのまま含むページを探すことができる。これはフレーズ検索という方法である。これらの検索指定を組み合わせて検索することもできる。

◉検索設定と検索オプション

　［検索設定］や［検索オプション］を設定すると、検索の利便性を高めることができる。［検索設定］の［Googleインスタント検索］を［オフ］にして、［ページあたりの表示件数］を増やしたり、［選択された各結果を新しいブラウザウィンドウで開く］を選択したりすると、検索結果が1ページにたくさん表示され、またリンクをクリックすると新しいウィンドウ（もしくはタブ）で開くようになる。

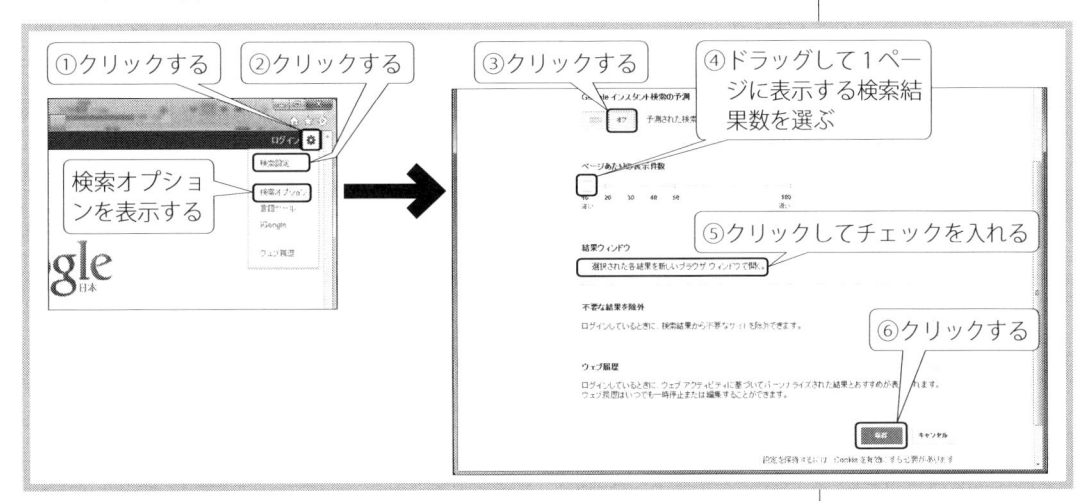

　［検索オプション］にはさらに、［日付］による絞り込みや、コンテンツが発信されている地域による絞り込みなどのオプションがある。いろいろと設定を変えて試してみていただきたい。

◉キャッシュ

　キャッシュも便利な機能だ。キャッシュとは、Googleが個別のページを自身のデータベース内に保存したものである。検索結果一覧の各ページタイトルの下に表示される［キャッシュ］をクリックすると、各ページのコピーが開くが、検索語が色分け表示されるので必要な記述がどこにあるのか見つけやすい。もちろん、キャッシュは最新の情報でないこともあるが、元のサイトが破棄されていたり一時的にダウンしたりしていても参照できる利点もある。

中国語で Google

http://www.google.com.hk/

佐藤　仁史　Sato Yoshifumi

◉中国語で「ググって」みよう

　中国語で「ググる」場合も、実は日本語の場合と同じであり、検索方法の原理などに違いはない。検索のコツは、むしろ中国語そのものや中国語版 Google の背景などを理解することにある。

　Google は 2010 年に中国から撤退したため、現在、Google の中国本土版「谷歌」（穀歌）のサーバは香港に置かれている。標題の URL はこの Google 香港のものだ。このほか Google 台湾[1]もある。

　また Google 日本で、［オプション］→［言語ツール］を開き、［お好きな言語で Google を］から［中国語（簡体）］か［中国語（繁体）］を選択すると、Google 簡体中文・繁体中文に切り替えることができる。これはアメリカ google.com の中国語版になる。

　つまり中国語で「ググる」には、① Google 香港もしくは Google 台湾に直接アクセスする、② Google 日本で言語を切り替える、この 2 つの方法がある。少々ややこしいことに、①と②とでは検索結果が若干ではあるが異なっている。通常どちらを使っても差し支えないが、中国政府の機微に触れる問題を検索する際には②を使った方がよい。

◉中国語 Google 検索 Tips

　中国語で Google を検索する場合も、日本語のときと同様の検索条件式が使えるので、前ページの解説を参照してほしい。

　中国語版の場合、多くの利用者が単語ではなく文やセンテンスを打ち込んで検索するので、Google などもそれに合わせてチューニングしているようである。であるから、中国語版では検索条件式以前に、まずはセンテンスで検索してみるのがよいだろう。

　Google 中国語版でも「とは」検索に相当する技が有効である。単語の前後に「什么叫○○？」・「○○是什么？」とつけて検索するのが中国語版「とは検索」であり、中国語で「ググる」場合においても基本的検索テクニックの 1 つである。

　中国語版 Google においても［缓存］（キャッシュ）機能は有用である。なぜならば、中国では検閲にともないページが削除されたりア

[1] http://www.google.com.tw/

クセスを制限されたりする事態がしばしば起こるので、Googleが自身のデータベース内に保存している情報が貴重になるからである。

2010年の中国撤退が端的に示すように、情報検閲を重視する中国政府当局とGoogleとの関係は良くない。このため中国国内ではGoogleへのアクセスがしばしば遮断されるので、注意が必要だ。

◎中国語検索とコードセパレート

中国語で「ググる」場合、注意しなければならないのがコードセパレートである。コードセパレートとは、「一見同じ字に見えるが、Unicodeで違う文字コードが割り振られた漢字」のことを指す。下表では、「内」と「內」、「閲」と「閱」がコードセパレートになる。

地域	字体	Unicode番号	字体	Unicode番号	字体	Unicode番号	字体	Unicode番号
日本	骨	U+9AA8	内	U+5185	閲	U+95B2	読	U+8AAD
台湾	骨	U+9AA8	內	U+5167	閱	U+95B1	讀	U+8B80
中国	骨	U+9AA8	内	U+5185	阅	U+9605	读	U+8BFB

表の「骨」は、中国では1画少ない字体[1]が使われるが、Unicodeで同じコード番号が振られているので、日本語IMEで入力しても中国語の用例にヒットする。「内」はなかの部品が「人」か「入」かでコード番号が異なるので、日本語で「内」と入力しても台湾繁体字の「內」にはヒットしない。中国語サイトでは、Googleがそうであるように、簡体字・繁体字を同一視検索するシステムが一般的だが、その場合、日本語IMEで「内」と入力しても同じコード番号の簡体字とみなされるので、簡・繁体字の用例が検索できる。

[1] p.97参照。

やっかいなのが「閲」のタイプで、日本・台湾・中国それぞれで一般的な字体にすべて違うコード番号が振られている。簡・繁体字を同一視するシステムでは「阅」・「閱」が同一視検索されるものの、日本語の「閲」では中国語の用例にヒットしないものもある。「読」のような常用漢字体は、当然、中国語の検索には使えない。

このように、中国語を検索する際には字体が同じ漢字であれば日本語IMEで入力しても大丈夫ではあるのだが、コードセパレート問題を避けるために、簡体字を検索するなら簡体字のIME、繁体字を検索するなら繁体字のIMEを使用した方が安全である。

Googleの便利な機能

師　茂樹　Moro Shigeki

◉検索ボックスで計算しよう

Googleの検索ボックスには、Webページの検索以外にも、さまざまな機能が隠されている。一番身近なものとしては電卓機能が挙げられる。検索ボックスに「1234+5678」のような計算式を入力すると、その計算結果を出力してくれる（四則演算の「＋－×÷」は、コンピュータの慣例にしたがって半角の「+-*/」を用いる）。これ以外にも、さまざまな計算機能が隠されている。ここでは中国語関連の便利な機能をいくつか紹介しよう[1]。

[1] ほかにもさまざまな機能があるので、ヘルプを参照してほしい。

◉単位変換

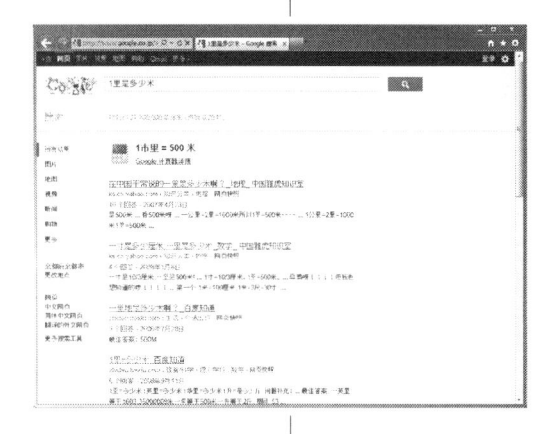

距離、重さなどのさまざまな度量衡を変換してくれる。国ごとの違いにも対応していて、Google日本語版の場合、検索ボックスに日本語で「1里をキロで」と入力して検索すると「1里 = 3.92727273キロメートル」と出るが、Google中国語版では「1里是多少米」あるいは「1里 =? 米」などと入力すると「1市里 = 500米」と出力される。

◉貨幣換算

度量衡と同様に、日本語で「1円を台湾ドルで」、中国語で「1日元是多少台幣」あるいは「1日元 =? 台幣」と入力して検索すると「1日元 = 0.390177271台幣」などと出力される（検索時のレートによる）。

◉ Google 翻訳　　　　　　　　　　　http://translate.google.co.jp/

Googleには Web 検索のほかにも、地図情報サービスの Google マップ[1]、Web メールの Gmail[2] など、多種多様なサービスがある。ここでは翻訳サービスである Google 翻訳を紹介しよう。

Google 翻訳の使い方は簡単だ。左側のテキストボックスに翻訳したい文書を入力すれば、右側のテキストボックスに翻訳結果を表示してくれる。多くの場合、文を入力するだけで自動的に言語を判

[1] p.128 参照。
[2] p.40 参照。

II-1. 検索エンジン

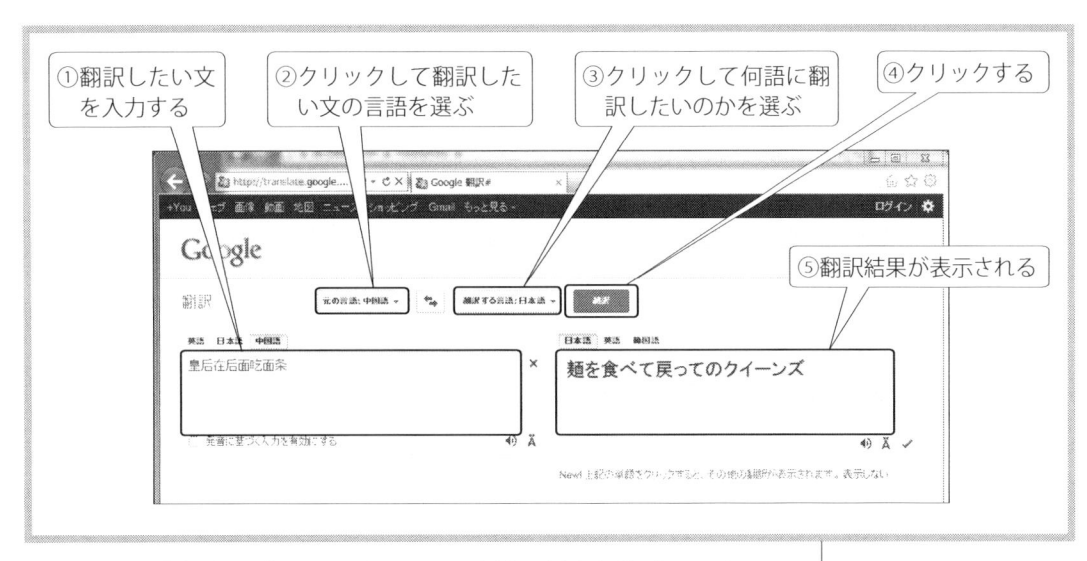

①翻訳したい文を入力する
②クリックして翻訳したい文の言語を選ぶ
③クリックして何語に翻訳したいのかを選ぶ
④クリックする
⑤翻訳結果が表示される

定して、日本語訳を表示してくれる。言語の判定を失敗したり、日本語以外の言語に翻訳したい場合は上部のドロップダウンリストで言語を選択する。

翻訳結果にはあまり期待しないほうがよい（時々、専用の翻訳ソフトよりも正確な結果を出すこともあるようだが）。あくまでも大まかな文意を把握するためのものと割りきって利用し、まちがっても外国語の授業の宿題などで丸写しをしてはいけない。

COLUMN

フォント・字形・字体・異体字□□■

　文字形状データを集めたファイルをフォントといい、文字コードに収録される文字集合が一通り（または一部）そろっている。フォントにより具体的に目にする字の形状が字形だ。一方、たとえば「字」を「ウ冠に子」と抽象的に表現したものが字体になる。「なべぶたにハ」という1つの字体が、日本のフォントでは「六」という字形、中国では「六」と異なる字形になる（1画目に差）。「辶と辶」、「艹と艹」のように何を同一視・区別するかという字体の概念は人により大きく異なる。

　字形・字体が違う漢字のことを異体字という。文脈で大きく意味が変わり、その時点で代表的・一般的なものに対して異なるものを指す。現代日本語表記がベースであれば古典の旧字体は異体字になるが、一方で古典研究者にとっては簡略化された常用漢字体が異体字になる。中国の簡体字と台湾・香港の繁体字も異体字関係にあり、先ほどの中国の「六」も日本人には異体字ということができる。

（上地）

そのほかの中国語検索エンジン

千田　大介　Chida Daisuke

○百度（バイドゥ）

http://www.baidu.com/

百度は、中国の検索エンジン市場で実に7割以上のシェアを占めている。より高性能なGoogle[1]が中国政府当局の迫害に耐えかねて中国から撤退したことでその地位はますます盤石となり、横暴ぶりが中国ネットワーカーの物議を醸すまでになっている。毀誉褒貶こもごもではあるものの、百度が中国語検索エンジンの王座に君臨しており、提供する各種サービスが中国におけるスタンダードになっているのは紛れもない事実である。

百度のインターフェイスはGoogleに瓜二つだ。オプションでは、1ページに表示する検索結果数などのほか、手書き入力を使うこともできる（図参照）。ピンインがわからない漢字を入力する際に、また中国語が苦手なユーザーにとって重宝する機能だろう。

検索以外のサービスも、ニュース・画像検索・動画検索・地図検索などなど、これまたGoogleそっくりだ。百度の特徴といえるのがMP3検索で、音楽の音声データを検索しダウンロードすることができる。ただし、著作権上[2]問題のあるデータに注意してほしい。

[1] p.94参照。

[2] p.202参照。

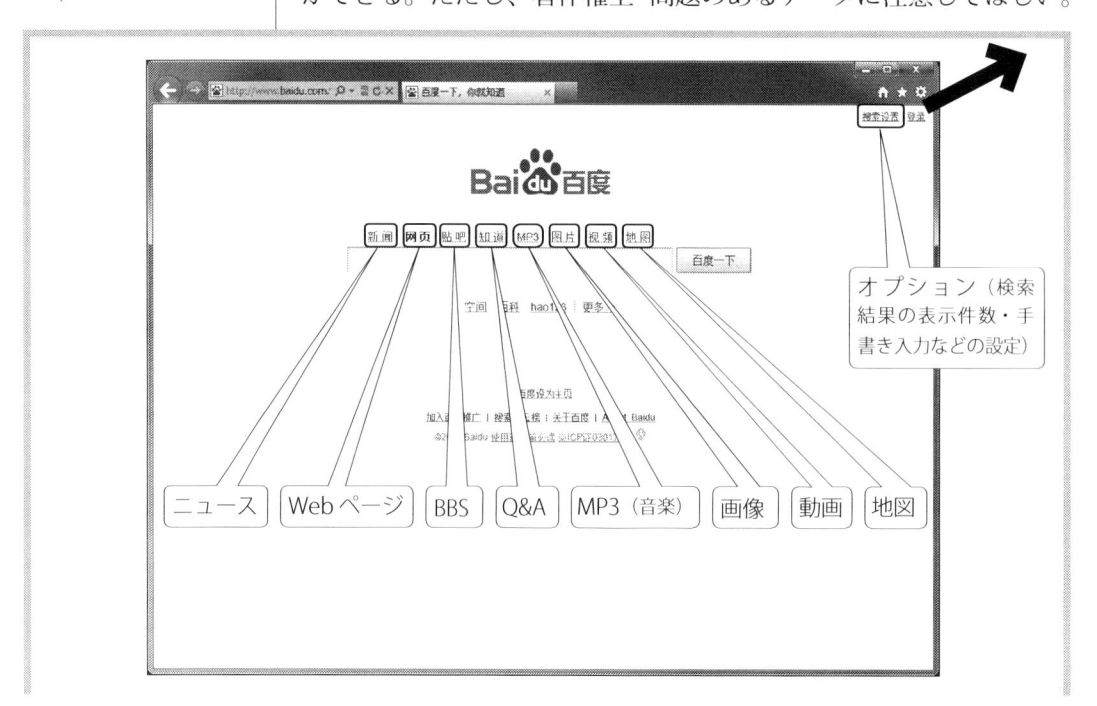

※手書き入力の設定

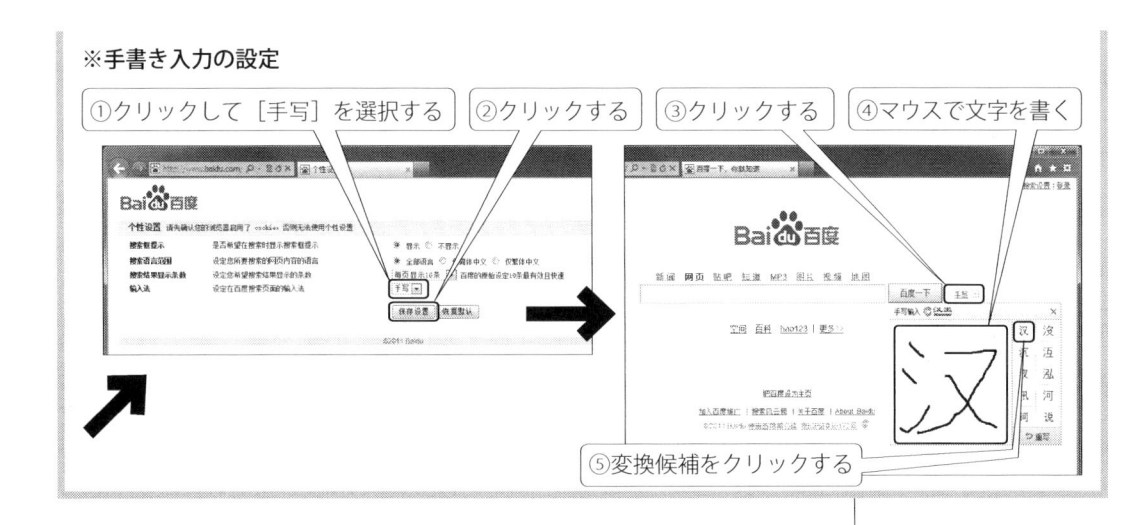

①クリックして［手写］を選択する　②クリックする　③クリックする　④マウスで文字を書く

⑤変換候補をクリックする

◉ 捜狗（ソーゴー）

http://www.sogou.com/

百度と Google が計 95% 以上のシェアを握る中国の検索エンジン市場にあって、ほかの検索エンジンは気息奄々たるありさまだ。

捜狗は、中国四大ポータルサイト[3]の1つ、捜狐（ソーフー）が運営する検索ポータルだが、市場シェアは 1〜2% と低迷している。捜狗もインターフェイスは Google ライクで、検索以外に提供されるサービスも Google と似通っている。

[3] 用語解説参照。

◉ 捜捜（ソーソー）

http://www.soso.com/

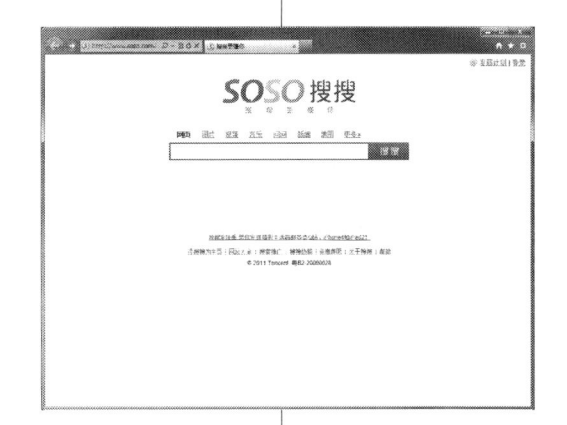

捜捜は、中国四大ポータルサイトの1つでインスタントメッセンジャー[4]「QQ」で知られる騰訊（テンセント）社が提供する検索エンジンだが、やはり市場シェアは 1% 前後と振るわない。

一見してわかるように、捜捜もインターフェイス・提供サービスなど、Google ライクである。

海外のユーザーがこれらの検索エンジンを使う機会は Google・百度で求める情報が見つからないときくらいに限られるだろうが、百度寡占によるこれ以上の弊害を避けるためにも、今後の発展に期待したいものだ。

[4] 用語解説参照。

画像・動画を探す

師　茂樹　Moro Shigeki

◉画像や動画を検索する

　画像ファイルや動画ファイルには、基本的に文字情報が含まれていない。Google などで画像や動画を検索できるのは、メタデータと呼ばれる文字で書かれた追加情報（画像のタイトルなど）がある場合はそれを利用しており、ない場合には画像の周辺にある文字情報（たとえば、ブログに貼られた写真であれば、その前後に書かれた文章）を頼りに、画像の内容を推測している場合も多い。したがって、時々トンチンカンな検索結果が出ることもあるし、逆に検索漏れが起きることもある。しかし、これは画像や動画の検索の限界なので、いろいろ検索語を変えて試してほしい。

◉ Google 画像検索　　　　　　　　　http://www.google.co.jp/imghp/

　画像を探すには、Google 画像検索を使うのが便利である。画像を検索するには、上記 URL のページを開くか、一般の検索結果ページの左上にある［画像］をクリックする。

①クリックする
②画像検索結果が表示される
③画像にカーソルを置く
④情報がポップアップ表示される
⑤クリックする
検索する画像の大きさを選ぶことができる
検索する画像の種類を選ぶことができる
※画像の Web ページを開く場合
⑥クリックする
※画像のみ表示する場合
⑥クリックする

100

Googleは中国本土の情報の検索において限定的である可能性があるので[1]、［百度図片］（百度画像検索）[1]も併用することが望ましいだろう。

◉動画を探す

動画を検索する場合、YouTube[2]や優酷(ヨーク―)[3]などの動画共有サイトで直接探すのも手であるが、日本語で検索するならGoogleビデオ[2]、中国語で検索する場合には［百度視頻捜索］（百度ビデオ検索）[3]を利用するのも便利である。ただし、画像の場合と同様、Googleは中国についての情報に制限がある可能性がある。

検索はWeb検索と同様に行えばよいが、特にYouTubeの場合、非英語の動画であっても、アップロードする人が英語でタイトルをつけることも多いので、たとえば「北京」だけでなく「Beijing」・「Peking」などの英語表記でも検索したほうがよいだろう。

◉著作権に注意

画像や動画を検索し、見てまわるのは楽しいが、著作権には注意してほしい。日本の著作権法では、他者が著作権を持っている動画などを許可なく動画サイトにアップロードして公開することはもちろん違法だが、違法にアップロードされた動画をダウンロードすることも違法となっている。YouTubeなどの動画をブラウザで閲覧するだけであればダウンロードとは見なされない、とのことであるが、明らかに違法な動画は閲覧しないようにしたい[4]。

---

[1] p.94 参照。
[1] http://image.baidu.com/

[2] p.126 参照。
[3] p.127 参照。
[2] http://www.google.co.jp/videohp
[3] http://video.baidu.com/

[4] p.202 参照。

II-2. 言葉を調べる

Wikipedia をどう使うか

http://ja.wikipedia.org/

師　茂樹　Moro Shigeki

● Wikipedia は使っちゃダメ？

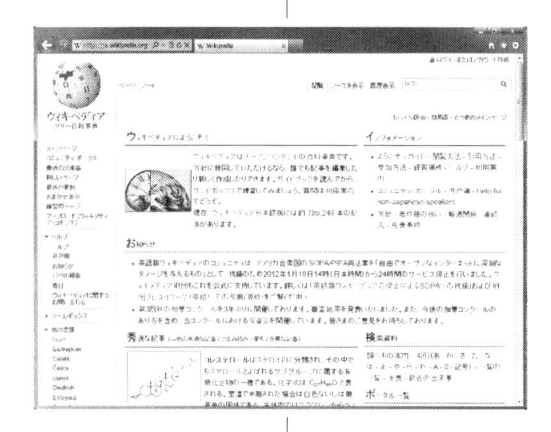

　Wikipedia はオンラインのオープンな百科事典である。「オンライン」というのは「インターネット上で利用することができる」ということで、「オープン」というのは「すべての人に開かれている」ということである。ここでいう「開かれている」には、閲覧することだけでなく、その内容を書いたり書き換えたりすることも含まれている。つまり、Wikipedia は、インターネットのユーザーであれば誰でも、自由に読み書きができる百科事典ということになる。膨大な記事数の百科事典が、簡単に検索して自由に利用できるのであるから、たいへん便利なことはまちがいないし、本書の読者にも利用した経験のある方が多いのではないかと思う。

　Wikipedia の信頼性については、肯定的な評価と否定的な評価に分かれる。科学雑誌『Nature』の調査で、必ずしも専門家が書いたわけではない Wikipedia が、研究者によって書かれた『ブリタニカ百科事典』と全体的に見れば同じレベルであると報じられ、話題になったことがある。一方で、Wikipedia の記事は玉石混交であり、ハイレベルなものもあればまったく質の低いものもあるので、引用するには注意が必要、という意見もある。いずれにせよ、Wikipedia に限らず、他人が書いたものを利用するときには、ほかの情報源と比較しながら利用することが原則である。Wikipedia の記事だけを使って書いたレポートの質が低かったとしても、それは Wikipedia が悪いのではなくて、それしか調査しなかったレポート執筆者が悪い、というべきだろう。

　信頼性の問題とは別に、Wikipedia には悪名が着せられることがある。たとえば最近、大学生のコピペレポートが問題になっている

が、その温床として Wikipedia が槍玉にあがっているのである。コピペとは「コピー＆ペースト」の略称で、コピペレポートとは要するにインターネットで検索して出てきた Web ページをコピーしたものを適当にペースト（貼り付け）してつなぎあわせてレポート一丁上がり！　としたもののことである。Wikipedia はしばしば検索結果の上位にくることが多いので、コピペレポートも Wikipedia の丸写しになることが多いのだ。

　もちろん、Wikipedia が学生をそそのかしているわけではないが、Wikipedia の便利さが裏目に出ているといえなくもないかもしれない。しかし、コピペレポートを提出しても、担当教員はすぐに見つけてしまうし（学生が読むような Web ページは担当教員もたいてい読んでいるし、そもそもコピペレポートは日本語がおかしいのですぐにそれとわかる）、そもそも他人の書いたものを自分の作品として偽るのは著作権法違反で立派な犯罪である。他人が書いたものをコピーしただけの文書に価値はないし、学生自身にとっても学びになっていないものに対して点数をあげるわけがないのは、少し考えればわかるはず。信頼と金銭をやりとりしている社会人になってからコピペがばれたときのダメージは、大学生のときに単位を落とすダメージの比ではないだろう。

　以上のことから、日常のちょっとした調べものならいざ知らず、大学や企業で提出するレポートを書くときに Wikipedia を参考文献としてあげることは控えたほうがよいだろう。

◉ Wikipedia 活用法①　現代用語を探す

　最初に否定的なことを書いてしまったが、Wikipedia が非常に強力な分野がいくつかある。そのなかの1つが、辞書に載っていないような現代語を知りたい、あるいは辞書に載りにくいサブカルチャーなどの単語について知りたい、というときである。詳細は次項を参照してほしい。

◉ Wikipedia 活用法②　キーワードを増やす

　また Wikipedia は、調べ物のための参考文献としては使えない場合が多いが、調べ物をする前の事前準備のためにはたいへん便利だ。

　たとえば、唐詩について調査しなさい、という課題が出たとする。

[1] p.92 参照。

[2] p.92 参照。

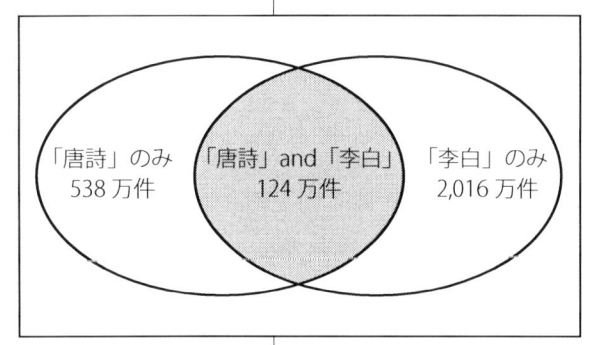

Googleで「唐詩」と検索したら、約662万件の情報がヒットした。これではたして唐詩についての情報を集めたことになっただろうか？　答えはノーである。

　それを確かめるために、唐詩の代表的な人物の一人、李白の名前で検索してみたら、約2,140万件となった。続いて、先ほどの「唐詩」での検索結果と、次の「李白」での検索結果がどれくらい重なっているのかを調べるために、「唐詩」「李白」というand検索[2]で調べてみたら124万件だった。つまり、「唐詩」という検索語では、李白についてのサイトがほとんど検索できていなかったのである（左図）。

　このように「○×について調査をしよう」と思ったとき、「○×」という検索語だけで検索しても不十分な結果しか得られない。逆に、李白や杜甫などの唐代の詩人の名前を知っていれば検索結果が飛躍的に増えるように、検索の前にキーワードをたくわえておくのが検索のコツである。

　キーワードをたくわえるためには、Wikipediaの関連項目にざっと目を通しておくのが手っ取り早い。国によって呼び方が違う、ということもよくあることなので、Wikipediaの項目に複数の言語がある場合には、そちらにも目を通しておいたほうがよい。

「唐詩」のみ 538万件　｜　「唐詩」and「李白」124万件　｜　「李白」のみ 2,016万件

● Wikipediaに参加しよう

　Wikipediaはたいへん便利だが、質の悪い記事にあたったときには文句をいいたくなることもある。しかし、ちょっと考えてみてほしい。Wikipediaがこのように自由に使えるのは、多くのボランティアが記事を書いてくれたからこそである。そして、最初に述べたように、Wikipediaは読むだけでなく書くことも自由な百科事典である。もし記事の内容に不満があれば、文句をいうだけでなく、ぜひ書きなおしてほしい。最初は誤字脱字の訂正などでもかまわないし、それでも自信がない場合には寄付をするのでもよいだろう。数多くのユーザーによる小さな貢献が無数に積み重なって、現在のWikipediaになったのだ。利用するだけ利用して不満をいうのは、フェアとはいえないだろう。

多言語辞書として Wikipedia を使う

千田　大介　Chida Daisuke

　表示言語の切り替え機能を活用すると、Wikipedia を多言語辞書として使うことができる。特に、新語や学術ターム・サブカルチャー語彙など、一般の辞書にない言葉を調べるのに重宝する。

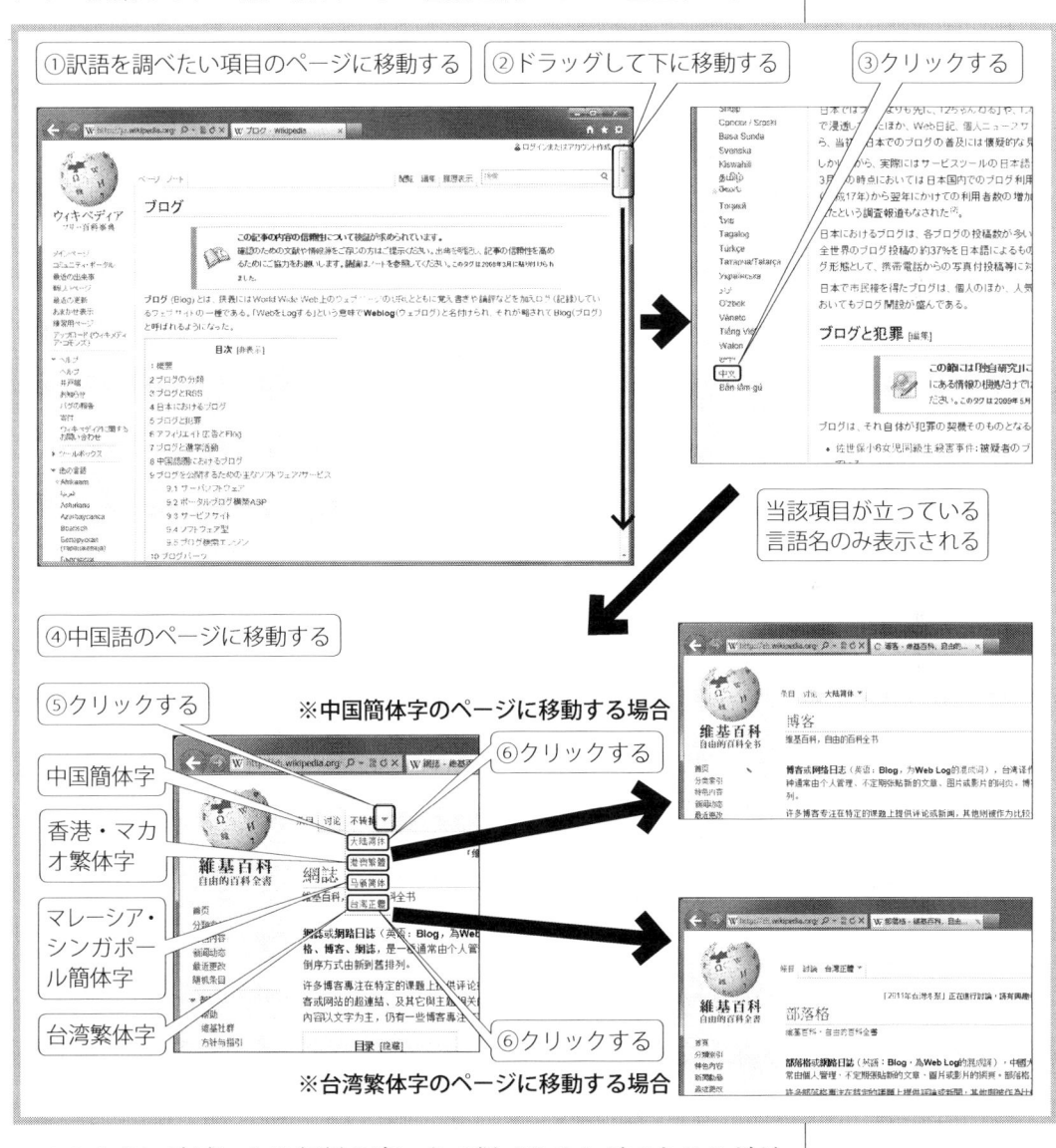

①訳語を調べたい項目のページに移動する
②ドラッグして下に移動する
③クリックする

当該項目が立っている言語名のみ表示される

④中国語のページに移動する
⑤クリックする

中国簡体字
香港・マカオ繁体字
マレーシア・シンガポール簡体字
台湾繁体字

※中国簡体字のページに移動する場合
⑥クリックする

※台湾繁体字のページに移動する場合
⑥クリックする

　このように地域による訳語の違いまで調べることができるのだが、中国あるいは台湾のページしか作られておらず、他地域のページは簡体字・繁体字が自動変換されているだけ、という項目も多い。このため、表示された語彙を Google で検索するといった確認作業が欠かせない。

JapanKnowledge

http://www.japanknowledge.com/

山田　崇仁　Yamada Takahito

● JapanKnowledge とは

JapanKnowledge(ジャパンナレッジ)とは、小学館グループの株式会社ネットアドバンスが提供する大規模百科事典サイトだ。有料会員制で、個人向けと法人向けとに分かれている[1]。

提供されるコンテンツは、『日本大百科全書』など小学館グループの事典・辞書が中心だが、『国史大辞典』（吉川弘文館）などほかの出版社のものも提供されており、日本語によるこの種のサービスとしては質・量ともに最大規模のものとなっている[2]。

● OneLook で一括検索

JapanKnowledge にアクセスしログオンすると、OneLook(ワンルック)検索のページが表示される。データベースを指定して項目・本文を一括で検索するサービスである。とりあえずは、これを使ってみることをお勧めする。

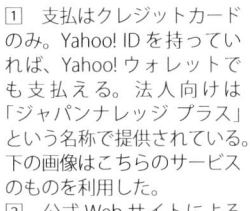

[1] 支払はクレジットカードのみ。Yahoo! ID を持っていれば、Yahoo! ウォレットでも支払える。法人向けは「ジャパンナレッジ プラス」という名称で提供されている。下の画像はこちらのサービスのものを利用した。

[2] 公式 Web サイトによると、データ数は 218 万項目・16 億字（2011 年 12 月現在）。

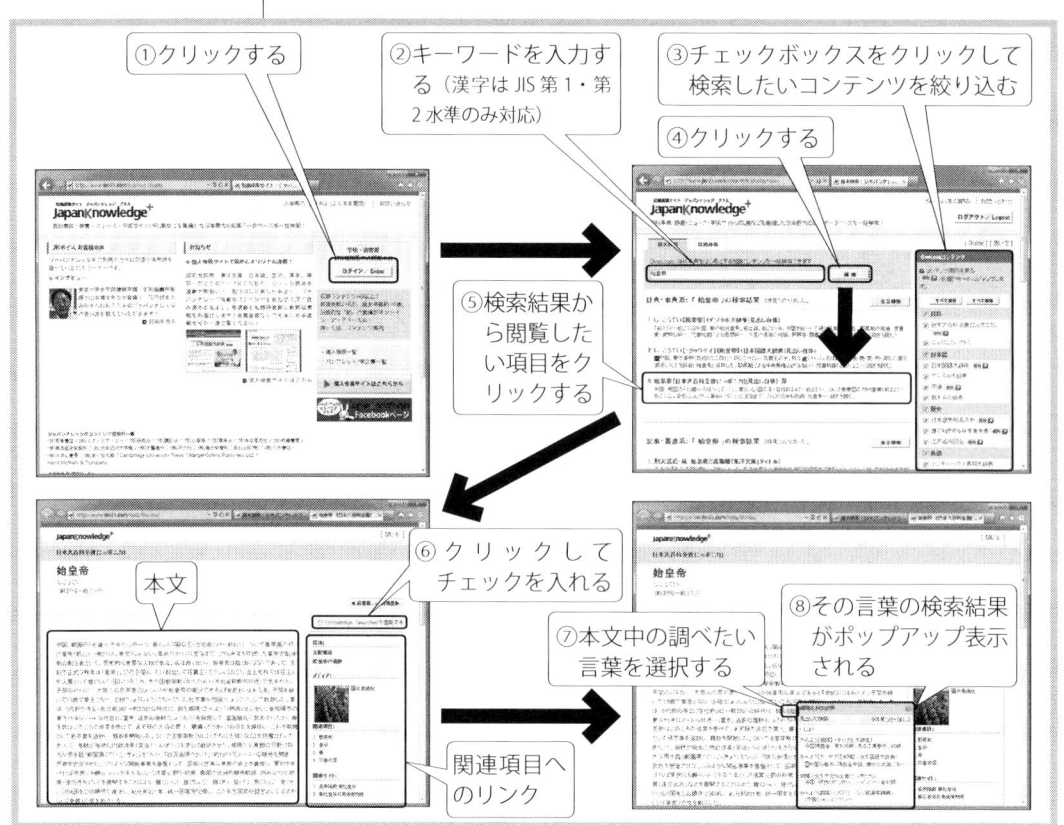

①クリックする
②キーワードを入力する（漢字は JIS 第 1・第 2 水準のみ対応）
③チェックボックスをクリックして検索したいコンテンツを絞り込む
④クリックする
⑤検索結果から閲覧したい項目をクリックする
⑥クリックしてチェックを入れる
⑦本文中の調べたい言葉を選択する
⑧その言葉の検索結果がポップアップ表示される

本文
関連項目へのリンク

●平凡社東洋文庫を検索してみる

　JapanKnowledge では、OneLook を利用した一括検索のほか、詳細検索や特定のコンテンツに特化した検索サービスも利用できる。ここでは、中国学関係で需要が多いだろうと思われる平凡社東洋文庫の検索について紹介しよう。

　平凡社東洋文庫は、アジアに関する古典作品を日本語に翻訳して提供するシリーズである[3]。創刊から約半世紀、シリーズ総数は800冊を数える。同シリーズは、オンデマンド出版や電子ブックなどの新しい出版形態にいち早く対応してきたことで知られており、JapanKnowledge へのデータ提供もその流れの一環であろう。

　提供されるコンテンツは、既存の電子ブック版と同じデータであり、東洋文庫すべての書籍が検索できるわけではない。しかし、タイトル・著者だけではなく本文までもが OCR[1]で電子テキスト化されていて検索できるので、非常に便利だ[4]。

[3] http://www.heibonsha.co.jp/catalogue/series.toyo/

[1] p.210 参照。
[4] OCR の精度はそれほど高くはない。それを別にしても、日本語訳されたアジア学古典データベース的な使い方もできるのはやはり便利だといえる。

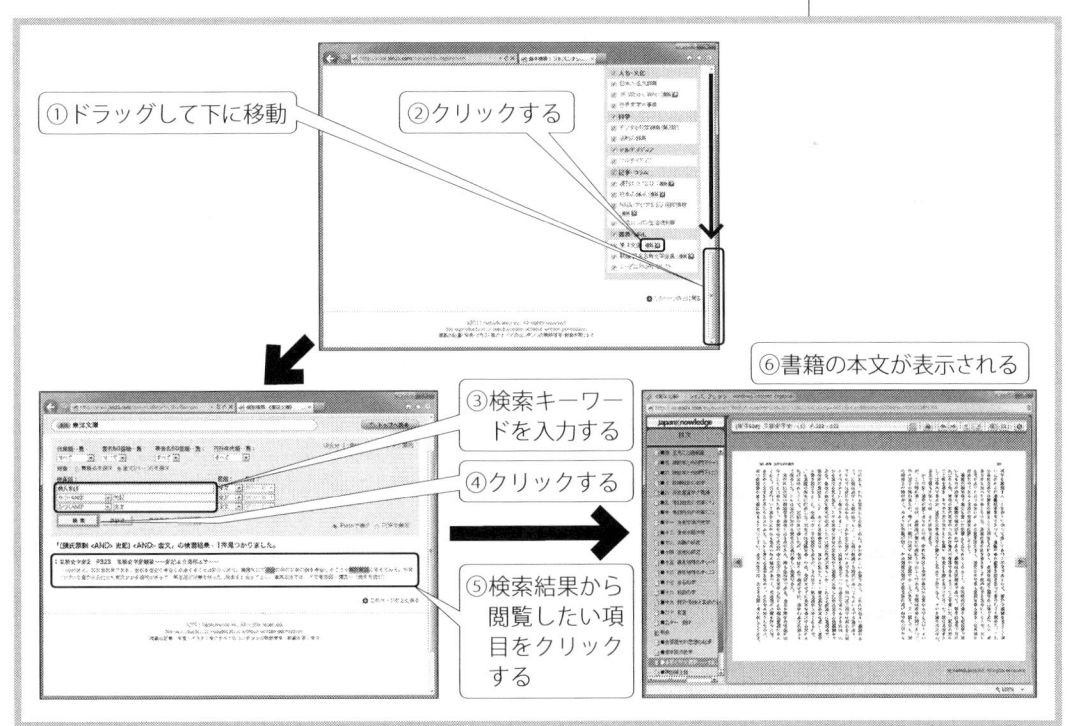

①ドラッグして下に移動
②クリックする
③検索キーワードを入力する
④クリックする
⑤検索結果から閲覧したい項目をクリックする
⑥書籍の本文が表示される

　閲覧には Adobe Flash Player[5]が必要となる。検索したキーワードが強調表示されないので、本文からヒットした箇所を探すのがやや不便だ。印刷は、画面（見開きページ）単位でしかできない。

[5] http://get.adobe.com/jp/flashplayer/

日中・中日辞典

千田　大介　Chida Daisuke

◉大きく変わった辞書の世界

　辞書の世界は一般の書籍よりも一足早く電子書籍時代に突入しており、電子辞書や辞書ソフト・オンライン辞書、さらにはスマートフォン用の辞書アプリなどが広く普及している。中国語の辞書もその例に漏れない。

　中国語に対応した電子辞書は、カシオ・キヤノン・セイコーインスツルなどから出ており、小学館・講談社・三省堂・大修館書店などの中国語辞典が搭載されている。搭載辞書や手書き入力・音声機能などに違いがあるので、店頭で実物に触れて選んでほしい[1]。

　また講談社『中日辞典　第三版』には、Windows向けの同辞書電子版を収録したCD-ROMが付いてくる。見出し語のみならず用例・日本語訳も含めた全文検索にも対応し、またオンラインで新語辞書のデータがアップデートできるなど、付録とは思えない充実ぶりだ。このCD-ROMは単体でも発売されている。

◉ NAVER(ネイバー)中国語辞書　　http://cndic.naver.jp/

　韓国の大手ポータルサイト、NAVERが日本向けに提供する無償オンライン辞書サービス。小学館の『ポケットプログレッシブ中日・日中辞典』を収録しており、また北京大学などの協力で収集した日中対照の例文も検索できる。検索結果画面では、ピンインが

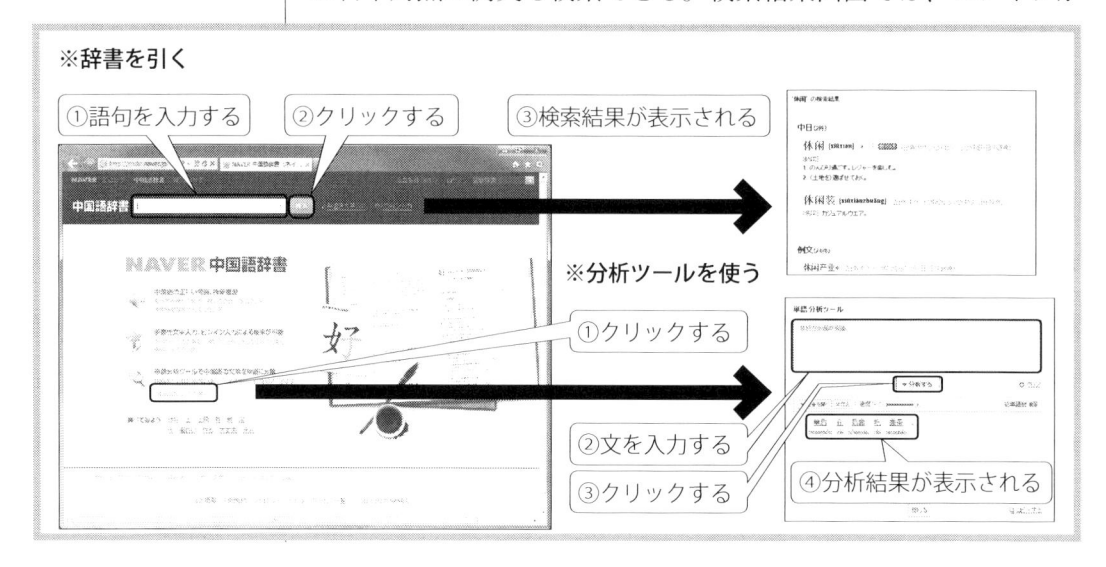

[1] 中国語電子辞書については、清原文代氏のWebサイト（http://www.las.osakafu-u.ac.jp/~kiyohara/）に商品情報が詳細かつ的確にまとめられている。

※辞書を引く
①語句を入力する　②クリックする　③検索結果が表示される

※分析ツールを使う
①クリックする
②文を入力する
③クリックする
④分析結果が表示される

Unicode を使って表示されるので、Word などにコピーすることができる。また、単語・例文の発音を聞くことができるのも嬉しい。

NAVER では中国語の手書き入力に対応しているので、ピンインのわからない字句でも手軽に検索できる。また［単語分析ツール］は、中国語の文を単語に分解しピンインを付け音声を合成するもので、中国語の学習・教育に応用できよう。また、iPhone・Android のアプリも無償提供しており、スマートフォンで使うこともできる。

◉エキサイト辞書　　http://www.excite.co.jp/dictionary/

フリーで使えるオンライン辞書として、エキサイトは一番の老舗である。収録辞書は、三省堂の『デイリーコンサイス日中・中日辞典』で、見出し語を漢字・ピンインで検索できる。同辞書には、親字が接尾辞なしで単用されるか否かを括弧の種類で区別する、というこだわりポイントがあるが、電子版でもそれは《》・【】という括弧の違いによって表現されている。声調符号の表示に画像を使っており、ピンインをテキストとしてコピーできないのは残念だ。

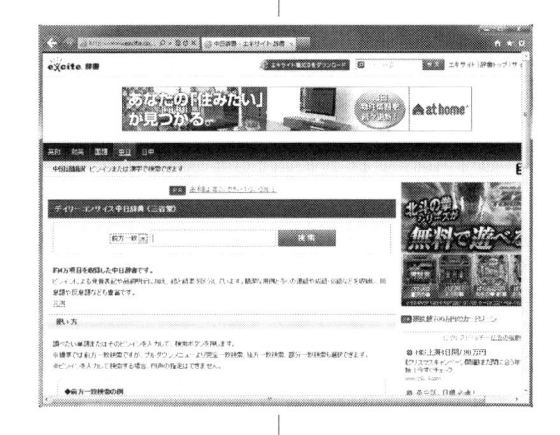

◉小学館アプリ　　http://iapp.shogakukan.co.jp/

小学館がみずから開発した『日中・中日辞典』の iPhone アプリ。上記 Web ページはソフトの紹介で、購入は App Store からになる。価格は 4,100 円だが、紙版『中日辞典』が 6,000 円以上することを考えれば、2 冊セットでこの価格はかなり割安である。

◉J 北京・ChineseWriter　　http://www.kodensha.jp/

高電社の中国語翻訳ソフト「J 北京」および中国語 IME「ChineseWriter」には、小学館『日中・中日辞典』・大修館書店『中日大辞典』など 5 種類の中国語辞書が同梱されている。Windows 上でネットやドキュメントを見ながら、適宜語句をコピー＆ペーストして辞書を引けるのが魅力だ。どちらも、さまざまな中国語関連機能を搭載した 2 万円を超える高額なソフトであり、プロ向けのツールであるといえよう。

そのほかの辞書ツール

千田　大介　Chida Daisuke

◉ CNKI 工具書館
http://cdict.cnki.net/refbook/

論文データベースで知られる CNKI[1] が提供する、オンライン工具書（辞書）データベース。4千部以上の辞書の1千5百万もの項目が登録されており、項目のみならず語釈の全文も検索できる。簡体字と繁体字は同一視検索してくれる。工具書のジャンルや種類を限定して検索することも可能だ。

辞書の全文を読むためにはサイトライセンス契約、あるいは CNKI カードによる個人契約が必要になる[1]。また工具書の全文データを有償ダウンロードして、専用ソフトで検索することもできる。契約していなくても、『中国大百科全書』などフリーで提供される工具書があり、なおかつ検索結果画面[2]で辞書の語釈をある程度プレビューできるので、十分有用である。

ある語句や事項について大まかなあたりをつけるのに重宝するし、また紙版の工具書の総合索引的な使い方をするのもよいだろう。人間には不可能な工具書の大量一括検索をこなしてくれるので、検索した語句の思いもよらない用法や意味・コンテクストなどを発見できる可能性も高い。学習に研究に、大いに活用したいものだ。

検索結果の表示

1 p.154 参照。
[1] 日本国内で契約した場合のアクセス方法・URL などは、大学の図書館あるいは東方書店などの説明にしたがってほしい。
[2] 執筆時点では、Internet Explorer 9 で検索結果ページのスクロールがうまくできず、検索結果の続きは、検索結果部分の文字を選択して下に向けてドラッグしないと見ることができない。また、IME による検索語句の入力がうまくいかないときは、コピー＆ペーストしよう。全般にFirefox の方が相性がよいようだ。

◉ 重編国語辞典修訂本
http://dict.revised.moe.edu.tw/

『重編国語辞典修訂本』は、台湾の教育部が編纂・刊行する台湾国語の規範となる辞書である。オンライン版も教育部によって提供されている。漢字の字句検索のほか、注音符号による発音検索もできる。全8巻の大部な辞書で古典から現代まで多くの語彙を収録しているので、広くさまざまな分野で活用することができる。

II-2. 言葉を調べる

◎ **漢語大詞典光碟3.0** http://publish.commercialpress.com.hk/pb/dictionary/HYDC3/

　香港商務印書館が販売する『漢語大詞典』のCD-ROM版。『漢語大詞典』は1980年代から90年代にかけて中国で出版された全12巻の大規模中国語辞典で、いまや中国学のスタンダードになっているといえよう。

　漢語大詞典光碟3.0は、国内の中国書籍店で3万円程度で入手できる。インストーラーは日本語にも対応しており日本語版Windowsでも動作する[3]。またCD-ROMにはコピーガードがかかっているので、CD-ROMを挿入した状態で運用することになる。

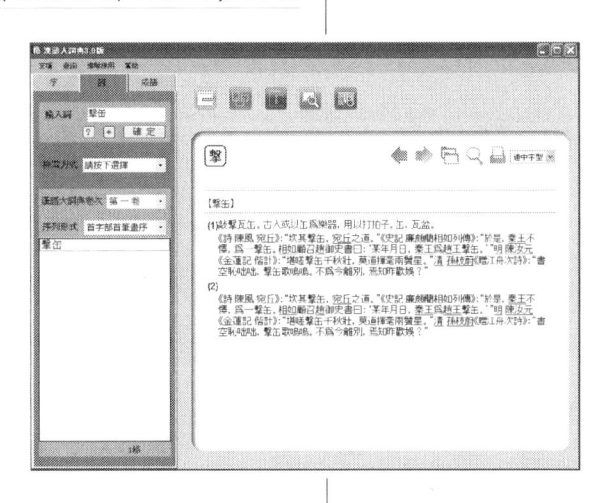

　同ソフトでは台湾の字体が使われており、日本語IMEで入力すると検索できない漢字があるので❷、なるべくMS新注音IME❸を使おう。大部の『漢語大詞典』を一瞬で引けるのみならず、語釈のコピー＆ペーストにも対応しているので、利便性は非常に高い。

　ただ、CD-ROM版は紙版を完全にデジタル化しているわけではなく、見出し字・熟語ともに紙版よりも収録数が若干減っている。このためCD-ROM版を検索して見つからなかった語彙（特に異体字）については、紙版を引きなおさなくてはならない。

◎ **粵語審音配詞字庫** http://humanum.arts.cuhk.edu.hk/Lexis/lexi-can/

　香港中文大学人文電算研究センターが提供する、オンライン広東語字典。漢字を検索して、その意味・発音を調べることができるほか、広東語の発音を聞くこともできる。任意の漢字を入力して検索するときにはコードセパレート問題を避けるため、できるだけMS新注音IMEで入力しよう。発音や漢字の部首による検索にも対応している。検索結果からは同音の漢字や声母・韻母・声調が共通する漢字へのリンクが張られ、さまざまな漢字をわたり歩いて調べることができる。

[3] 同CD-ROMの初期バージョンは64bit版Windowsにインストールできない。64bit版ユーザーは購入にあたり、パッケージ裏の対応OSにWindows 7と記載された更新バージョンであることを確認していただきたい。初期バージョンを64bit版で使うには、Windows XPモードなどのバーチャル環境が必要になる。p.62参照。
❷ p.95参照。
❸ p.34参照。

中国語学習・教育サイト

田邉　鉄　Tanabe Tetsu

◉マルチメディア中国語教材"游"　　http://133.220.106.221/

成蹊大学で湯山トミ子氏を中心に開発された、自律学習志向のオンライン教材。波形表示ソフトを用いた直感的な声調練習・語法・読解・図解辞典・コラムなど、細部にわたって練り上げられた教材は入門・初級学習者だけでなく、ブラッシュアップを目指す中級者にもお勧め。無料登録で、学習履歴を除くすべての機能が利用できるようになる。

◉TUFS 言語モジュール　　http://www.coelang.tufs.ac.jp/modules/

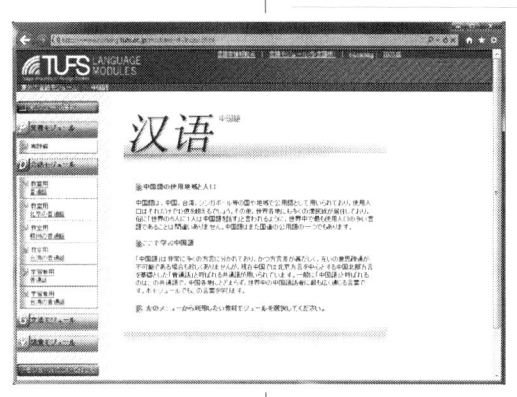

東京外国語大学が開発しているオンライン教材。発音・会話・文法・語彙の4つの「モジュール」からなり、どのモジュールから学習を始めても、まとまった学習ができる。蘇州や台湾で話されている（地方語ではなく）「共通語」を収めている点がユニーク。ときに丁寧すぎるほどの解説は、独習、また、やり直し用の教材には最適だろう。

◉パンダと学ぶ中国語　　http://saigusa.com/

中国語オンライン教材開発のパイオニア、三枝裕美氏のサイト。入門・初級・旅行会話に分かれた本編のほか、図解単語集、漢詩朗読、文法解説やテストなど盛りだくさんな内容で、個人のサイトとしては質量ともにトップクラス。教材の利用には Adobe Shockwave Player[1]が必要で、はじめてアクセスしたときに自動的にインストールされる。音楽プレーヤーなどで利用可能な音声ファイルや、EPUB[1]版の教材も提供している。

[1] http://get.adobe.com/jp/shockwave/

[1] 用語解説参照。

II-2. 言葉を調べる

◉オンライン中国語学習 CH-TEXT's
http://www.ch-texts.org/

関西大学中国語教材研究会の教材公開サイト。ビデオ教材「中文在線」のほか、音声音節表・地名の中国語読み・コロケーション[2]・教科書全文データベースなど、教材を自作する教員に向けた素材を多数提供している。

◉ゴガクル
http://gogakuru.com/chinese/

NHK 語学講座のサポートサイト。過去放送された重要表現のデータベースがあり、フリーワードで検索できる。文法項目や使用場面など多彩なタグがつけられているので、簡単に「お気に入りのフレーズ」を探すことができる。無料登録すると学習履歴を「おぼえた日記」というブログに記録したり、ほかの学習者の日記にコメントしたりできるようになる。独習の「ペースメーカー」に。

◉網絡孔子学院（ネットワーク）
http://japanese.chinese.cn/

中国の国家漢語国際推広領導小組弁公室（国家漢弁）が、中国語や中国文化の教育・宣伝普及のため世界各地に設けた孔子学院の日本語版サイト。学習者向けには［ピンイン入門］・［中国語 900 句］、大河ドラマ風の［漢字五千年］という中国語の歴史紹介など、動画を含む教材や小辞典が提供されている。また、教師向けの［モデル講義］は、中国の言語教育を垣間見ることのできる資料として、興味深い。

[2]「吃」と「饭」のようなよく使われる単語の組み合わせのこと。

113

II-3. 現代中国を知る

政府公式情報

千田　大介　Chida Daisuke

●中華人民共和国中央人民政府　　　　　　　　　http://www.gov.cn/

2006年元日に正式公開された、中国政府の公式ポータルサイト。中国政府や中央省庁の動向・記者会見・通達などの公式情報が逐次掲載されるほか、中国の概況、国や政府の組織などの紹介もある。また、住民向けの福祉サービスの案内や、外国人向けの各種案内なども提供されている。

トップページ中程、左側の［网站导航］（サイトナビゲータ）以下のドロップダウンに、省庁や地方政府、政府関連機関・企業などのWebサイトへのリンクがまとめられており、中国の政府・公的機関の公式情報やWebサイトを捜すための窓口として使うことができる。［网站导航］リンクを開こうとすると、ブラウザのポップアップフィルターに引っかかってしまうことがあるが、そのときは［ポップアップを一時的に許可する］などを選んで、再度リンク先にジャンプすればよい。

［网站导航］

なお、地方政府へのリンクは省クラスに限られている。地区・県クラスの地方政府サイトは、まず省クラスの地方政府サイトを開き、そこでリンクを捜そう。中国では省・地区・県の各クラス地方政府の大半がWebサイトを持っており、当地の社会・経済の紹介や統計資料、さらには名所旧跡・伝統文化の紹介コンテンツが置かれていることが多いので、地域の概況を把握するのに役立つ。ただし、総じて似たり寄ったりの内容で美辞麗句が連ねられており、実態を正確に反映していないことも多いので注意が必要だ。

◉政府入口網 （エントリーポイント）

http://www.gov.tw/

　台湾政府の公式ポータルサイト。オンライン政府世界一に選ばれただけのことはあり、生活関連ニュースの発信や福利厚生などの行政手続き案内など、住民向けサービスが充実している。むろん、政府の公式ニュースの発信も行われており、省庁や政府関連機関、地方の自治体・議会へのリンクも充実している。

　政府の公式報道は、ページのメニューから［政府資訊］→［網羅政府發布的新聞，可依時間分類、機關查詢］とたどる。ただし、住民生活関連の情報が大半を占める。

　省庁や地方自治体などへのリンクは、メニューバーから［政府資訊］→［機關通訊錄］とたどって［機關分類］・［地區分類］・［政府組織］のいずれかをクリックする。各機関・組織の概略・電子地図などとともに、Web サイトの URL が表示される。

　台湾も地方自治体の大半がサイトを開設しており、住民向け生活情報や政策案内、統計情報、さらには観光案内が掲載されるなど、充実した内容を持つものが多い。

◉GovHK

http://www.gov.hk/

　中華人民共和国香港特別行政区政府の公式サイト。コンテンツは英語・繁体字中国語・簡体字中国語で提供される。IPv6[1]に対応しW3Cの認証ロゴ[2]を取得している点は、スタッフの意識の高さを示すものである。

　各言語版のトップページに、イミグレーション案内、文化・娯楽イベント案内、税務、運輸などの項目が並ぶのは、いかにも観光や貿易を主要産業とする香港らしい。また、無料公衆無線ネットワーク推進計画「GovWiFi」のアクセスポイントなどに関する情報も掲載されているので、香港を訪れる前にはチェックしておきたい。

[1] IPv6 は、インターネット上のコンピュータの番地である IP アドレスの、次世代バージョン。

[2] W3C は、Web ページの記述言語である HTML などの規格を策定する国際組織。Web ページが正確に記述されているサイトは、W3C のロゴを掲載することができる。

統計資料を入手する

千田　大介　Chida Daisuke

●中華人民共和国国家統計局
http://www.stats.gov.cn/

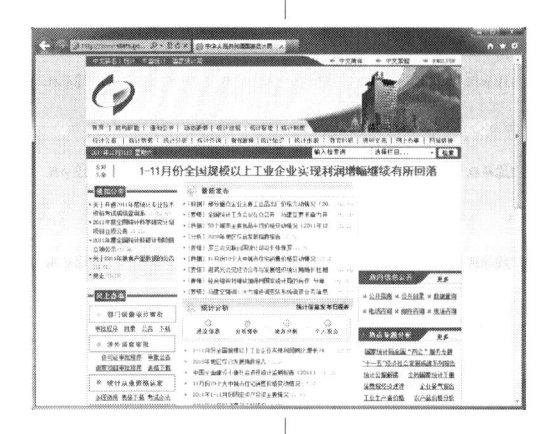

同局の公式サイト。中国のさまざまな公式統計資料を入手できる。実際の統計資料は、ページ上部のロゴの下に並んでいるアイコンをクリックして閲覧する。

［統計公報］をクリックすると、解説の付いた統計発表資料を閲覧できる。統計データの実際の数字は［統計数据］以下に置かれており、年・季・月ごとのさまざまな統計データがある。これは、『中国統計年鑑』の内容とほぼ同じものだ。各統計データのページで上にExcelアイコンが表示されている場合は、クリックしてExcelファイル版をダウンロードできる。

統計データによっては、所管官庁や組織が公開するものもある。たとえば、中国のインターネットに関する公式統計は、CNNIC（中国インターネット情報センター）[1]のサイトに掲載される。また、地方の統計データは地方政府のサイトに掲載されていることが多い。

なお、中国の発表する統計データは信頼性に常に疑問がつきまとう上に、民間がアンケート調査を行う自由も認められていない。このため、資料を疑う姿勢がほかにもまして大切になる。

[1] http://www.cnnic.cn/

●中華民国統計資訊網
http://www.stat.gov.tw/

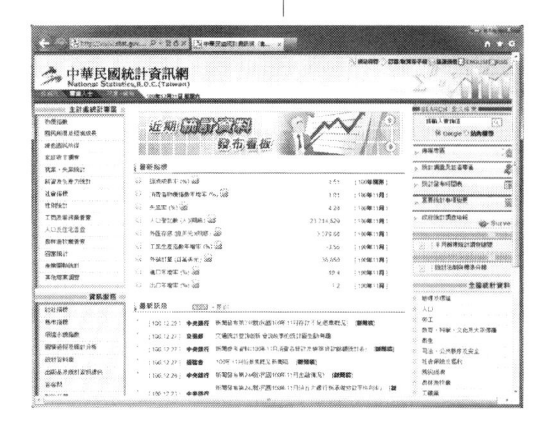

台湾の行政院主計処のWebサイト。各種統計指標や統計データを閲覧できる。

最新の指標はトップページに掲載される。ページ左側の［主計處統計專區］をクリックすると、経済・社会関連の各種統計調査の報告を、右側の［全國統計資料］からは人口・社会・経済などの基本的かつ継続的な統計データをそれぞれ閲覧できる。データはExcelファイルでも提供されている。

COLUMN

メディアリテラシー：統計を疑う□□■

　新聞記事やニュース番組などで、統計調査の結果のグラフなどが示されたりする。ニュースキャスターが「アンケート調査の結果、○×パーセントの人が首相を支持しています」などといっているのを聞くと、そうなのだろうと納得してしまう。

　しかし、この手の統計調査は、原則として疑ってかかるべきだ。すべての、とはいわないが、多くの調査結果に以下の問題があると思ったほうがよい。

　　①統計調査に関する知識がない
　　②自分の主張を客観的に見せるために統計調査を利用している

　「パーセント」という言葉が日常用語としても普及してしまったためか、100人以下のアンケート調査でも「○×パーセントの人が…」といったりするが、これは統計調査ではありえない話だ。また、「インターネット上で行ったアンケート調査では、インターネットの利用率が100％であった」という笑い話があるが、これに似たような調査は実際にたくさん行われている。

　②の方は少し厄介だ。国や自治体、企業などが組織的に統計調査の捏造をする、というのも、実はそれほど珍しいことではない。捏造までいかなくても、自説にとって都合の悪い調査結果を隠し、都合のよい結果だけを見せることで情報操作をしようとすることも、しばしば行われている。これらは、発展途上国の独裁政権などに限った話ではなくて、日本をはじめとする民主国家でも普通に行われていることなのである。また、中国政府の政策や思想のプロパガンダ機関である『人民日報』(p. 118・120参照) のようなメディアだけでなく、公平中立ということになっている日本のマスメディアの報道にも、何らかの意図が隠されていると見るべきだ。

　①の問題を見抜くためには統計の知識があれば個人でも何とかなるが、②の問題を問題だと指摘することは簡単でない場合が多い。国や企業がやっている（ことになっている）調査と同じ規模の調査を、個人で行うことは難しいからだ。

　統計調査を疑うテクニックについての本はたくさん出ているが、以下の本が読みやすいのでお勧めしておこう。

　　●谷岡一郎著『「社会調査」のウソ―リサーチ・リテラシーのすすめ』（文春新書、2000）

（師）

中国のメディア

千田　大介　Chida Daisuke

◉人民網
http://www.people.com.cn/

中国共産党中央の機関紙である『人民日報』の Web 版。『人民日報』は共産党中央の動向を知る上で最も重要な資料であり、現代中国の政治・社会をウォッチする上で欠かすことができない。そのお堅い『人民日報』に比して、取材陣が別立てになっている人民網は、各地のさまざまなニュースメディアの記事を硬軟取り混ぜて転載するなどだいぶん砕けた感じになっているし、事件や災害時には、当局に批判的な報道がなされることさえもある。

日本や欧米の場合、ネットで公開される新聞記事は限定されていることが多いし、有償のオンライン新聞も増えている。それに対して中国の新聞各紙はすべての記事をネットで公開し、人民網のようにバックナンバーのデータベース[1]や日本語版などの外国版まで無償公開しているところもある。これは、共産党のプロパガンダを基本的任務とする中国のマスコミのあり方を、如実に物語っている。

[1] p.120 参照。

◉新華網
http://www.news.cn/

国営新華社通信のサイト。新華社は中国内外のメディアに対してニュースを配信する、いわゆる通信社であり、政府直属の事業団体でもある。中国国内メディアでは、新華社の記事をそのまま掲載したり、あるいは新華社の記事によって中央政府のある事件に対する公式評価を推し量って独自の記事を執筆・掲載するのが一般的であり、中国のメディアシステムにおいて重要な位置を占めている。

日本語版も作られており、日本語で最新の中国の記事を読むことができるが、すべての記事が訳されているわけではない。

II-3. 現代中国を知る

◎ 南都網
http://nd.oeeee.com/

広東省広州市の都市新聞[1]『南方都市報』のオンライン版。『南方都市報』は、かつてはSARSの発生を先陣切って報道し、全国の地方政府の不正問題スクープを連発するなど、中国随一のリベラル系日刊紙として知られている。オバマ米大統領の初訪中時に独占インタビュー先として指名されたが、政府の圧力で記事を取り下げ第1面を白紙で発行したこともある。度重なる政府の圧力でその筆鋒はだいぶん鈍ってきたが、まだ中央政府と一線を画した民間寄りの論調は健在である。中国の人々の多様な意見やスタンスを知るためにも、現代中国をウォッチする上で欠かせないメディアだといえる。

[1] 都市市民向けに発行され、生活密着情報や娯楽ニュースに大きく紙面を割き、営利を目的とする新聞を「都市新聞」という。発行元は各地の共産党委員会で、共産党機関紙「党報」の不採算を補う役目もはたしている。

◎ CNTV
http://www.cntv.cn/

CNTV（中国ネットワークテレビ局）はCCTV（中国中央テレビ局）傘下のオンラインテレビ局だ。中央テレビ局と各地の省級衛星チャンネルの番組を、無料でオンライン視聴できる。

番組の視聴方式は、番組を選んでクリックするオンデマンド配信方式と、放送中の番組のライブストリーミング配信がある。ライブ配信チャンネルは、ページ上部の［直播中国］から選局する。オンデマンド配信番組は、トップページから分類をたどって視聴する。

視聴にあたっては専用プラグインのインストールが必要となる。動画の初回視聴時に自動でインストールが始まるので、セキュリティ警告が出たらOKして続行しよう。

ニュース・ドキュメント・バラエティ・トーク・スポーツ・ドラマなど多彩な番組を視聴できるので、中国ウォッチに語学学習に趣味に、さまざまに活用できるだろう。

CNTVでドラマを視聴する

中国の新聞記事データベース

佐藤　仁史　Sato Yoshifumi

中国の各新聞には多かれ少なかれバックナンバーが蓄えられているので、最新情報を得るばかりでなく、新聞記事データベースとして利用することもできるが、調査の目的に応じて利用方法は異なってくる。たとえば、戸籍政策がどのように変遷してきたかのような事件や政策・事象について、長期的な時間軸で記事を検索したい場合には、なるべく長い期間の記事が蓄積されているデータベースを利用する必要がある。一方、戸籍政策の中国各地における違いといった空間軸で検索したい場合には、中国各地の数多くの新聞を参照できるデータベースが望ましい。

●人民日報
http://paper.people.com.cn/

中国共産党中央委員会の機関紙である人民日報のオンライン版である[1]。利用に際しては、人民日報は党と政府の政策や思想を宣伝するプロパガンダ紙であるというメディアの性格を十分に踏まえる必要がある。政府や党の公式見解や方針を理解する上では、重要な情報源であるともいえる。

記事は通常版においては2003年6月以降の記事を全文検索することができる。また、海外版については、2000年4月以降の記事を閲覧できる[1]。ただ、① 2006年4月以降と、② 2006年3月以前とでは閲覧方法が異なり、①については［往期回顧］（バックナン

[1] p.118参照。

[1] 詳細については、国会図書館「インターネットで検索できる中国語新聞」http://rnavi.ndl.go.jp/research_guide/entry/theme-asia-95.php を参照されたい。

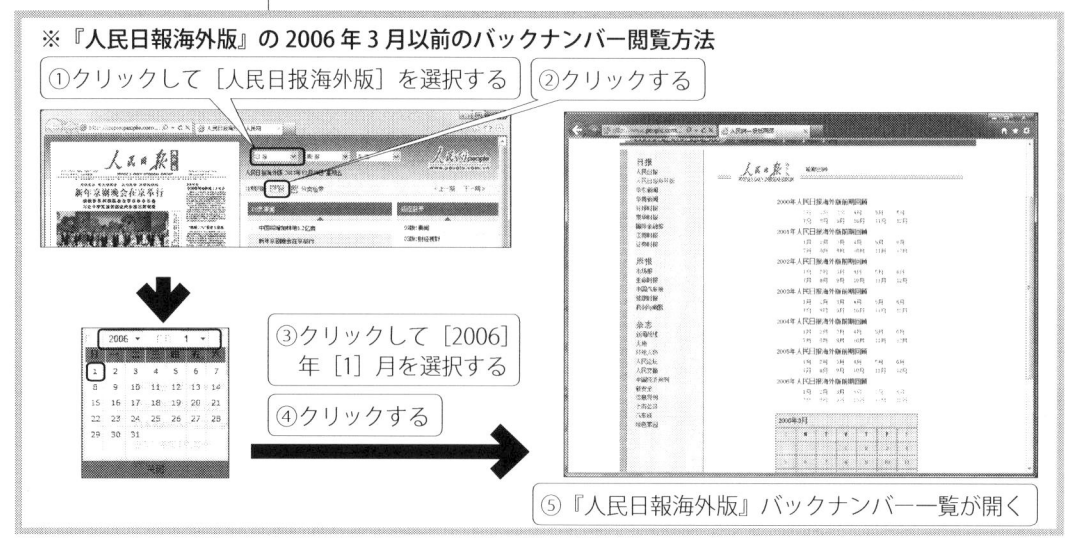

※『人民日報海外版』の2006年3月以前のバックナンバー閲覧方法

①クリックして［人民日報海外版］を選択する　②クリックする

③クリックして［2006］年［1］月を選択する
④クリックする
⑤『人民日報海外版』バックナンバー一覧が開く

バー）をクリックして日付を選択して閲覧、②については、［往期回顧］で 2006 年 3 月以前の日付を選択すると［前期回顧］（前期バックナンバー）というページが現れるので、そこから日付に即して記事を探すことになる。

　なお、慶應義塾大学と近畿大学は人民日報データベースを購読しており、全記事を検索できるようである。しかし、古い記事については、全文版の内容が必ずしも発行当時のままではない可能性があるため、可能な限り原本に当たる必要があろう[2]。

[2] 同じことは、DVD・CD-ROM 版についてもいえる。『人民日報』以外にも『文匯報』（1938 － 1999）や『新民晩報』（1946 － 1999）などがあるが、いずれも収録されたデジタルテキストの利用に際して、極力紙版の原本に当たるべきである。

●光明報　　http://www.gmw.cn/

　中国共産党中央宣伝部によって刊行されている『光明日報』のオンライン版であり、メディアとしての性質は『人民日報』に類似している。『光明日報』をはじめ、『中華読書報』・『文滴報』などの新聞については、「光明日報報業集団数字報」[3]において、1998 年以降の記事のテキスト版を、2010 年 9 月以降については、テキスト版と PDF 版を閲覧することができる。

[3] http://epaper.gmw.cn/

●中国国家図書館電子報刊導航　http://www.nlc.gov.cn/old2008/service/others/dianzibaokan.htm

　冒頭で述べたように横の軸で何かを知りたい場合には各地の新聞を参照する必要があるが、中国国家図書館には中国で発行されている新聞の電子版のリンク集があり便利である。トップページでは発行地域別の分類になっているものの、紙名で検索することも可能である。ただし、収録されているのは地級[4]までがほとんどであり、県級の新聞については個別に調査が必要である。

[4] 中国の行政単位は、省（直轄市・自治区）、地区（市・自治州）、県（市）の 3 レベルに分かれ、それぞれのレベルを、省級（省市区）・地級・県級と称する。

●上海図書館電子報紙導読　http://newspaper.digilib.sh.cn/website/index.asp

　「中国国家図書館電子報刊導航」の上海図書館版がこれである。検索方法には、［地区列表］（地域別リスト）・［字母列表］（発音順リスト）・［報紙査詢］（新聞検索）の 3 つがある。このリンク集に収蔵されている新聞もやはりほぼ地級までであり、その下の行政単位の新聞については、個別に調べなければならない。

域外メディア

千田　大介　Chida Daisuke

　ここでいう域外とは中国語「境外」の訳語である。中国では「1つの中国」という原則を堅持しているため、国内というと台湾が含まれてしまうし、また香港・マカオも中国に返還されている。このため、共産党政府の実効支配地域である中国本土(メインランド・チャイナ)と台湾・香港などを区別したいときに、「境外」・「境内」という言葉が使われる。

● 中時電子報　　　　　　　　　　　http://news.chinatimes.com/

　台湾四大新聞[1]の1つ、『中国時報』のWeb版。台湾の政治では、台湾を中華民国の正統ととらえる国民党などの政治路線を「青」、民進党などの台湾本土を重視し独立を指向する主張を「緑」と、それぞれの政党のシンボルカラーによって表現するが、『中国時報』は現在では比較的「青」寄りの論調を持つとされる。

　新聞記事は、過去30日分を閲覧できる。中国時報グループは複数のテレビ局を傘下に置く一大メディアグループであり、中時電子報でも画面上部のメニューで［影音］をクリックするとテレビニュースなどのストリーミング配信を見ることができる。

[1]『中国時報』・『聯合報』・『自由時報』・『蘋果日報』の4紙。いずれもWeb版を持つ。

● 自由時報電子版　　　　　　　　　http://www.libertytimes.com.tw/

　台湾四大新聞の1つ『自由時報』は、比較的明確な「緑」寄りのスタンスを持つ新聞である。このため、政治報道の論調は『中国時報』などとまったく異なっている。

　日本のメディアは全般的に中立な報道を目指す傾向が強いため、政治的主張をあらわにする台湾メディアに違和感を感じる人も多いかもしれないが、世界ではメディアのあり方としてむしろこちらの方が一般的である。

●蘋果日報（アップルデイリー）

http://hk.nextmedia.com/

『蘋果日報』は香港の有力大衆紙。日本のメディア報道では『りんご日報』などと訳されることもある。創刊は1995年と比較的新しいが、香港アイデンティティを強く打ち出すことで中国返還を前に変化しつつあった香港の人々の心をつかみ、一躍有力紙に躍り出た。近年は売り上げ部数が低落傾向にあるようだ。中立系紙に分類され、政治的スタンスは民主派寄りで、反中国共産党的である。

大衆紙だけに芸能ニュースなども充実している。メニューの［昔日］をクリックすると、2002年元日以降のニュースを閲覧できる。

● Google ニュース

http://news.google.co.jp/

Googleニュースは、自動的にニュースを集めて配信する、Googleのサービスの1つだ。Googleのサービスはどれも多言語対応が進んでいるが、ニュースもその例外ではない。以下の手順で簡単に海外版に切り替えることができる。

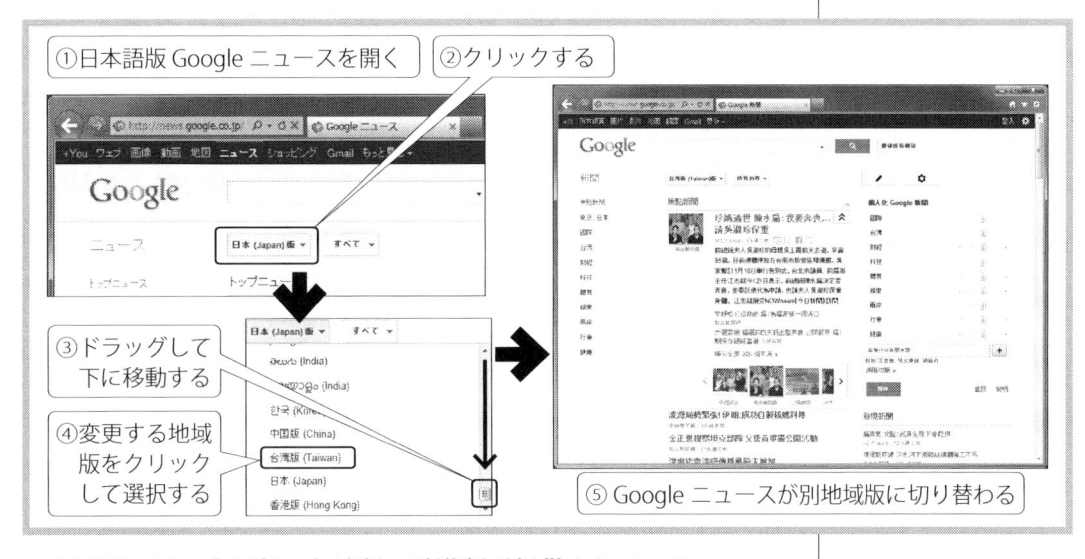

①日本語版Googleニュースを開く
②クリックする
③ドラッグして下に移動する
④変更する地域版をクリックして選択する
⑤Googleニュースが別地域版に切り替わる

中国圏では、中国版・台湾版・香港版が提供されている。Googleニュース1ヶ所を見るだけで複数の新聞社の記事をまとめ読みできるので、効率よくニュース情報を収集することができる。

BBSとブログ・マイクロブログ

千田　大介　Chida Daisuke

● 天涯虚擬社区（バーチャルコミュニティ）

http://www.tianya.cn/bbs/

1990年代末、中国のインターネット草創期には、全国規模の交流や自由な意見交換を実現するこれまでにない場として、BBS（掲示板）を中核とする「网络论坛」（オンラインフォーラム）が大いに脚光を浴びたものだ。しかし、胡錦濤政権の登場以降、中国当局のインターネット規制が次第に強化されていくなかで、名声を誇ったリベラル系・自由学術系のBBS——世紀沙竜（サロン）・文化先鋒網（ネット）・天易網（ネット）など——は次々と閉鎖に追い込まれていった。自動検閲機能の導入が義務づけられ、政府機関のネット監視員が目を光らせる現在のBBSは、もはや社会問題や学術的懸案について真摯な議論を戦わせる場として機能しえなくなっている。

こうした流れを経て、中国の掲示板サイトは大手への集約が進んでいった。そして現在、中国で最も社会的影響力の強いBBSサイトとされるのが天涯虚擬社区である。

天涯などの中国のBBSは、多くのカテゴリ・孫カテゴリの下にボードが置かれそこに随時スレッドが立てられる、日本の2ちゃんねる[1]などと似通った構造を持つ。政治・経済や地域情報、さらには生活・趣味まで、ありとあらゆるジャンルのボードが置かれ、無数のスレッドが立つ天涯にあって、最も知名度の高いボードは［天涯雑談］だ。そこでは主に時事的な話題が扱われているが、例えば2008年に世を騒がせた貴州省甕安の争乱事件の報道がこのボードへの書き込みに端を発するように、社会的な不正・腐敗事件を告発する1つのルートとして認知されている。

そうした話題に火が付くと、BBS運営側が当局の意向を受けて沈静化を図るのが常だが、一度書き込まれた情報はコピーを重ねてあっという間に伝播してしまう。オピニオン的機能は失ったものの、中国のBBSにもまだまだ活躍の余地が残されているようだ。

[1] http://www.2ch.net/

◎博客網(ブログネット)

http://www.bokee.com/

中国では、2001年、女性ブロガー木子美によるスキャンダラスな「セックス日記」の一大ブレイクとともにブログの本格的普及が始まった。彼女のブログが置かれていた博客中国(チャイナ)も、一躍、中国の最有力ブログサイトとなり、そのサイト名から中国ではブログ(博)の訳語として「博客」が定着した[2]。その博客中国が2005年にリニューアルしたのがこの博客網で、世界最大の中国語ブログサイトを標榜している。

とはいえ、博客網とそのほかの数多くのブログサイトとで、サービスや機能にそれほど大きな差があるわけではない。重要なのは個々のブログで誰が何を書いているのか、それに尽きるだろう。

[2] 中国の新語において、一般に「〜客」は「〜er」の訳語であり、「博客」も音義からして本来「ブロガー」の訳語であったはずである。

◎新浪微博(サイナマイクロブログ)

http://www.weibo.com/

中国では言論統制上の理由から、Twitter(ツイッター)へのアクセスが遮断されているため、多くのTwitterライクなマイクロブログサービスが立ち上がっている。そのなかで最も広く普及しているのが、中国四大ポータルサイト[1]の1つ、新浪網(サイナネット)[3]が提供する新浪微博である。

マイクロブログサービスの大半はSNS的機能を備えているため、誰かのつぶやきをチェックするにはそのサービスの会員になるのが手っ取り早いが、中国ではブログ・マイクロブログの実名登記制が施行されており、できればRSS[4]購読で済ませたいものだ。新浪微博そのものにはRSSのリンクが掲載されていないが、「新浪微博RSS生成器」[5]などを使えばRSSのURLを取得することができる。

なお、微博は「マイクロブログ（ミニブログ）」の訳語である。マイクロブログは書き込み文字数が制限されたブログを指し、Twitterもその一種である。日本の報道でしばしば見かける「中国版のTwitterであるミニブログ」という説明は、いささか正確性に欠ける。

[1] 用語解説参照。
[3] http://www.sina.com/
[4] Webサイトやニュース・ブログなどの更新情報を配信する方式。Internet Explorer 9などの対応ソフトに登録しておくと、定期的に巡回して更新があれば教えてくれるので、情報収集を効率化できる。
[5] http://ishow.sinaapp.com/rss.php

動画投稿サイト

千田　大介　Chida Daisuke

● YouTube

http://www.youtube.com/

　YouTubeは動画投稿サイトのパイオニアであり、日本国内でもニコニコ動画と人気を二分している。YouTubeは娯楽のために使われることが多いが、本来はオリジナルのビデオ作品を公開・交換する場として着想されている。

　学術情報公開への意識の高い欧米の研究者には、YouTubeのそうした側面に注目し、中国の祭祀儀礼や伝統芸能などの現地調査の記録映像をアップロードしている人も多い。また、個人が観光旅行で撮影した映像も多数アップロードされているが、それらを通じてなかなか行くことのできない地域の実態を目にすることができるし、民俗学などの資料として使えるものが含まれていることもある。

　YouTubeでは特に言語を切り替えなくても、ボックスに字句を入力して検索すれば、日本語・中国語を問わず、タイトルや説明文にその字句の含まれる映像を検索できる[1]。また、ページ下部のアイコンをクリックして、インターフェイスの言語や、どの地域の映像を表示するかを設定することもできる。

[1] 動画の検索については、p.100参照。

　地域設定は、台湾・香港に対応している。中国は、政府に都合の悪い映像が流通するという情報統制上の理由からYouTubeへのアクセスが制限されているので、選択肢に含まれない。

II-3. 現代中国を知る

◉土豆網(トゥードウネット)

http://www.tudou.com/

中国政府がYouTubeへのアクセスを制限していることは一種の非関税障壁としても機能しており、中国国内におけるYouTube後追いの動画投稿サイトの繁栄をもたらした。

土豆網は2005年にサービスを開始した、中国国産動画投稿サービスの草分けである。動画は分類にしたがって探すこともできるし、ページ上部の検索ボックスを使ってもよい。

中国の大手動画投稿サイトは、日本のテレビ局などの違法コンテンツ取り締まり要求を受けたため、日本からのアクセスを一部制限している。このため著作権上の問題があるとは思えないのに日本からアクセスできない動画がしばしば見られるが、Orbitリッチメディアダウンローダー[1]などのツールを使うと、そうした動画もダウンロードすることができる。

ただし、日本の著作権法では違法にアップロードされた動画をダウンロードすることも違法行為になるので、怪しい動画には手を出さないよう十分に注意してほしい。

[1] http://www.orbitdownloader.com/

◉優酷(ヨークー)

http://www.youku.com/

2006年にサービスを開始した優酷は、中国動画投稿サイトのトップシェアの座を巡って、土豆網と熾烈な戦いを繰り広げている。こちらも、検索・分類などの方法でさまざまな動画を探すことができる。

中国の動画投稿サイトといえば海賊版というイメージが強い。しかしいまでは中国国内のコンテンツホルダーの著作権対策が強化され、訴訟もしばしば起きているため、動画投稿サイトの間では積極的にコンテンツホルダーと契約を結んでコンテンツのネット独占配信権を取得する動きが強まっている。動画サイトのトップページに宣伝されているドラマやライブなどの映像には、そうした正規の手続きを経たものが増えてきている。

デジタル地図

千田　大介　Chida Daisuke

○ Google マップ　　　　　　　　　　　http://maps.google.co.jp/

一昔前、現代中国の地名を地図で調べるには、『中国地名録』で座標を調べて『中国地図集』で場所を確認するというやり方が一般的だったが、地名を手軽に検索できるオンライン地図サービスの出現で様相は一変した。

Googleマップは、中国に対応したオンライン地図サービスの草分けである。サービスが始まったころには、GoogleマップやGoogle earth[1]の衛星写真が軍事施設を世界の人々の目にさらしていることに中国政府首脳が神経をとがらせている、という噂も流れたものだ。

Googleマップでは、言語を切り替えなくても日本語表示のままで中国地図を使うことができる。地名は簡体字・繁体字で表示されるが、常用漢字で「中華人民共和国 済南」のように入力しても検索できる。中国語で検索する場合は、県レベル以上の都市名はそのまま入力しても大丈夫だが、郷鎮・街道レベルの地名は、「○○省△△県××」のように、省や地区・県の名称も入れないとうまく検索できない。

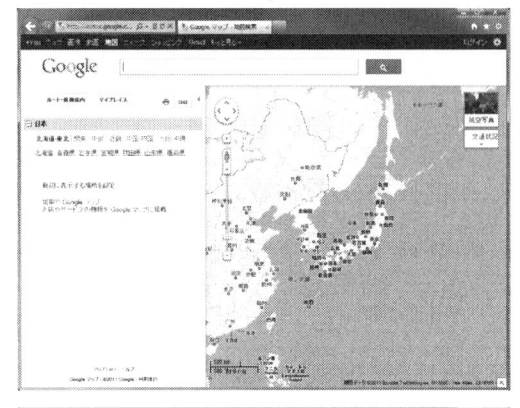

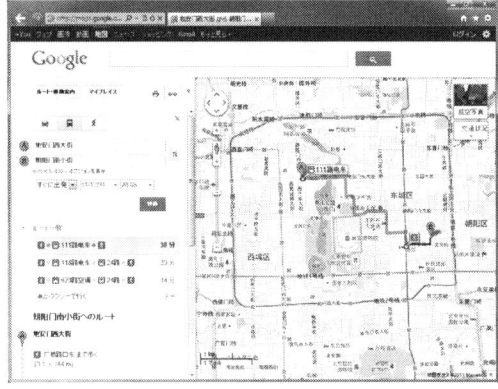

Googleマップで北京のバス路線を検索

[1] http://www.google.co.jp/intl/ja/earth/

中国の地図は等高線が描かれてないものが大半で、地域について調べるときに地形がわかりにくかった。この点Googleマップは、画面右上のアイコンをクリックして地図と衛星写真とを切り替え表示できるので、地形や自然環境を把握しやすい。

Googleマップの機能のなかでとりわけ便利なのが［ルート・乗り換え案内］だ。左側に表示されるパネルで［ルート・乗り換え案内］をクリックし、地図上の出発地点で右クリックして［ここからのルート］を選択、到着地点で右クリックして［ここまでのルート］を選択すれば、自動車・バス・徒歩のルートが表示される。こ

II-3. 現代中国を知る

うして事前に検索しておけば、大都市の複雑なバス路線に悩まされることもなくなるだろう。［ルート・乗り換え案内］機能は中国の省都クラスの都市のみならず、かなりの数の地級[1]の都市にも対応している。

またGoogleマップでは［マイマップ］に登録することで、地図上の場所をURL指定して共有することができる。このとき、登録情報はデフォルト[2]で［一般公開］になるので、人に見られたくないときは［限定公開］に設定しよう。

これらの機能は世界共通の機能として提供されているので、中国のみならず、日本や台湾・香港などでも同じように使うことができる。生活・旅行から研究まで、幅広く活用できるだろう。

●百度地図（バイドゥ）
http://map.baidu.com/

中国の大手検索サイト[3]は、いずれも地図サービスを提供している。中国トップシェアの検索エンジン百度もその例に漏れない。

百度の地図サービスは、Web検索と同様、非常にGoogleライクである。パネルの位置が右に変わり地図が若干カラフルになっているものの、地図・衛星写真・3D地図という基本構成、出発地と目的地を指定したルート検索など、Googleマップと似通った機能がそろっているし、地図に掲載されている情報量も大差ない。ただ、バス路線の検索はそれぞれにクセがあるので、両者を見比べた方がよいだろう。

● GPSナビゲーション

中国ではモータリゼーションの急激な進展とともに、カーナビの需要も高まっている。いまでは、多種多様な携帯型カーナビやハンドヘルド型のGPSナビゲーションが販売されており、安いものは400元程度で手に入る。また、スマートフォンのアプリにも、GPSナビゲーションに対応した地図ソフトがある。

今後はこうしたツールが中国での生活・旅行、あるいは現地調査の必需品になっていくのかも知れない[2]。

---

[1] p.121 参照。

[2] 用語解説参照。

[3] p.98 参照。

[2] 中国では外国人のGPS機器使用が禁じられているので、厳密に言えばこれらを使うことも違法行為になる。実際には、大都市の町中で普通に使っていて逮捕されることはまずないと思われるが、政治・軍事施設周辺での使用は控えるなど一定の注意が必要になろう。

旅行と現地情報

千田　大介　Chida Daisuke

● Ctrip
http://www.ctrip.com/

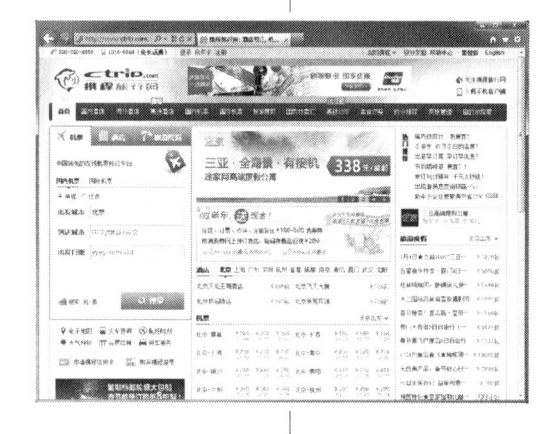

中国の旅行予約サイトの最大手。中国国内の航空チケット・ホテルなどが予約できる。簡体字・繁体字中国語のほか、英語版も用意されている。利用にあたっては、無料の会員登録が必要となる。

中国の国内線航空券を日本国内の旅行会社で購入すると定価販売になってしまうが、Ctripを使えばディスカウント価格で予約できる。しかも、全国の空港の指定カウンターで現金精算受け取りができるので、中国国内に住んでいなくても購入できる。

ホテルについても、チェーンのビジネスホテルから高級ホテルまで幅広く取り扱っており、また観光地ではない田舎の都市でも意外と予約できるところが多い。支払は予約時のカード払もできるが、窓口精算を選んだ方がよいだろう。また繁忙期には、予約金の支払を求めるホテルもあるので、そのときはクレジットカードを使って支払うことになる。

中国語が苦手な方は、楽天トラベル[1]・JHC[2]などの日本のサービスを使ってもCtripとさして変わらない価格でホテルを予約できる。しかし、予約できるホテルの軒数や対応している地方都市の数などでは、やはりCtripに分がある。なお、楽天トラベルやJHCでは、台湾・香港や欧米のホテルも予約できる。

[1] http://travel.rakuten.co.jp/
[2] http://www2.jhc.jp/

● 高参網（ネット）
http://www.gaocan.com/train/

中国の鉄道ダイヤの検索機能を提供している。中国の多くの鉄道検索サイトでは直通路線しか検索できないが、高参網は乗り換えにも高速鉄道にも対応しており便利だ。中国の鉄道チケットは発券システムがオンライン化され、全国どこのチケットでも買えるようになっているので、このサイトで路線検索して事前購入するとよいだろう（ただし、身分証明書の提示が義務化されている）。

II-3. 現代中国を知る

◉中国国家観光局　　　　　　　　　http://www.cnta.jp/

　中国国家観光局の日本語サイト。中国の世界遺産や主要観光地の情報を日本語で提供している。大半のコンテンツは電子パンフレットとして提供され、表示に RealRead プラグインを使っているため、Java VM（無料）[3]のインストールが必要となる。ショッピングやレストラン情報には強くない。

[3] http://java.com/ja/download/

◉ Welcome to Taiwan　　　　　　http://jp.taiwan.net.tw/

　台湾交通部観光局が運営するサイトで、日本語で台湾の観光情報を提供している。台湾の基本情報のほか、観光地・イベント・ショッピング・グルメなどについての解説がある。

◉大衆点評 網(ネット)　　　　　　　　　http://www.dianping.com/

　グルメ・娯楽などの口コミ評価サイト。中国各地の都市に対応している。

　基本的なシステムは、会員登録したユーザーが、利用したレストラン・喫茶店・カラオケ・バー・マッサージ店などをオンラインで採点し、それを集計してランクを付けるもので、日本国内のグルメサイトなどと同様のものである。中国のサービス業は店によって当たり外れが大きい上に、見知らぬ都市ではどこにどのような店があるかもよくわからない。大衆点評網を使えば、事前に店の名称や場所・評価を参照できるので、効率的に行動できるし外れのリスクを減らすこともできる。筆者の経験によれば、レストランについては、味が 18 点以上（30 点満点）であればたいてい美味しくいただくことができる。

　この種のサイトに共通する問題として、評価している人の信頼性という点がある。高級な店に行く人には余裕がある食通も多いだろうが、手頃な価格の店ほど評価する人が多くなり、かつグルメとはいえない人が評価している可能性が高くなる。いわゆるステマ[4]の問題も常につきまとう。いかに信用できる情報を見分けるか、ネット時代にはこんなところにまでメディアリテラシー[1]が必要になる。

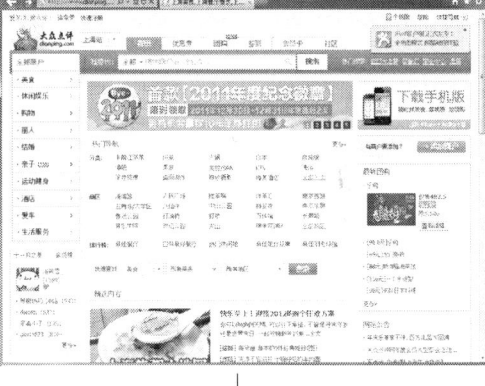

[4] ステルスマーケティングの略。ロボットソフトややらせ書き込みなどで、恣意的に評価サイト・検索エンジンなどのランクを上げること。

[1] p.117 参照。

II-4. 書籍を探す

Webcat と CiNii Books

小島　浩之　Kojima Hiroyuki

　論文やレポートを書く際に、所属大学図書館のOPAC[1]を検索することは多いだろう。その際、手を尽くして探しても必要な本が見つからない場合は、他機関の図書館に頼らざるを得ない。

　この場合、まず検索すべきは、NACSIS[2] Webcat（以下、Webcat）およびCiNii Booksである。両者は国内大学図書館の総合目録[3]であり、日本の大学図書館の蔵書がまとめて検索できる[1]。

　他大学図書館の利用には、相互貸借と直接来館がある。相互貸借では、大学図書館のネットワークを通じ、必要な本やコピーを取り寄せられる。一方の直接来館は、原則として紹介状を必要とする。いずれにせよ、利用前に所属機関の図書館によく相談してほしい。

● NACSIS Webcat　　http://webcat.nii.ac.jp/

　国立情報学研究所（NII）は、公開後14年あまりを経過したWebcatについて、平成25（2013）年3月でサービスを停止すると発表している。本書の刊行時点で、Webcatはまだ有用なサービスなのだが、こういった理由から、詳細は筆者が以前に書いた解説[2]を参照していただくこととし、以降、必要に応じて言及するだけにとどめる。

● CiNii Books　　http://ci.nii.ac.jp/books/

　CiNii Booksは平成23（2011）年に、Webcatの後継として公開された。基本的な使用法は一般のOPACとほぼ同じである。

　CiNii Booksは多言語による検索・表示が可能となっており[3]、漢字で検索する場合、常用漢字・繁体字・簡体字のいずれでも検索結果は同じとなる。具体的には、検索語が「北斉書」・「北齊書」・「北齐书」のどれでも、すべての用例がヒットする。

---

[1] 用語解説参照。

[2] 用語解説参照。

[3] 用語解説参照。

[1] ただし、すべての大学図書館の蔵書が検索できるわけではない。NIIの提供するシステムに参加している図書館（参加館）のみが対象となっていることに注意が必要。また近年では一部の公共図書館や海外研究機関の図書館なども参加している。

[2] 小島浩之著「大学図書館利用者のためのオンライン目録学」（『漢字文献情報処理研究』第2号、好文出版、2001）。http://www.jaet.gr.jp/jj/2.html

[3] Webcatは英語版のみが多言語に対応している。

132

II-4. 書籍を探す

※ CiNii Books 詳細表示画面の見方

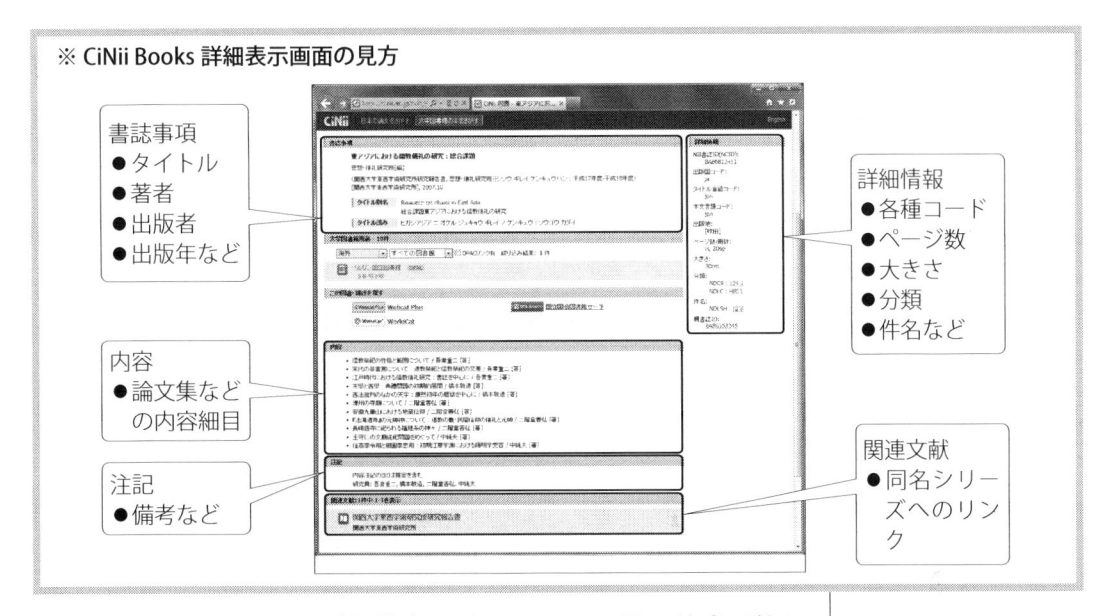

- 書誌事項
  - ●タイトル
  - ●著者
  - ●出版者
  - ●出版年など
- 内容
  - ●論文集などの内容細目
- 注記
  - ●備考など
- 詳細情報
  - ●各種コード
  - ●ページ数
  - ●大きさ
  - ●分類
  - ●件名など
- 関連文献
  - ●同名シリーズへのリンク

　検索画面のなかでも、詳細検索画面はWebcatに比べ検索可能な項目数が多く、情報の絞り込みがしやすい設計になっている。このほか、検索結果表示の上限の撤廃（Webcatは200件まで）、検索結果から当該図書を所蔵する大学図書館OPACへの直接リンクなど、情報の検索と収集のための利便性がこれまで以上に図られている。

　他方、検索結果の詳細表示画面では、書誌表示が上図のように5カ所に分散していて把握しにくい。またWebcatでは検索可能な全国漢籍データベース[4]所収のデータが検索できないなど、今後の改良に期待すべき点もある。

[4] p.140参照。

● Webcat Plus

http://webcatplus.nii.ac.jp/

　Webcat Plusは、次世代Webcatという位置づけで、検索語から関連の深い語句を含む結果を表示する機能［連想検索］を備えている。しかし、連想検索には余計な検索結果が多く含まれ、精度が高いとは言いがたい。また、多言語検索への配慮がなく、簡体字の本は簡体字で検索する必要がある。

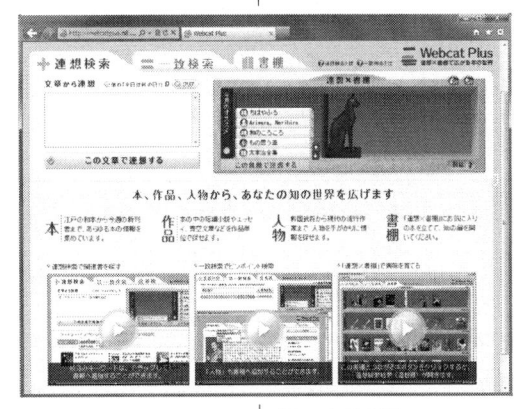

　反面、日本の古本屋[5]・近代デジタルライブラリー[6]・青空文庫[7]などを同時に検索でき、図書の統合検索サイトとしては重宝する。

[5] p.164参照。
[6] p.176参照。
[7] 用語解説参照。

国立国会図書館（NDL）

http://www.ndl.go.jp/

小島　浩之　Kojima Hiroyuki

◉ NDL とは

　大学図書館に必要な本が無かった場合、国立国会図書館（NDL）[1]の利用を考えてみよう。NDL は立法府の議会図書館であると同時に、国民のための国立図書館[2]でもある。つまり、国立図書館＋国会（議会）図書館＝国立国会図書館なのである。

　NDL の利用には登録利用者制度[3]を活用しよう。登録することで入館手続きの短縮、図書の予約・取り寄せなどのサービスが受けられるほか、OPAC[1]経由で複写依頼もできる（複写は有料）。

◉ 国立国会図書館サーチ

http://iss.ndl.go.jp/

　国立国会図書館サーチは、NDL の所蔵検索のポータルサイトで、82 種のデータベース[4]を統合検索できる。NDL-OPAC や、雑誌記事索引[2]、近代デジタルライブラリー[3]など NDL が提供する各種データベースのほか、公共図書館の蔵書やデジタルアーカイブなども検索できる。

◉ NDL-OPAC

　NDL-OPAC は、国立国会図書館サーチの検索結果から移動するか、NDL のトップページの［資料の検索］から［NDL-OPAC（蔵書検索・申込）］を選択することで利用可能となる。

　国立国会図書館サーチの場合、検索ボックス下のメニューから［本］をクリックし、検索対象を図書に限定するとよい[5]。検索後、結果一覧が表示されるので、希望のタイトルをクリックすることで詳細情報が表示される。複写申込は、詳細表示画面右上の［国立国会図書館蔵書（NDL-OPAC）］をクリックし、NDL-OPAC の書誌詳細表示へと移動しなくてはならず、なおかつ登録利用者の手続きを済ませた上で、検索前にログオンしておく必要もある。

　NDL のトップページから移動した場合は、OPAC トップページにたどり着くので、登録利用者としてログオンをした上で、検索画面に移り検索を開始する。登録利用者でない場合は、ゲストログインボタンから検索画面へと進む。この場合は所蔵検索のみ可能で、

---

[1] 国立国会図書館には、東京本館のほか関西館（京都）、国際子ども図書館（東京上野）などがある。アジア関係については、古典籍は東京本館だが、近年の出版物は関西館に所蔵されているので注意しよう。
[2] 国により設置され、国内の出版物を網羅的に収集して全国の総合的な書誌情報や総合目録を作成し、国民に情報提供する図書館のこと。
[3] 制度の詳細や登録方法は http://www.ndl.go.jp/jp/information/guide.html を参照。
[1] 用語解説参照。
[4] 詳細は http://iss.ndl.go.jp/information/target/ 参照。

[2] p.144 参照。
[3] p.176 参照。

[5] 選択しない場合、データベースのすべてを検索するので、書籍以外も検索対象となる。

II-4. 書籍を探す

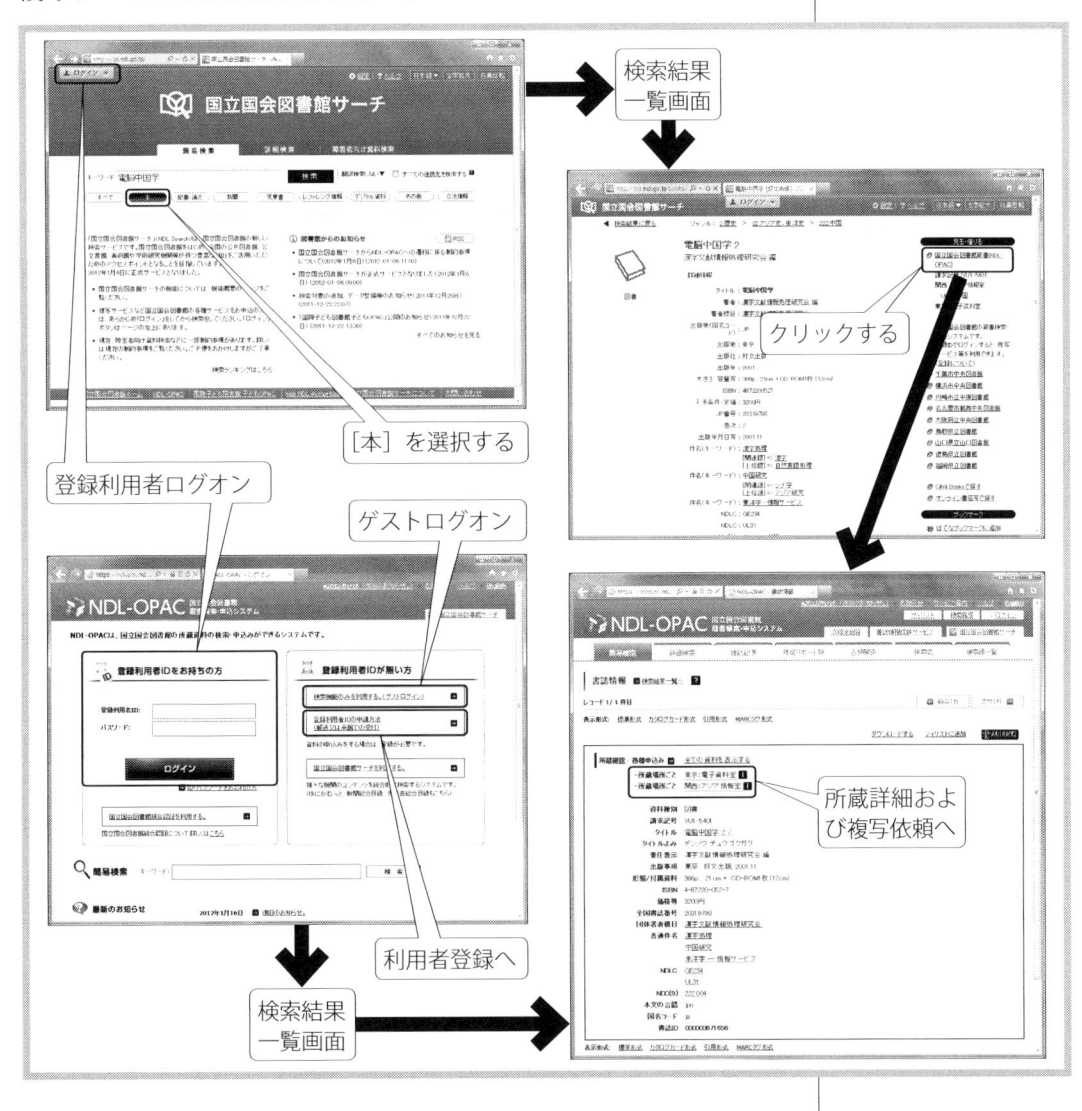

複写サービスなどは受けられない。

●国立国会図書館サーチと NDL-OPAC の使い分け

　国立国会図書館サーチは、幅広く情報を検索するには大変便利である。しかし、詳細な所蔵情報や複写申込など検索以外のサービスは、NDL-OPAC に立ち戻ることになるので、検索対象が絞り込まれているならば、NDL-OPAC に直接アクセスした方がよい。

　また、漢字での検索について、国立国会図書館サーチは簡体字・繁体字・常用漢字を区別して扱う。このため簡体字の本は簡体字でキーワードを入力しなければヒットしない。一方で NDL-OPAC は、キーワードを簡体字・繁体字・常用漢字のどれで入力しても同じ検索結果となる。両者の特性を理解し、効率的に情報を収集しよう。

NBINet と台湾国家図書館

小島　浩之　Kojima Hiroyuki

これまで、国内大学図書館や国立国会図書館、公共図書館の蔵書検索について見てきた。これらを検索しても必要な本が見つからない場合、次は総合目録[1]でなく各機関の個別目録（OPAC[2]・冊子目録・カード目録）などにあたるか、海外の図書館蔵書に目を向ける必要がある。そこでここからは海外のOPACについて見ていこう。

[1] 用語解説参照。
[2] 用語解説参照。

◉全国図書書目資訊網（NBINet）　http://nbinet.ncl.edu.tw/

台湾地区の図書館の総合目録であり、台湾国家図書館や大学図書館など77機関が参加している。NBINet（エヌビーアイネット）とは National Bibliographic Information Network の略称。参加機関の蔵書のほか、［民國1-38年參考書目］（1949年までの中華民国期発行の図書目録）や、［國際標準書號中心新書目録］（台湾でこれから出版される図書の目録）・［港澳地區參考書目］（香港・マカオ地区の出版図書目録）なども検索できる。すなわち、台湾の図書館総合目録であると同時に、中華民国成立以降の繁体字使用地域の出版目録といった側面もある。

検索画面はトップページ上部メニュー内の［書目査詢］（目録検索）から［NBINet 聯合目録］をクリックする。CiNii Books[3]同様に多言語の検索・表示が可能となっており、漢字での検索の場合、繁体字・簡体字・常用漢字のいずれでも検索結果は同じである。

[3] p.132 参照。

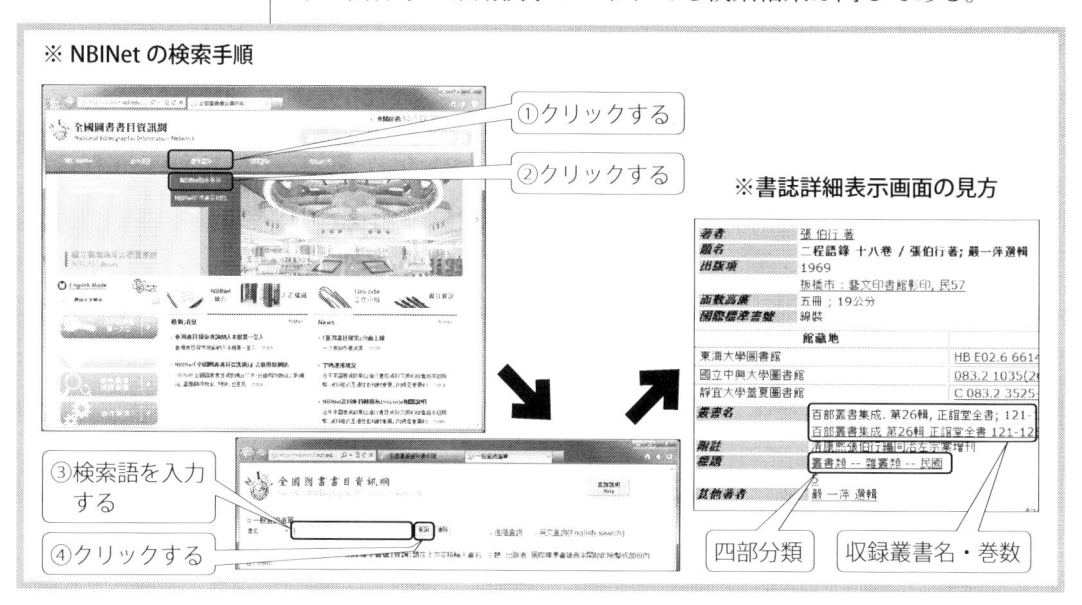

※ NBINet の検索手順

①クリックする
②クリックする
③検索語を入力する
④クリックする

※書誌詳細表示画面の見方

四部分類
収録叢書名・巻数

また特定の叢書（シリーズ）に含まれる漢籍[4]は、目録によってはシリーズ名や分類でしか検索できない場合もある。この点 NBINet は、シリーズに含まれる漢籍ごとに検索でき、書誌詳細表示画面に叢書名や四部分類[5]に基づく分類が明示される。たとえば前ページの図では、『二程語録』が『百部叢書』中の『正誼堂全書』に含まれ、分類が「叢書部・雑叢類・民国之属」[1]だとわかる。このように、国内の各種目録類に戻り再検索するための手掛かりを得られる。

[4] p.151 参照。

[5] p.151 参照。

[1] 前ページの図では「叢書類──雑叢類──民国」となっているが、伝統的な漢籍分類では、分類を最上位から部・類・属の順で表すため、それにしたがって記述した。

●台湾国家図書館（NCL） http://www.ncl.edu.tw/

NCL の目録検索は、個別検索から統合検索までが乱立し内容の重複も多い。利用者サービスの一環ということだろうが、逆に煩雑かつ使い勝手が悪くなってしまっている。

OPAC は、トップページ中央のメニューから［圖書資源］（図書リソース）→［館藏目録査詢系統］（OPAC）を順にクリックして開く。検索は、［査詢字詞］（検索ワード）欄にキーワードを入力して［確定］（検索）ボタンをクリックする。上部のタブメニューか［査詢資料庫］（データベース選択）のプルダウンメニューで、［視聽］（視聴覚資料）、［特藏］（貴重図書）・［期刊］（雑誌）に検索対象を絞り込むこともできる。

館藏目録査詢系統（OPAC）

検索は［簡易査詢］（簡易検索）・［整合査詢］（絞り込み検索）・［進階査詢］（詳細検索）・［指令査詢］（コマンド指定検索）が用意されている。繁体字・簡体字・常用漢字のいずれも使用可能だが、常用漢字は原則として日本語書籍にしか対応しない。

漢籍目録は中央のメニューから同様に［古籍文獻］（古典籍）→［中文古籍書目資料庫］（漢籍目録データベース）と進んでログオンする。これは、中国や欧米・日本の図書館をも含む漢籍総合目録で、繁体字のみ使用可能となっている。

また、国家図書館数位多元資源査詢系統（ISSR=Integrated Search of Selected Resource）も、NCL が提供する各種の Web 目録や、デジタルアーカイブを統合検索でき便利である。

中国国家図書館とCALIS

小島　浩之　Kojima Hiroyuki

◉中国国家図書館（NLC）　　　　　　　http://www.nlc.gov.cn/

中国国家図書館のOPAC[1]は、NLCサイトのトップページ上部中央に検索ボックス［文津捜索］（文字列検索）があるので、キーワードを入力、オプションボタンから［館蔵目録］（蔵書目録）を選択し、［捜索］（検索）をクリックすればよい。蔵書目録のほか、［特色資源］（テーマ別データ）・［電子期刊］（電子ジャーナル）・［电子图书］（電子ブック）・［電子資源］（デジタルリソース）・［站内検索］（サイト内検索）なども選択できる。

OPACの検索トップページへ直接移動したい場合は、上記オプションボタンの［館蔵目録］部分をクリックすると、別ウィンドウ（タブ）でOPACが立ち上がる。

OPAC初期画面は、検索項目の選択と対象書籍の範囲（中国語書籍か外国語書籍か）のみ指定可能な［簡単検索］（簡易検索）となっている。また、画面上部メニューにある［高級検索］（高度な検索）をクリックすることで、対象データの範囲を複数指定できる［多庫検索］（統合検索）や、複数の検索項目の組み合わせが可能な［組合検索］（詳細検索）・［通用命令検索］（コマンド指定検索）を利用できる。なお各検索画面における検索実行ボタンは、検索やSearchではなく［确定］（確定）と表示のあるボタンである。

CiNii Books[2]やNBINet[3]と同様に、多言語による検索・表示が可能となっており、漢字での検索の場合、簡体字・繁体字・常用漢字のいずれでも検索結果は同じとなる。このように日本人にも使いやすい設計となっている反面、回線が不安定で、検索中にフリーズが頻発したり、アクセス不能なときがままあるのが難点である。

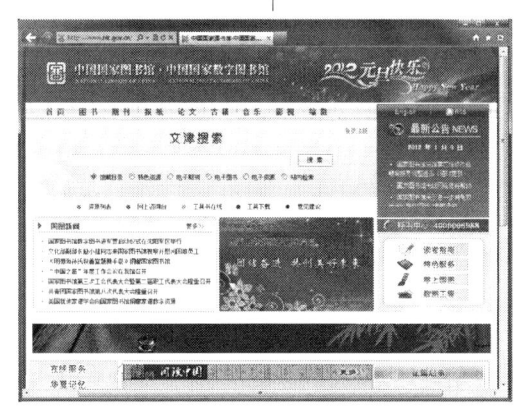

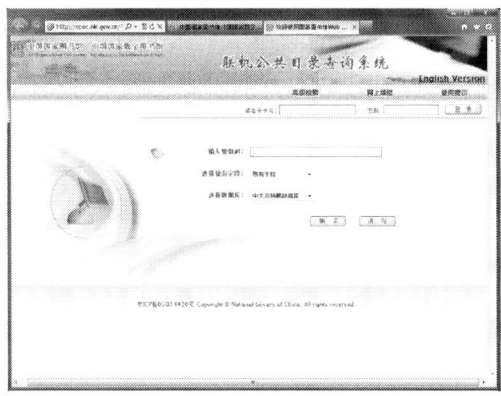

聯機公共目録査詢系統（OPAC）

[1] 用語解説参照。

[2] p.132参照。
[3] p.136参照。

◉複写物の取り寄せ

NLCは、海外からでも、著作権法[4]の許す範囲内で所蔵資料の複写申込を受け付けている。申込システムはOPACと連動していないので、OPACによる初期調査が必要不可欠となる。

申込は、オンライン・電子メール・FAX・郵便のいずれかで、中国語のほか日本語や英語でも手続きできる。詳細については国立国会図書館のリサーチナビ「海外の図書館の複写サービスのご案内：中国国家図書館」[1]を参照してほしい。

[4] p.202 参照。

[1] http://rnavi.ndl.go.jp/asia/entry/asia-copyinfo-chn.php

◉中国高等教育数字図書館（CALIS edu China）キャリス http://www.calis.edu.cn/

CALISとは中国高等教育文献保障系統（China Academic Library & Information System）の略称である。中国における大学図書館のネットワークで、中国国家図書館が中心となっている。日本ならば国立情報学研究所（NII）が運営する大学図書館ネットワークのNACSIS[5]に相当する。

利用感覚は、NIIのWebcatPlus[6]に近く、本の表紙イメージが表示可能となっている点や、検索結果の表示が書誌と所蔵で別ウィンドウとなる点、関連するキーワードが表示される点など、次世代OPACを目指した作りとなっている。また図書だけでなく、雑誌論文や学位論文の検索もできるので、WebcatPlusの機能に雑誌記事索引[7]やJAIRO[8]の機能を追加したような感じという方が適当かもしれない。

以前は図書や雑誌論文でも本文にフリーアクセス可能なものがあったが、現在では登録機関のみが本文にアクセス可能な仕様に変更されている。ただし、学位論文にはPDFで全文が公開されているものもある。

動きも軽やかで中国国家図書館の目録検索に比べて数段使いやすい。簡体字・繁体字・常用漢字のいずれも使用可能だが、常用漢字は原則として日本語書籍の検索にしか対応していない。

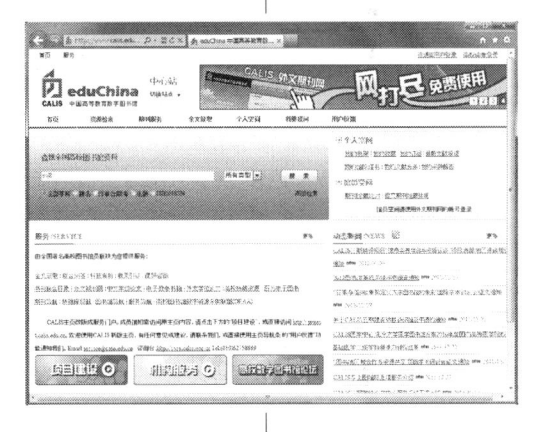

[5] 用語解説参照。
[6] p.133 参照。

[7] p.144 参照。
[8] p.143 参照。

全国漢籍データベース

http://www.kanji.zinbun.kyoto-u.ac.jp/kanseki

小島　浩之　Kojima Hiroyuki

◉概要

全国漢籍データベース（以下、漢籍 DB と省略）は、国内所在漢籍[1]の総合目録[2]データベースである。平成 23（2011）年 12 月現在、70 機関の漢籍目録がこのデータベースを利用して検索できる[1]。

◉検索画面と検索結果の表示

トップページの簡易検索画面は、検索ボックスのみの非常にシンプルな作りになっている。検索ボタンもなく、キーワード入力後に を押すことで検索が始まる。しかし、キーワードを複数にするなど、ある程度対象を絞り込んでおかないと、検索に時間がかかる。

詳細検索画面では、複数の検索項目が用意され、所蔵機関を限定することも可能なので、検索したい対象が決まっている場合は、詳細検索画面からスタートする方がよいだろう。詳細検索画面へは簡易検索画面右端のリンクから移動する。なお詳細検索画面には、簡易なヘルプ［検索のコツ］がある。

図書館の OPAC[3]は 1 つの書誌に複数の所蔵がリンクする形になっている。これに対して漢籍 DB は 1 書誌 1 所蔵の形をとる。このため、ヒット数がかなり多くなる。検索結果は一覧で表示されるが、表示件数の調節機能が無いので、ヒット数が多いと大変見づらくなる。この点からも、やはり最初に条件をある程度絞り込んで検索する方が効率的だろう。

◉典拠情報と四庫提要

一覧の検索結果の書名をクリックすると、所蔵情報が表示されるが、分類番号が明示してあるものや、既刊の漢籍目録のページ数まで示してあるもの、逆に文庫名の表示しかないものなど、機関によって精粗がある。

漢籍 DB を開発・運営する京都大学人文科学研究所では、書誌情

---

[1] p.151 参照。
[2] 用語解説参照。
[1] 全国の主要な図書館や研究機関の大半の目録データが入っているが、早稲田大学図書館や静嘉堂文庫（入力中）の目録はまだ入っていない。また斯道文庫など、冊子目録がそもそも刊行されていない機関もある。

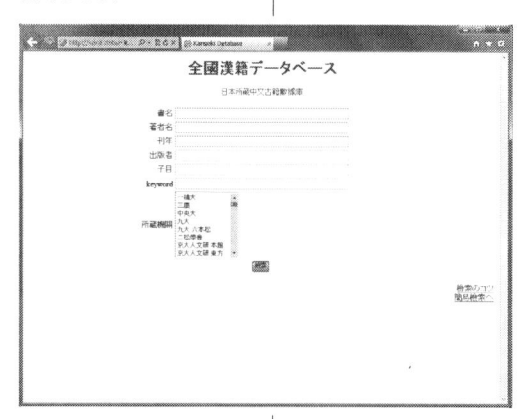

[3] 用語解説参照。

II-4. 書籍を探す

報を増補すべく、一部の所蔵漢籍に対して蔵書印・題字・序跋などに関する情報を調査し、［典拠情報］として追加公開を試みている。また［四庫提要］をクリックすると、書誌学上の参考として『四庫全書総目提要』[2]（1933 年、上海商務印書館排印本[4]）の全文テキストデータを閲覧できる。

◉ Webcat および東方学デジタル図書館とのリンク

京都大学人文科学研究所附属人文情報学研究センター所蔵分 6,517 件については、Webcat[5]でも検索できるようになっている。典拠情報として巻頭の画像などがある場合は、Webcat の書誌上に画像へのリンクもある。ただし、Webcat の後継である CiNii Books[6]では現在この機能は有効になっていない。

他方、京都大学人文科学研究所のデジタルアーカイブである東方学デジタル図書館[3]に画像が公開されている漢籍については、漢籍 DB からもリンクが張られ参照可能になっている。

---

[2] 『四庫全書』(p.198 参照) に収録された文献の目録（総目）およびその解題（提要）をまとめたもの。文献の排列は唐以来の四部分類（p.151 参照）の集大成であり、精密な解題は清朝考証学の精髄である。ただし、内容に誤りを含んでいることもあり利用には注意が必要である。

[4] p.151 参照。
[5] p.132 参照。

[6] p.132 参照。

[3] http://kanji.zinbun.kyoto-u.ac.jp/db-machine/toho/html/top.html

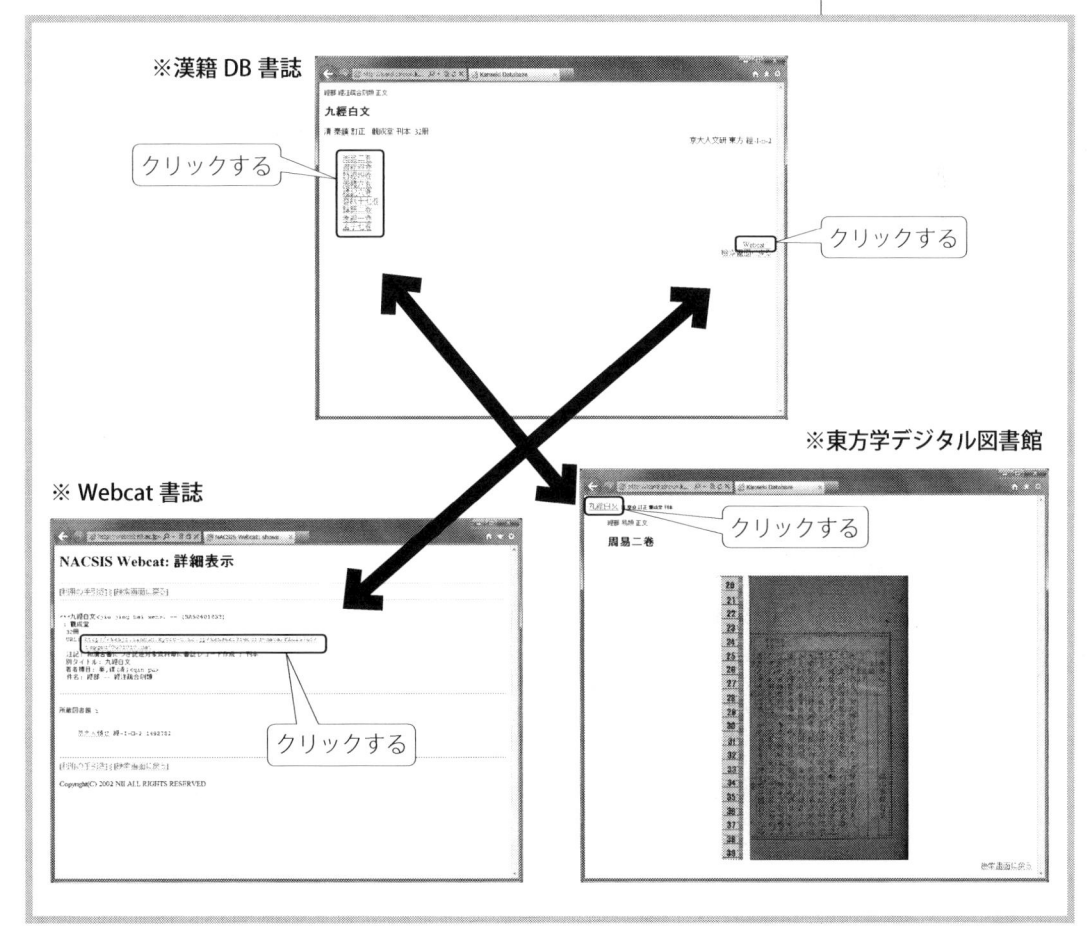

そのほかの OPAC・図書データベース

小島　浩之　Kojima Hiroyuki

[1] 用語解説参照。

　中国学研究に有用な OPAC [1] や図書データベースは多くあるが、紙幅の関係もありそのすべてを紹介できない。また個別目録を紹介しはじめると紙面がいくらあっても足らなくなってしまう。そこで、ここではこれまでに紹介したデータベースとは対象範囲が異なり、主題を限定するなど検索の切り口を変えたもので、かつ総合目録 [2] データベースであるものに限定して紹介する。

[2] 用語解説参照。

●日本古典籍総合目録　　http://base1.nijl.ac.jp/~tkoten/about.html

　国文学研究資料館が提供する国内古典籍の総合目録データベース。『国書総目録』補訂版全9冊（岩波書店、1989-1991）および『古典籍総合目録』3冊（同、1990）、国文学研究資料館所蔵資料の目録をデータベース化したものである。約48万レコードのうち、漢籍も約千レコードが含まれる。寺社仏閣や私設博物館・海外図書館などの漢籍データベース [3] がカバーしていない範囲を含むため、中国学研究にとっても有用である。

[3] p.140 参照。

　ただし、公的機関所有でない資料は、現在では所有権が移っている可能性もあり、また底本である『国書総目録』の情報はまま誤りがあるので、結果を利用するに際しては、該当する機関やコレクションの個別目録で必ず確認した方がよい。

●近現代アジアの中の日本　資料検索　http://webopac.ide.go.jp/webopac3/catsre.do

　アジア経済研究所が提供する旧植民地関係資料の国内所在総合目録データベース。『旧植民地関係機関刊行物総合目録』全5冊（アジア経済研究所、1973-1981）をデータ化し、さらに NACSIS-CAT [4] からデータを抽出の上で補填している。近代デジタルライブラリー [5] などデジタルアーカイブで画像が公開されているものへは、所蔵データからリンクが張られている。

[4] 用語解説参照。

[5] p.176 参照。

II-4. 書籍を探す

○ **WorldCat**　　　　　　　http://www.worldcat.org/

7,600万件以上のデータ量を誇る世界最大の書誌データベース。欧米のアジア関係図書館所蔵の蔵書（古典籍を含む）を調べるのに適している。日本語資料は約140万件、中国語資料は約120万件と、言語別の件数では英語・フランス語・ドイツ語・スペイン語に次いで、第5位と6位を占める。

多言語による検索・表示が可能となっており、漢字での検索の場合、常用漢字・繁体字・簡体字のいずれでも検索結果は同じとなる。

○ **JAIRO**（ジャイロ）　　　　　　　http://jairo.nii.ac.jp/

NIIが提供する日本における学術機関リポジトリの統合検索サイト。JAIROはJapanese Institutional Repositories Onlineの略称である。

機関リポジトリとは、大学や研究機関で生産された知的生産物を電子的に保存するための保存庫であり、保存された情報は、原則無償でインターネットを通じて公開される。一般には当該機関の構成員や関係者による論文や著作、講演資料、講義資料などを公開の対象としている。機関によっては貴重資料や歴史資料をもあわせて公開の対象としている。登録されたコンテンツは機関が責任をもって永年保存し公開することになる。

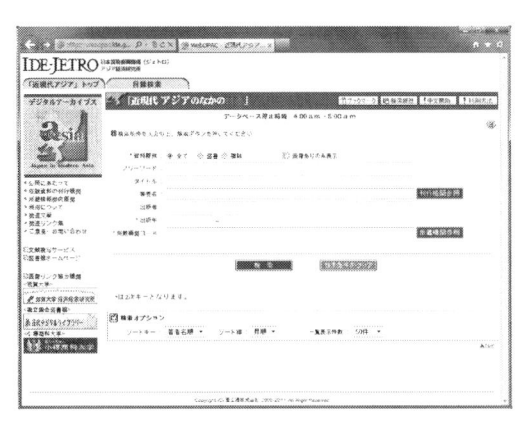

ただし、書籍や商業雑誌掲載論文の場合は、出版契約の関係から、最終稿を掲載するものも多い。これらについて利用する際には必ず紙媒体の原典を確認する必要がある。一方で、紀要掲載論文や学会報告要綱、各種報告書など、これまで入手し難かったものの原本が電子的に即入手できるようになり大変重宝する。

近現代アジアの中の日本　資料検索

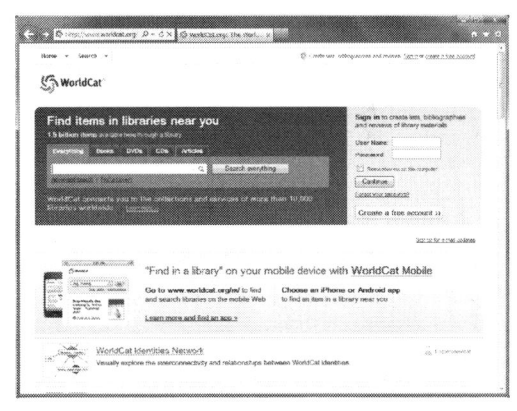

WorldCat

JAIRO

II-5. 論文・雑誌記事の調査

雑誌記事索引と Google Scholar

小島　浩之　Kojima Hiroyuki

ここからは、雑誌等に掲載される論文や記事などの専門情報にアクセスするために必要なツールを順次紹介していこう。

◉国立国会図書館雑誌記事索引

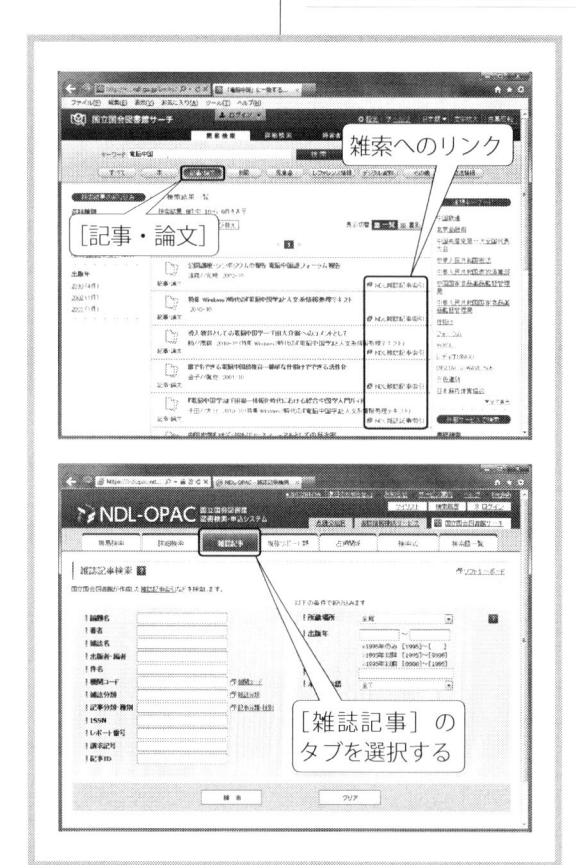

雑誌記事索引は通称「雑索（ざっさく）」と呼ばれ、国立国会図書館が昭和24（1949）年以来作成している国内刊行雑誌の記事内容を検索するためのツールである。雑索という名称は論文検索や雑誌内容検索の代名詞と化しており、「○○関係雑誌記事索引」などと汎用的に使用されている。

雑索へのログオン方法は以下の2つがある。1つは、国立国会図書館サーチ[1]にアクセスし、検索範囲を［記事・論文］に指定して検索する方法。検索結果には雑索へのリンクが表示されている（左上図）。もう1つは、国立国会図書館トップページの［資料の検索］から［NDL-OPAC（蔵書検索・申込）］を選択して、NDL-OPAC[2]にログオンした後、タブメニューから［雑誌記事］を選択する方法（左下図）である。

なお、収録対象雑誌や採録される論文・記事は、国立国会図書館の方針により取捨選択されたものである[1]。特に大学紀要などの非売品の学術雑誌の多くは、最近まで採録対象となっていなかった。このため、不足の部分はCiNii Articles[3]など他のツールで補う必要がある。そのほかの基本的な使用手順やサービス内容、また注意点は書籍検索の場合とほぼ同様なので本書 p.132 を参照のこと。

[1] p.134 参照。
[2] p.134 参照。
[1] 採録基準や採録雑誌の一覧については http://www.ndl.go.jp/jp/data/sakuin/sakuin_index.html を参照。
[3] p.152 参照。

◎そのほかの雑誌記事索引

　国立国会図書館の雑誌記事索引の欠を補う代表的なものとしては、「雑誌記事索引集成データベース」・「Web OYA-bunko（大宅壮一文庫雑誌記事索引）」の2つが知られている。いずれも機関契約を前提とした有償サービスなので、個人で契約・利用することはできない。ただし、多くの大学図書館が契約しており（もしくは冊子体やCD-ROMなどで所蔵している）、一部の公共図書館や国会図書館でも契約しているので、詳細は各図書館に問い合わせてほしい。

　「雑誌記事索引集成データベース」は、国立国会図書館の「雑索」作成開始以前の昭和23年以前について網羅を目指しているものであり、「Web OYA-bunko」は週刊誌などの大衆雑誌、通俗雑誌についての代表的な「雑索」である。いずれも CiNii Articles もカバーしていない領域のため利用価値は高い。

◎Google Scholar　　　　　http://scholar.google.co.jp/

　検索サイト大手の Google が提供する論文・記事の検索サービス。後述する CiNii Articles・J-STAGE[4]・機関リポジトリ[5]なども検索対象としている。ただし、検索結果の表示は書誌事項に特段の配慮はない。Google の Web ページ検索での一覧表示のイメージに近いので、学術論文検索の一覧表示としては少々見づらい。

　中国語で検索ワードを入力する場合も、そのまま中国語入力すればよい。ただし、最初に［Scholar 設定］を開いて、表示言語や検索言語を［中国語（簡体）］もしくは［中国語（繁体）］などで指定しておくこともできる。

[4] p.152 参照。
[5] p.143 参照。

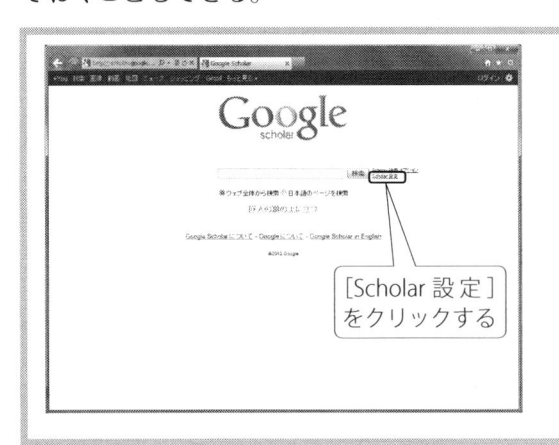

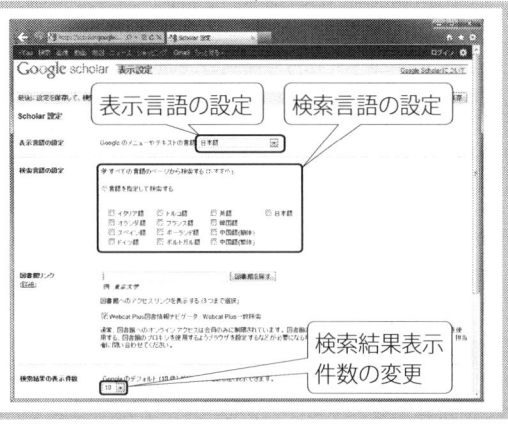

中国学関連の論文データベース

小島　浩之　Kojima Hiroyuki

[1] p.144 参照。

　各種の雑誌記事検索[1]は雑誌掲載論文には威力を発揮するが、論文集や報告書などの非雑誌に収録された論文には非力である。これらも含めた検索には、特定主題の論文を網羅するタイプのデータベースが有用となる。

◉東洋学文献類目検索　　http://ruimoku.zinbun.kyoto-u.ac.jp/ruimoku/

　『東洋学文献類目』（略称として単に類目とも呼ばれる）は、京都大学人文科学研究所[1]で昭和10（1935）年以来発行され続けている東洋学研究文献目録である。国内外の関係書籍・論文が収録され、東洋学の研究者がまず紐解くべき基本工具書の１つである。

　『東洋学文献類目』のデータベースは、第5版（昭和9（1934）年度版から2000年度版までの類目のデータ。試験公開）、第6版（1981年度版から最新版までの類目のデータ）、第7版（2001年版以降の類目データ。試験公開）の３つのバージョンが用意されている。また、昭和9年度版から1980年度版までは、全文の画像が公開されている。

　第7版以外は、原則として漢字での検索の場合、繁体字・簡体字・常用漢字のいずれでも検索結果は同じとなるよう設計されているようである。しかし、実際は字体によって検索結果に若干の差異が生じる。このため検索結果に満足できない場合は、字体を変えて再検索した方がよい。また、このデータは、原則として京都大学人文科学研究所で所蔵する図書・雑誌に収録範囲が限定されている点に注意しなければならない[2]。

[1] 初号発行当時は東方文化学院京都研究所。

[2] 詳細な使用法については山田崇仁による解説ページ（http://www.shuiren.org/chuden/toyoshi/syoseki/china3.htm）参照。

◉学術研究データベース・リポジトリ　　http://dbr.nii.ac.jp/

　国立情報学研究所が提供するサービスで、国内の学会、研究者、図書館等により作成された学術的なデータベースを公開している。中国学研究およびその周辺分野においては、「経済学文献索引データベース」・「日本漢文文献目録データベース」・「中央アジア研究文

II-5. 論文・雑誌記事の調査

献目録」・「社会学文献情報データベース」・「東南アジア関係文献目録データベース」・「地理学文献データベース」などが有用であろう。ただし、すでに完結し更新やメンテナンスが終了しているデータベースもあるので注意が必要である。

● JETRO アジア経済研究所図書館 OPAC http://webopac.ide.go.jp/webopac/catsrd.do

[2] 用語解説参照。

アジア経済研究所図書館の OPAC [2] は、アジア経済に関する雑誌記事索引としても利用できる。OPAC 検索画面上部［資料種別］覧の［雑誌記事索引］のチェックボックスにチェックを入れて使用する。

日本語は昭和 57（1982）年以降、欧米諸語は昭和 61（1986）年以降、インドネシア語は昭和 61 年以降、中国語、ハングル、アラビア語は平成 14（2002）年以降の雑誌記事や雑誌掲載論文が収録されている。

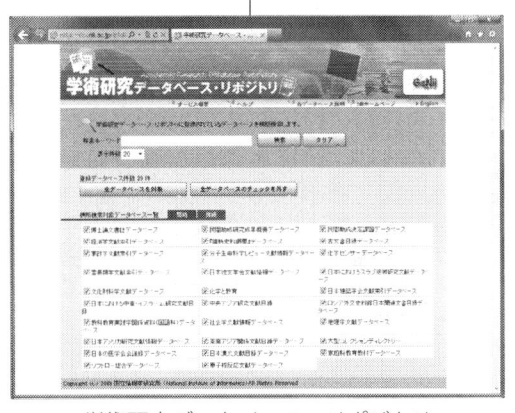

学術研究データベース・リポジトリ

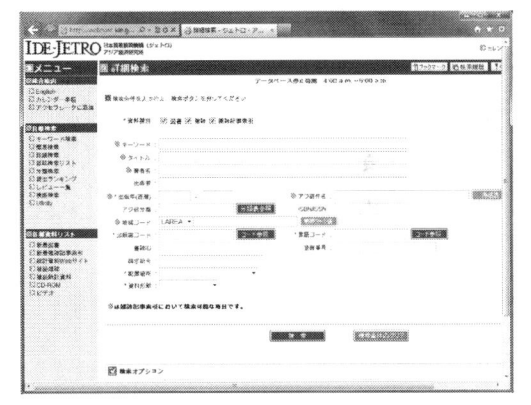

● 中国文献データベース http://www.spc.jst.go.jp/database/

科学技術振興機構（JST）が提供するサービス。中国国内で発行される主要科学技術誌 780 誌の記事内容を検索できる。

提供されるデータの中心は科学技術や医薬関係となっている。ただし今後、人文・社会科学系の資料、なかでも中国国内で発行される社会経済の雑誌やレポート類、中国関連記事の多い日本および中国以外の海外で発行される雑誌記事などのデータ集成にも力を入れるとのことである。

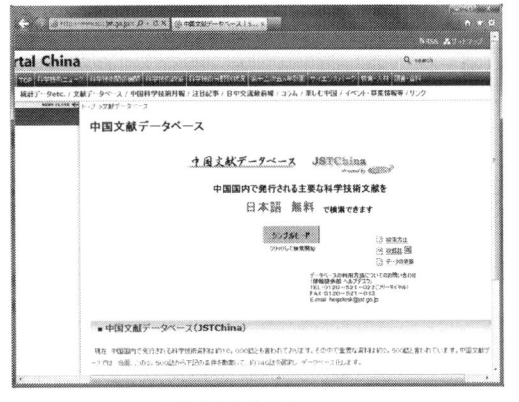

JETRO アジア経済研究所図書館 OPAC

中国文献データベース

147

専門論文データベース

師　茂樹　Moro Shigeki　山田　崇仁　Yamada Takahito

近年、大規模かつ網羅的な学術論文データベースの発展がめざましいとはいえ、未収録雑誌があったり、論文の遡及入力が不完全であったりするなど、まだまだ完全とはいいがたい。このため、専門分野に特化した論文データベースがある場合は、それらを参照することも必要になる。

◉出土資料関連論文投稿サイト

昨今、新出資料が増加の一途をたどっている出土文字資料を用いるのが、歴史学や文字学などの古い時代を対象とする研究ではあたり前になってきた。またこの分野に特徴的なのが、いくつかの研究の中心となっている大学がWebサイトを開設し、オンラインで論文等の投稿を受け付けている点である。

[1] http://www.bsm.org.cn/
[2] http://www.jianbo.org/
[3] http://www.confucius2000.com/admin/lanmu2/jianbo.htm
[4] http://www.gwz.fudan.edu.cn/

簡帛網

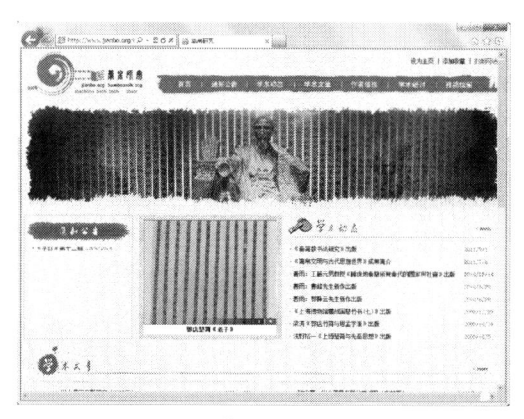

簡帛研究

たとえば、武漢大学簡帛研究中心が運営する簡帛網[1]は、湖北省地域から出土する戦国～前漢初期の出土文字資料を対象としたポータルサイトだが、［簡帛文庫］のカテゴリに、署名付きのものや匿名のものなど、さまざまな投稿文章が収録されている。

投稿された文章は、文字の解釈や箚記など論文とするには短いものや速報性を重視したものが多いが、十分に学術的な内容を持つものが大半で、いまや当該分野研究の先行研究調査において、後述のサイトとともに参照すべき情報源となっている。

山東大学文史哲研究院が運営する簡帛研究[2]も簡帛網と同様のサイトで、やはり投稿学術文章を掲載している。このほか、『清華大学蔵戦国竹簡』について、報告書刊行にさきがけて関係者による情報が清華大学簡帛研究[3]や復旦大学出土文献与古文字研究中心[4]のサイトに掲載されているように、まず最初

にネットに情報を発表することも珍しくなくなりつつある。

このように出土文字資料の分野では、ネットが学術情報の発信の場として完全に定着している。特に出土物の報告書発行直後には多くの文章が投稿されるので、チェックをかかさないようにしたい。

中国の新出土資料については、このほか中国文物信息網[5]や地方紙のサイトに新発見の情報が掲載されることもあるので、それらのサイトのチェックも忘れないようにしたい。

[5] http://www.ccrnews.com.cn/

◎漢学研究中心（センター） http://ccs.ncl.edu.tw/

台湾国家図書館漢学研究中心は、「国際漢学博士論文摘要」・「両漢諸子研究論著目録」・「経学研究論著目録」・「敦煌学研究論著目録」・「外文期刊漢学論著目次」・「魏晋玄学研究論著目録」・「漢学中心出版品全文資料庫」などのさまざまな論文・書籍目録データベースを提供している。トップページから［専題資料庫］→［跨資料庫検索］と進むとデータベースの一括検索画面が開く。

ジャンル別のデータベースはいずれも清末・民国初年から最近までの論文データを収録しており、日本や欧米の関連論著を一部登録しているものもある。コードセパレート文字[1]には台湾系の字体が使われているため、検索語は繁体字IMEで入力した方がよい。

[1] p.95 参照。

◎中国近現代文学関係雑誌記事データベース http://www.ioc.u-tokyo.ac.jp/~ozaki/

東京大学東洋文化研究所の尾崎文昭氏によるデータベース。中国近現代文学研究関係の主要雑誌に掲載された論文・記事の書誌情報を検索できる。同サイトの説明によれば、収録雑誌は全18誌で、今後追加を計画しているとのこと。

検索語は、簡体字中国語、もしくは中国語のピンインを声調符号なしのアルファベット小文字（たとえば［毛沢東］もしくは［mao␣ze␣dong］と入力する。アルファベットの場合、漢字1字分の綴りの間にスペースを入れる）で入力する。

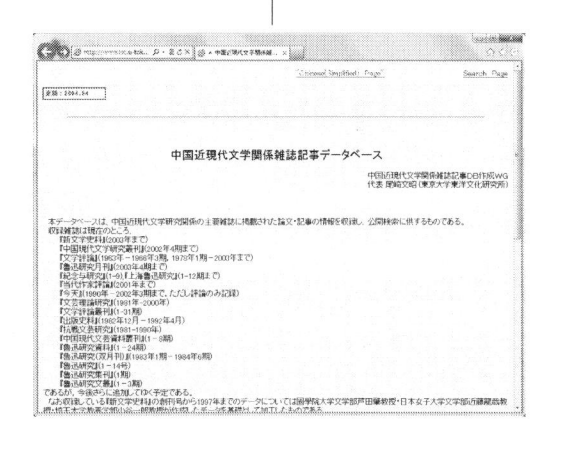

ヒット数が千件を超えると検索結果が表示されなくなるので、複数検索語を指定するなどして絞りこまなくてはならない。中国のGB 2312 コードで作られており、同コードに収録されない文字については「□」もしくはほかの通用する字体に改められている。

◉近百年日本学者考証中国法制史論文著作目録　http://www.terada.law.kyoto-u.ac.jp/bib/

京都大学の寺田浩明氏が「日本学者考証中国法制史重要成果選訳」第四巻（楊一凡主編『中国法制史考証』丙編所収、中国社会科学出版社、2003）のために作成した文献目録の電子版である（文字コードは EUC-JP）。収録項目数は約3千。氏の言によれば、戦前部分についてはおそらく唯一の専門目録ではないかとのこと。

目録は時代で分類された一覧になっているが、キーワードを指定した検索も可能。データは常用漢字で入力されており、「學」・「爲」などの旧字体を入力しても「学」・「為」などの新字体に変換して検索される。

ほかの法制史を対象とした文献目録としては法制史学会の［法制史文献目録（1980～）］があり、あわせて利用すべきである（検索機能付き。ただし異体字同一視機能は実装されていない）。

寺田氏の Web サイトでは、以上のほか、『大清律例』の注釈書である清薛允升撰『読例存疑』の電子テキスト（検索機能付き）が提供されている。

◉インド学仏教学論文データベース（INBUDS）　http://www.inbuds.net/

インド学仏教学論文データベース（INBUDS）は、日本印度学仏教学会が 1980 年代から構築している、その名のとおりインド学・仏教学に関する論文の書誌データベースである。

最近は CiNii Articles [2] などの普及によって、雑誌論文の検索が容易になり、一部の論文についてはオンラインで読めるようになっている。その意味では、INBUDS のメリットは以前より小さくなってきている。しかし、INBUDS には、以下にあげるような CiNii にない特徴があるため、仏教などについて調べる場合には利用しなければならないデータベースである。

[2] p.152 参照。

II-5. 論文・雑誌記事の調査

- 雑誌だけでなく、論文集といった書籍などからも論文データを採録している。
- 独自に採録されたキーワードで検索することができる。
- SAT [3] など、他の仏教学関連データベースと連動している。

検索は、画面上部の［入力欄］の検索ボックスに検索語を入力して［検索］ボタンをクリックする、という単純なものであるが、仏教学では、漢文をはじめ、サンスクリット・チベット語など、さまざまな言語を使用することから、検索に際しては文字入力について特にさまざまな工夫がなされている。漢字の常用漢字体・旧字体などについては自動的に検索してくれるし、サンスクリットなどに使われるダイアクリティカルマーク付きのアルファベットを使用したい場合は、テキストボックス横の［D］をクリックすることで入力支援のパネルが開く。

検索方法の詳細は［検索方法］を参照のこと。

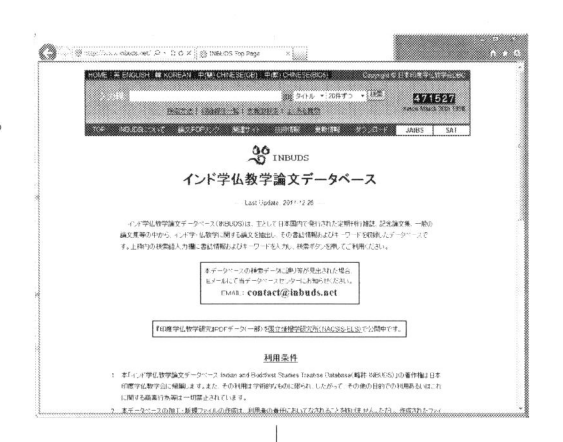

[3] p.196 参照。

COLUMN

書誌学用語

ここでは、本書で頻出する版本や分類の用語に関する基礎知識を簡単に述べよう。

まず漢籍とは本来「中国の本」という広い意味なのだが、一般には、民国以前の非洋装本というイメージが定着している。そこで本書では漢籍≒古典籍というニュアンスで用いている。また中国の本は、その記録方法や形態により様々な呼称がある。記録方法からは、版本＝刊本（木版印刷）・鈔本（写本）・排印本（近代活字印刷）・鉛印本（鉛活字印刷）・影印本（写真からの複製印刷）・拓本（石碑などに紙を押しつけ文様や文字などを写し取る技法）・油印本（謄写印刷）などが、形態からは巻子本（巻物）・線装本（袋綴本）・零本（端本）などがある。

このほか、素性・内容が良い本のことを善本といい、転じて貴重書の意味でも用いられる。また古典籍を校訂して句読点を付した活字本を標点本や点校本と呼ぶ。

漢籍の分類には四部分類を用いる。経部（経書）・史部（歴史）・子部（雑著）・集部（文集）の４つを基軸に展開する分類法で、唐代からの歴史がある。 　　　（小島）

CiNii Articles

http://ci.nii.ac.jp/

小島　浩之　Kojima Hiroyuki

　これまでに紹介した論文検索は、研究論文の検索と所蔵確認のための情報収集手段であった。これに対し、論文の本文を電子化した電子ジャーナル[1]は、情報収集と同時に本文まで入手できる優れものである。ここでは、フリーアクセス可能な電子ジャーナルを統合検索できる CiNii Articles を紹介しよう。

1 用語解説参照。

● CiNii Articles とは

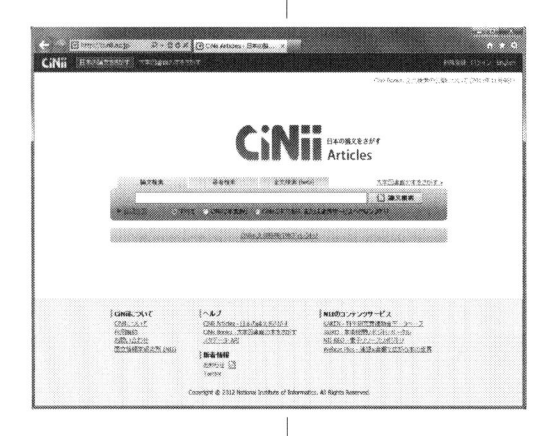

　CiNii Articles は日本の学術研究論文の検索機能に、電子ジャーナルの機能を付加したサービスである。国立情報学研究所（NII）による学協会刊行物や大学研究紀要の論文データベースのほか、雑誌記事索引[2]など 8 種類のデータベース約 1,500 万件のデータが検索でき、370 万件の論文が PDF で公開されている。NII に本文未収録のものでも J-STAGE[1]など他の電子ジャーナルサイトや、機関リポジトリ[3]などに本文があれば誘導してくれる。このように日本の雑誌論文に関しては内容検索、本文閲覧ともに CiNii Articles にアクセスすれば、ほとんどの場合事足りてしまうだろう。

2 p.144 参照。
[1] 科学技術振興機構（JST）が主導する科学技術系の電子ジャーナルデータベース。http://www.jst.go.jp/index.html
3 p.143 参照。

[2] 基本検索［論文検索］の、著者に特化した［著者検索］が正式サービスとなっているほか、試行段階の［全文検索］もあるが、ここでは割愛する。

● 検索方法と本文の公開範囲

　検索方法は一般的なデータベースと同様で、キーワード入力→検索→一覧結果表示→詳細表示の順に進む[2]。

　詳細表示画面では、論文の書誌事項や掲載誌の情報のほか、キーワード・抄録などが表示される。本文は無償公開のものと、有償公開のものがある。所属大学で定額契約を結んでいれば公開の範囲が広がるので、詳細は所属大学の図書館等に問い合わせてほしい。

● 電子ジャーナル本文へのアクセス

　詳細表示画面から本文へのアクセスは［この論文を読む／探す］覧からスタートする。ここには本文アクセスのアイコンと、大学図

II-5. 論文・雑誌記事の調査

書館・国立国会図書館（NDL）の所蔵検索のためのアイコンが表示される。［オープンアクセス］・［CiNii Link］・［機関リポジトリ］と表示されていれば、無償公開の論文であり、アイコンをクリックすることで本文を閲覧できる。また［プレビュー］覧に表示されている本文サムネイルをクリックしてもよい。それ以外のアイコンの場合は、利用者の資格により有償か無償かが決まる。

なお、一覧表示でも同様のアイコンが表示されるので（右図参照）、一覧表示から直接本文を開くこともできる。

※詳細表示画面の構成
- 論文書誌事項
- ［この論文を読む／探す］論文本文へのリンク・所蔵検索へのリンク
- 論文のサムネイル
- 論文の抄録
- 論文掲載雑誌書誌事項

※一覧表示画面の本文リンク
- 契約した機関については無料
- ほかの電子ジャーナルサイトへの本文リンク（有料 or 無料）
- フリーアクセス可

◉所蔵検索とその留意点

本文が電子化されていない場合や、電子化されていてもアクセスする権限が無い場合は、所蔵検索用のアイコンをクリックすることで、大学図書館やNDLの所蔵情報を検索できる。ただし、この検索は［各種コード］欄記載のNIIやNDLの内部コードをキーとした検索なので、タイトルや著者名からの検索とは結果が異なる場合がある。同じように所蔵検索用のアイコンが表示されない場合も、内部コードに合致しないだけで、必ずしも所蔵が皆無ということではない。

所蔵検索用アイコンからの検索は参考程度に考え、結果に納得いかない場合や、所蔵検索用アイコンが表示されていないような場合は、大学図書館や国立国会図書館のOPAC[4]・CiNii Books[5]などで改めて所蔵検索すべきである。

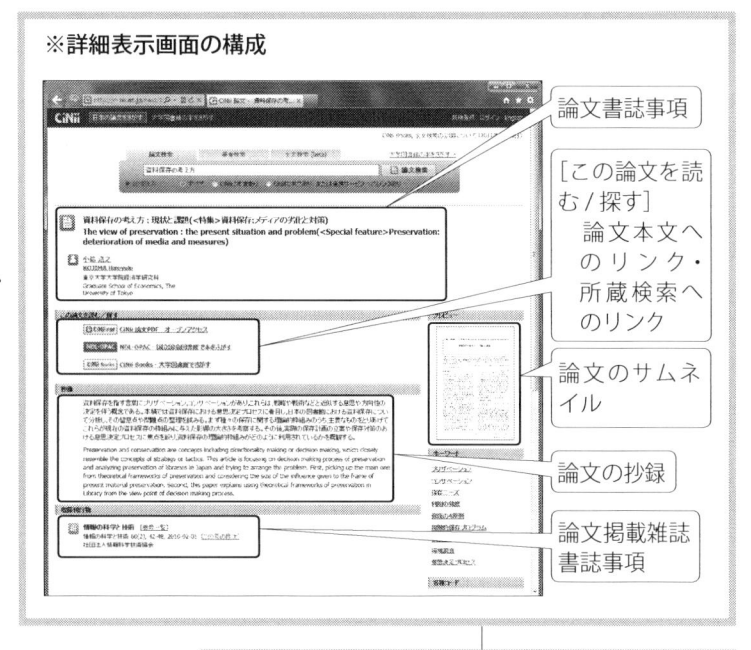

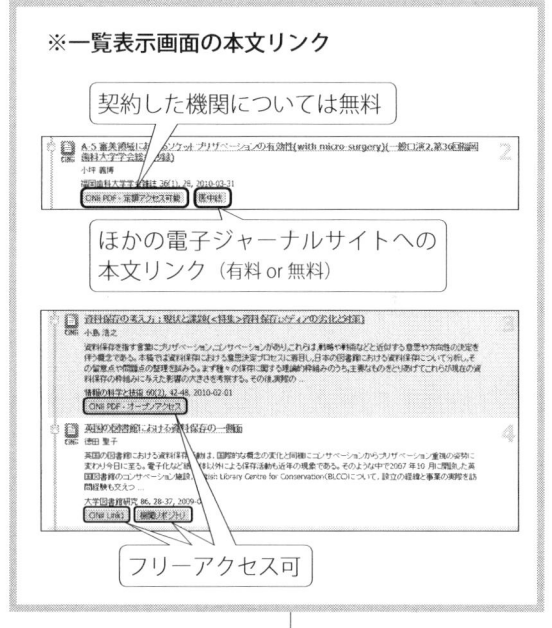

[4] 用語解説参照。
[5] p.132参照。

CNKI

http://gb.oversea.cnki.net/

小島　浩之　Kojima Hiroyuki

◉ CNKI とは

　ここでは、中国における有償電子ジャーナルの代表としてＣＮＫＩ（China National Knowledge Infrastructure、中国知網）を取り上げる。

　CNKI は雑誌、新聞などの逐次刊行物および学術論文・会議論文などを電子的に提供するプラットフォーム[1]の総称で、日本では、2003 年から東方書店[2]が総代理店となり提供している[1]。

　CNKI はプリペイドカード方式（CNKI カード）による個人利用が可能で、安価で手軽に利用できるメリットがある。また国内の書店による万全のケアーにより、初心者でも安心して使用できる。

　なお、データの検索はフリーとなっているので、中国版の雑誌記事索引としても利用価値がある。ただし、中国政府にとって政治的に都合の悪い論文など、一部の論文について本文非表示や削除等の措置がとられているので注意が必要だ。

◉ 収録内容

　国内で利用できるコンテンツは、①中国学術雑誌（CAJ）、②中国重要新聞（CCND）、③中国博士・修士学位論文（CDMD）、④中国重要会議論文（CPCD）、⑤特選雑誌バックナンバーアーカイブ（CJP）の 5 種が基本となる。このほかのコンテンツは個別購入・契約の方式をとっているため、CNKI カードによる利用はできない[2]。

◉ 利用方法

　CNKI の利用には、機関契約と個人利用がある。前者は団体が個別に契約を結ぶもので、団体内の端末に限って利用できる。後者は CNKI カードを購入しポイント制で利用するものである。カードは、1 ポイントあたり 341 円の計算で、20P・40P・80P・200P[3]の 4 種類がある。閲覧・ダウンロードでは 1 ページにつき、CAJ・CCND・CPCD で 0.4p、CDMD で 0.12p がそれぞれ差し引かれる。

◉ 利用手順

　機関契約の場合は図書館などの指示にしたがってログオンする。

CNKI カード

[1] 用語解説参照。
[2] p.166 参照。
[1] ここでは東方書店経由の海外利用向けサーバにより提供されるサービスについて解説する。なお、中国国内向け CNKI サイトの URL は、http://www.cnki.net/ である。

[2] 大学で契約を結んでいれば利用できるので、詳細は所属大学の図書館に確認すること。

[3] 200P のカードはボーナスが 20P 付加されている。

II-5. 論文・雑誌記事の調査

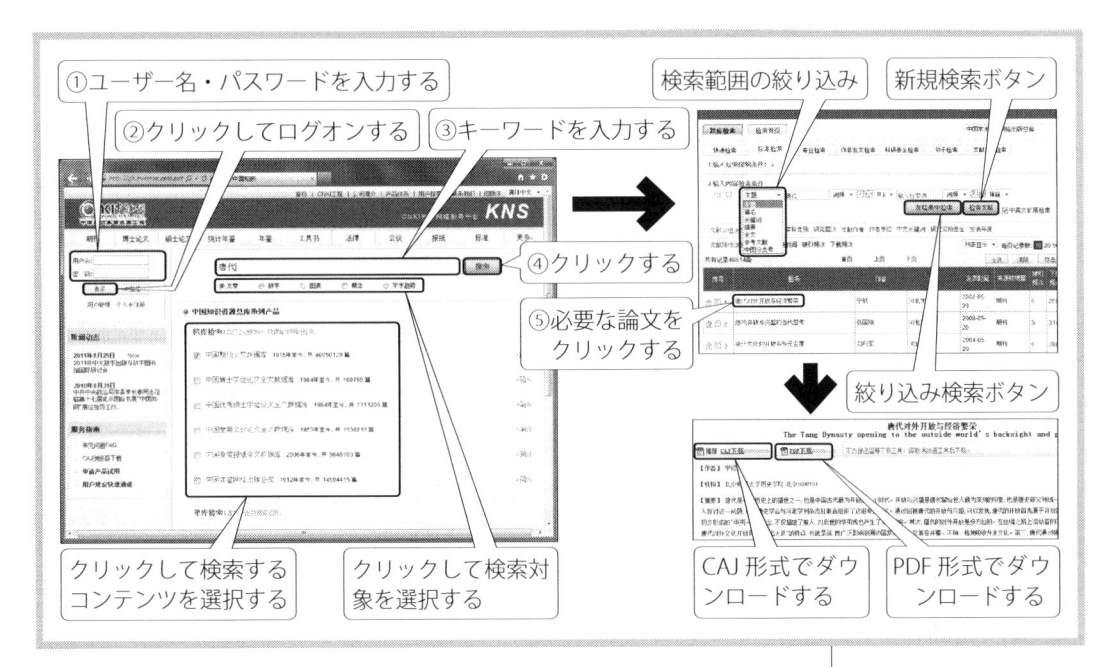

①ユーザー名・パスワードを入力する
②クリックしてログオンする
③キーワードを入力する
④クリックする
⑤必要な論文をクリックする
検索範囲の絞り込み
新規検索ボタン
絞り込み検索ボタン
クリックして検索するコンテンツを選択する
クリックして検索対象を選択する
CAJ形式でダウンロードする
PDF形式でダウンロードする

CNKIカードによる個人利用の場合は、［用户名］（ユーザー名）と［密码］（パスワード）を入力の上［登录］（ログオン）をクリックすることでログオンできる[4]。

検索したいコンテンツ（たとえばCAJ）にチェックを入れ、簡体字で検索キーワードを入力し、［搜索］（検索）ボタンをクリックすると標準検索画面のページに移り、検索結果一覧が表示される。検索ボックスの下部のオプションボタンでは、［数字］（数値データ）や［图表］（図版や表）など検索対象を絞り込むこともできる。

結果一覧のページには検索ボタンが2種類用意されており、［在結果中検索］は現在表示されている結果の範囲内の絞り込み検索、［検索文献］は新規検索なので、操作をまちがえないようにしたい。また検索の範囲を［主題］・［篇名］（タイトル）・［关键词］（キーワード）・［摘要］（抄録）・［全文］・［参考文献］・［中图分类号］（分類）で設定できる。初期値が主題となっているので注意されたい。

結果一覧中のタイトルをクリックすると、別ウィンドウ（タブ）が立ち上がり、詳細画面が表示される。書誌事項や内容を確認の上で、［下载］（ダウンロード）をクリックすれば、本文をCAJ[5]もしくはPDFの形式でダウンロードできる。ファイル名が簡体字のままであるとダウンロード後に文字化けしてファイルを開けないので、ダウンロード時にファイル名をアルファベットもしくは日本語に変更しておくとよい。

[4] カード購入後、最初のアクセス時にユーザー登録が必要となるが、これはカード購入時の指示に従われたい。

[5] CNKI独自のファイル形式、東方書店のサイトから閲覧用ソフトをダウンロードできる。

台湾国家図書館　　　http://www.ncl.edu.tw/

佐藤　仁史　Sato Yoshifumi

台湾国家図書館は中華民国教育部によって運営されている図書館であり、一般の利用者に対するサービスのほか、学術研究の基盤としての機能も果たしている。学術研究情報はトップページ右上から専門ページに飛ぶようになっているが、そのなかで論文・雑誌記事の検索に関わるのは以下のデータベースである。

●台湾期刊論文索引系統　　http://readopac.ncl.edu.tw/nclJournal/

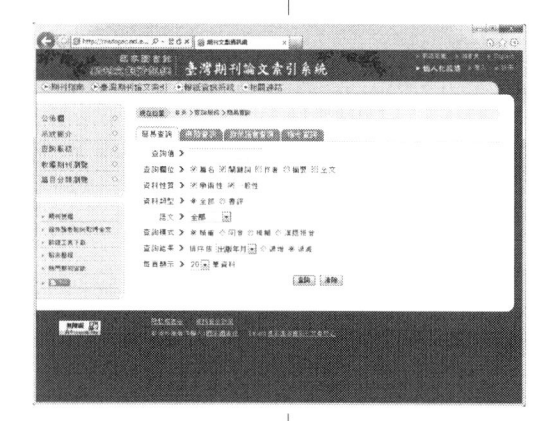

台湾の定期刊行物に掲載された学術論文情報を集積したデータベースである。1970年に刊行された紙媒体の『中華民国期刊論文索引』をデータベース化したもので、1970年以降に台湾で刊行された学術誌、及び香港・マカオで刊行された定期刊行物4,800種に掲載された、220万件にも及ぶ学術論文の情報が集められている[1]。1970年以前の定期刊行物についても遡及入力が行われているという。日本のCiNii Articles[1]にあたるデータベースであると考えてよい。ヒットした論文の著者の博士論文や修士論文、そのほかの関連論文にリンクが張られているのは便利である。

[1] 類似したデータベースに全國期刊數據庫（http://218.1.116.100/shlib_tsdc/index.do）がある。ここでは、近現代の定期刊行物の記事を検索することもできる。本文を入手するには登録と記事毎の購入が必要である。
[1] p.152参照。

●中華民国出版期刊指南系統　　http://readopac.ncl.edu.tw/nclJournal/guide.htm

台湾で発行された定期刊行物・新聞・公報を中心に、香港・マカオの学術雑誌、及び1945年以前に中国本土で出版された定期刊行物や新聞に関する情報をまとめたデータベースである。上述の台湾期刊論文索引系統でヒットした論文・記事が掲載された媒体の性質や出版状況、さらには雑誌の所蔵状況を知ることができるのが嬉しい。

◉台湾文史哲論文集篇目索引系統　http://memory.ncl.edu.tw/tm_sd/index.jsp

1945年から2005年上半期までに台湾で刊行された文学・史学・哲学ジャンルの論文集に収録された論文の目録データベース。学術雑誌3,300誌あまり、6万本にも及ぶ掲載論文の書誌情報を得ることができる。前述「中華民国出版期刊指南系統」に収録されていない論文が多くヒットする。

◉全国博碩士論文摘要検索系統　http://ndltd.ncl.edu.tw/

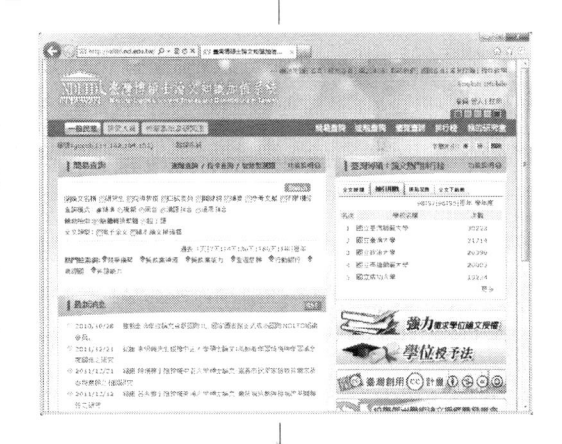

台湾における修士・博士論文の書誌データベースで、「台湾博碩士論文知識加値系統」という名称も使われている。論文全文の電子データを公開しているものが211,418件、紙媒体のものをスキャナで取り込み、図書館内のみで閲覧が可能なものが16,246件、要旨のみを公開したものが679,262件、それぞれ収録されている。電子データを閲覧するにはユーザー登録をする必要がある。

全文データが見られない論文についても、内容にばらつきがあるものの、一般的な書誌情報以外に摘要や目次・参考文献目録が付されており、関連情報を集める際にきわめて便利である。博士論文はもとより、修士論文のなかにも数多くの創造的・開拓的な仕事が含まれているので、そのような情報を海外からでも簡単に把握できることの意義は大きい。

◉台湾郷土書目資料庫　http://localdoc.ncl.edu.tw/

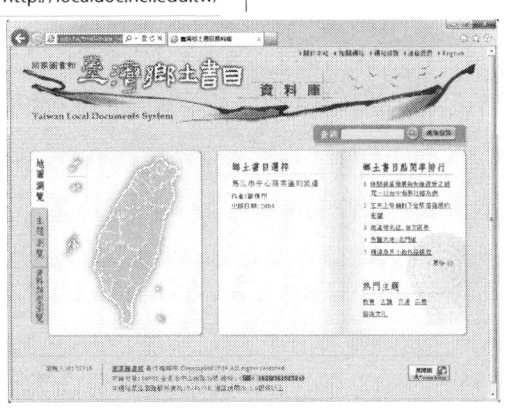

台湾研究の分野に限定されるが、本データベースを通じて台湾の319郷鎮の郷土研究に関する定期刊行物の記事や学術論文・学位論文の書誌情報を得ることができる。関連分野の研究に有用である。

龍源期刊網

http://www.qikan.com.cn/

千田　大介　Chida Daisuke

◎オンラインで中国雑誌を読む

龍源で雑誌を閲覧する

龍源［原貌版］で雑誌を閲覧する

　龍源期刊網(ドラゴンソース)は、中国の雑誌のオンライン購読サービスを提供するサイトである。歴史は古く、1997年に海外向けの雑誌購読サービスとしてスタートしている。約3千誌もの雑誌が収録されており、最新号・バックナンバーを問わず閲覧できる。収録雑誌はいずれも龍源を運営する北京龍源網通電子商務公司が出版社と契約を交わしてライセンス料を支払っており、法律上の問題はクリアされている。

　収録雑誌には学術雑誌や大学紀要なども含まれているが、圧倒的多数は一般誌であり、ニュース・ビジネス・文芸・教養からファッション・スポーツ・娯楽・漫画まで、ありとあらゆるジャンルが網羅されている。このため学術論文の調査だけでなく、チャイナウォッチや現代中国の社会・文化研究のための一次資料調査にも使えるし、また単なる中国雑誌の閲覧サービスとしても便利である。

　収録雑誌の多さとともに特筆されるのが、データ提供の方式である。龍源では雑誌記事をすべてテキストデータ化して提供している。このため、雑誌記事の全文検索ができるし、必要部分を手軽にコピー＆ペーストすることもできる。なお、龍源の検索には簡体字・繁体字・異体字などの同一視検索機能がないので、ユーザー側で字体をいろいろと変えて検索する必要がある。

　一方、雑誌や新聞の場合は見出しの大きさや記事の配置・順序といったレイアウトも重要な情報になるが、龍源では［原貌版］（オ

II-5. 論文・雑誌記事の調査

リジナルイメージ版）が用意されており、印刷されたイメージどおりに広告なども含めて閲覧することができる。

●ユーザー登録と契約タイプ

　龍源は有償のサービスであるため、ユーザー登録していない状態では雑誌記事の一部分を試し読みすることしかできない。大学や機関であれば、龍源の日本代理であるビープラッツ社[1]を通じてライセンス契約を結ぶことができる。北米の多くの大学が龍源と契約を結んでいるのに比べて、我が国での普及があまり進んでいないのは残念だ。

　個人の場合は執筆時点で同社から対応サービスが提供されていないので、龍源のWebサイトでユーザー登録することになる。ユーザー登録は、ページ右上の［注冊］から行う。期間内読み放題の契約が1年の場合で299元、このほか雑誌記事ごとに閲覧代金を支払う従量課金ユーザー（充値用戸）も選択できる。使用料はオンラインで支払うことができ、日本国内からであれば、PayPal[1]によるクレジットカード決済が便利であろう。

　中国の雑誌を国内で定期購読する場合、毎号航空便による取り寄せとなり、週刊誌であれば年間10万円を下らない値段になる。それが龍源では1年間6,000円前後で3,000種もの雑誌を、最新号からバックナンバーまで閲覧できるのだから、コストパフォーマンスはきわめて高い。

　もっとも、こうしたサービスでは政治的理由などによる記事の書き換えや削除の危険性が常にともなうし、またサービスが永続する保証もないので、資料として重要な雑誌は素早く確実にダウンロードするとともに、やはり紙媒体も購読し保存しておく必要があろう。

　なお中国で同種のサービスを提供するサイトに、博看網[2]がある。こちらも3千種におよぶ雑誌を収録し、テキストと画像によって雑誌が閲覧できるなど、提供するサービスの規模や内容は龍源と大差ない。ただし、プリペイドカードの購入が難しいため、海外からは使いにくい。

---

[1] http://www.dragonsource.jp/

[1] 用語解説参照。

[2] http://www.bookan.com.cn/

大成老旧刊全文数拠庫

http://www.dachengdata.com/

佐藤　仁史　Sato Yoshifumi

◉大成老旧刊全文数拠庫の概要

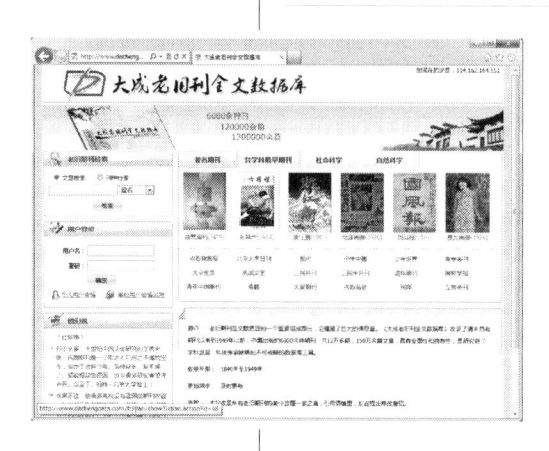

　大成老旧刊全文数拠庫（大成旧雑誌全文データベース）は、1840年から1949年までの期間に中国で発行された6,000種あまりの、日刊を除く定期刊行物、総計150万点あまりを収録した巨大なデータベースである。近現代中国の主要雑誌をほぼ網羅しており、その時期を対象とした文学・史学・哲学などの研究に不可欠のデータベースであるといえる[1]。

[1] 大成老旧刊全文数拠庫の詳細については、小川利康著「大成老旧刊全文数據庫」（『漢字文献情報処理研究』第12号、2011）を参照されたい。

◉収録されている新聞・雑誌

　収録されている定期刊行物のうち、とりわけ著名なものについては、トップページに［著名期刊］・［各学科最早期刊］・［社会科学］・［人文科学］というタブがあり、そこをクリックするとそれぞれの一覧をみることができる。［著名期刊］には『浙江潮』・『礼拝六』・『良友画報』など、各研究領域においてよく知られた雑誌が収録されている。画報の類も数多く収録されている。また、［各学科最早期刊］には『東方雑誌』・『婦女雑誌』・『民俗周刊』などが、［社会科学］には『社会学雑誌』や『上海漫画』などが、［自然科学］には『地学雑誌』・『医薬評論』などが、それぞれ紹介されている。

　一覧に表示されない大多数の雑誌については、左上の［老旧期刊検索］で、［刊种检索］（刊種検索）オプションボタンを選択し、［刊名］（刊行物名）・［年代］・［创刊地］（創刊地）・［単位］（機関）などの検索ボックスにキーワードを入力して検索する。

◉記事情報の検索

　トップページ左上の［老旧期刊検索］から、オプションボタンで［文章検索］（文章検索）と［刊种检索］のいずれかを選択する。［刊种检索］を選ぶと、［年代］・［创刊地］といった項目から絞り込み検索することができるので、研究する時代や地域が絞り込まれてい

II-5. 論文・雑誌記事の調査

る場合には便利である。

［文章検索］を選ぶと、［題名］・［作者］・［内容提要］・［刊名］などの項目別に語句を入力して検索することができる。収録雑誌の個別記事名を検索する場合には、［題名］を選択して検索語を入力する。たとえば、「地方自治」をキーワードとして検索すると、1903年から1948年までに発表された1,076篇の文章がヒットする。［刊名］や［発行年］を条件に加えていくことによって、さらに絞り込むことができる。

キーワードで記事検索した結果

ただ、書誌情報にときおり誤りが見られる点には注意が必要である。検索結果を紙版の雑誌やマイクロフィルムなどでチェックした方がよいだろう。

◉テキストの閲覧方法

ヒットした雑誌名をクリックすると、その雑誌の書誌情報と刊行時期別リンクの一覧が現れる。そこから読みたい記事をクリックすると、該当するページが表示される。新聞（副刊など）なら全面、雑誌なら1ページごとに表示され、拡大縮小も可能である。テキスト画像の保存には、ブラウザの機能を利用する。ブラウザ上で右クリックすると［名前を付けて画像を保存］が現れるので、それを選んで保存すればよい。また、Evernote[2]を利用して画像をクリップすることも可能である。

[2] Evernoteは、Webサイトのブックマークや記事・画像などを保存・管理するためのWebサービス。http://www.evernote.com/

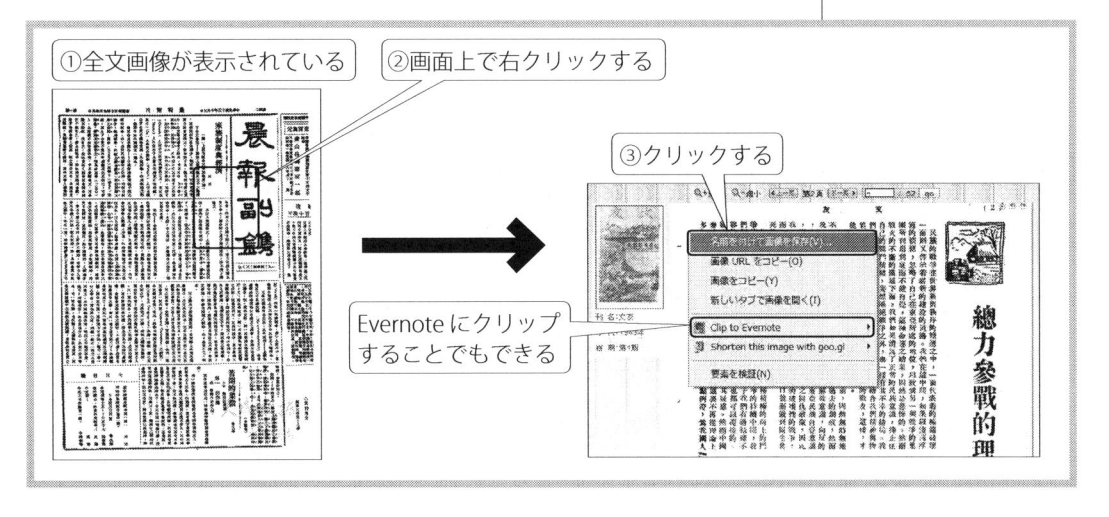

①全文画像が表示されている
②画面上で右クリックする
③クリックする
Evernoteにクリップすることでもできる

II-6. 書籍を購入する

Amazon.co.jp と Honya Club.com

山田　崇仁　Yamada Takahito

● Amazon.co.jp　　　　　　　　　　http://www.amazon.co.jp/

　2000年に日本国内でのサービスを開始したAmazon.co.jp（以下Amazonと略）は、その後の10年で書籍以外にもさまざまな商品を取り扱うようになり、オンライン書店の枠を超えて日本最大級のインターネット通販サービスに登り詰めるまでに至った。

　利用に際しては無料の会員登録が必要となる。支払は、クレジットカードや先払形式となるコンビニ・ATM・ネットバンキング・Edy払、あるいは代引にも対応している。サービス開始当初は1,500円未満の商品には配送料がかかったが、2010年11月より無料となったため、ますます利便性が高まっている[1]。

　検索は、一括検索やカテゴリを絞った検索などが利用できる。また、Amazonの個々の書籍のページは、Wikipediaの関連項目からリンクされていたり、Googleの検索結果に表示されたりする場合もある。さらには、ブログなどで書籍を紹介する際にもAmazonへのリンクを張ることが多い。その結果、Amazonは通販のみならず、書誌情報を知るためのツールとしても利用されるようになってきた。このように、インターネット上で書籍を探す場合、自然とAmazonに吸い寄せられるような状況が生まれている。

　とはいえ、Amazonが日本のすべての書籍を扱っているわけではない。中国学の学術書のような専門性が高い書籍は、検索でヒットしてもAmazonに在庫がなく、すぐに入手できないこともある。また、登録コストの問題からAmazonに出品していない小規模出版社も多い。

　Amazonは便利ではあるが、寡占化があまりに進むとそこで取り扱われない書籍がまったく売れなくなり、ひいては出版文化の多様

1　Amazonに商品が登録されていても、代行販売品やマーケットプレイス取扱品のほとんどは送料を必要とする。

性が失われる危険性もはらんでいる。

なお、書籍に関しては、新刊書のほかに Amazon マーケットプレイスで古書を購入することもできる[1]。

[1] p.165 参照。

● Honya Club.com　　　http://www.honyaclub.com/

日本の出版物物流・取次の雄、日本出版販売株式会社（日販）が運営するオンライン書店。書籍以外にも Blu-ray Disc や DVD といった映像メディアも取り扱っている（雑誌は定期購読のみ）[2]。利用に際しては、無料の会員登録が必要。

宅配便による配送では、送料が 1 回の手続きで 1,500 円未満が 250 円、それ以上は無料となっている（書店での受け取り時には送料は無料）。支払方法は、代引とクレジットカードの 2 種類に対応している。このほか、指定した書店の店頭で精算し受け取ることもできる。

Honya Club.com の母体である日販は多くの大学生協書籍部と取引しており、大学生協の書店を受け取り先として利用できるので、大学生協に入会していれば図書割引サービスが利用できるし、加えて公費購入するときも必要書類を整えてもらいやすい。大学関係者にこそ利用してほしいオンライン書店であるといえよう。

[2] 日販と並ぶ取次大手のトーハンも、オンライン書店 e-hon（http://www.e-hon.ne.jp/）を開設している。取扱商品は Honya Club.com と同じだが、こちらは雑誌の販売（含バックナンバー）も取り扱っている。

● そのほかのオンライン書店

以上、大学の学生や教員にとって利便性が高いと思われる 2 つのオンライン書店に絞って紹介したが、このほかにも Yahoo! ショッピングの書籍カテゴリ[3]などのポータルサイト系や楽天ブックス[4]などのオンライン通販系、さらには MARUZEN & JUNKUDO[5]や紀伊國屋書店[6]などの大型書店系といった、多くのオンライン書店がある。

複数のネット書店の在庫を横断検索するサービスもあるので[7]、普段利用しているオンライン書店に在庫がないときなどに利用すれば、本を素早く入手することができよう。

[3] http://shopping.yahoo.co.jp/
[4] http://books.rakuten.co.jp/
[5] http://www.junkudo.co.jp/
[6] http://www.kinokuniya.co.jp/
[7] 本・書籍通販検索 http://book.tsuhankensaku.com/

日本の古書通販

山田　崇仁　Yamada Takahito

少し古い学術書、特に日本国内で刊行されたものともなると、新刊書よりも古書を探す方が入手しやすいものだ。

昔はそれこそ古本街を渉猟したり、目を皿のようにして目録を眺めたりしたものだが、いまでは古書専門のインターネットサービスやオークションサイトを利用することで、在庫の確認はもとより、古書店間の価格比較までできるようになっている。

●日本の古本屋　　　　　http://www.kosho.or.jp/

東京都古書籍商業協同組合インターネット事業部が運営するWebサイト。

「日本の古本屋」というオンライン古書店があるわけではなく、加盟古書店に取り扱い書籍情報を登録してもらいネットで通販申し込みを受け付ける、オンライン市場としてのサービスを提供している。利用には無料の会員登録が必要となる。

日本の古本屋には国内の多くの古書店が登録しており、日本を代表するオンライン古書市場となっている。また、日本国内で刊行された書籍以外に、中国や台湾の書籍、さらには線装本[1]までもが登録されている。

[1] p.151参照。

書籍の検索は、書名・著者名・出版社・刊行年・解説を個別に指定する［詳細検索］と、それらを一括して検索する［通常検索］の2種類が用意されている。

このほか、在庫を検索して見つからない書籍について登録書店に調査を依頼する［探求書］コーナーなど、きめ細やかなサービスも提供されている。

代金は、購入する書籍を出品した古書店に直接支払うことになる。代引・郵便振替・銀行振込がほとんどで、クレジットカード払に対応している書店は一部に限られる。公費払には、多くの書店が対応している。

◉ スーパー源氏

http://sgenji.jp/

　株式会社紫式部によるオンライン古書市場サイト。前述した日本の古本屋と同じタイプのサイトだが、運営開始はこちらの方が古い。古書だけでなく音楽CD・映像DVD・書画・肉筆原稿・楽譜なども取り扱っている。日本の古本屋と違い、購入に際して会員登録する必要はない。

　スーパー源氏と日本の古本屋、両方に出品している古書店も多いが、片方だけの所もあるため、必要な古書は両方のサイトで検索してみた方がよい。

　在庫検索は、シンプル検索とパワフル検索の2種類が用意されており、［伝統的分類］もしくは［フィーリング分類］によって書籍のジャンルを絞り込むことができる。支払方法が出品した古書店によって異なるのは、日本の古本屋と変わらない。

◉ Amazon マーケットプレイス

http://www.amazon.co.jp/

　最近、古書探しの場として見過ごせなくなっているのが、Amazon マーケットプレイスである。

　書店だけでなく個人も商品を登録できるため、前述の古書オンライン市場で見つからない古書が見つかることも多い。また、最安値の書籍は1円＋送料という破格の値段であり、送料を加味しても通常の古書店より安く購入できる可能性がある。

　支払方法は Amazon.co.jp [2] に準ずるが、マーケットプレイスのショップの多くがクレジットカード払のみとなっている。そのため、公費などの売掛払は原則使えないと思った方がよい。

[2] p.162 参照。

◉ オークションサイト

　古書店以外にも、オークション系サイトで古書が出品されているケースは珍しくない。場合によっては古書店よりも安価で入手できる。ただし、オークションでの購入は信用という面で古書店よりも一段劣り、公費での支払も難しい。このようなリスクとどう向き合うかが利用のポイントとなるだろう。

日本のオンライン中国書籍店

山田　崇仁　Yamada Takahito

●東方書店
http://www.toho-shoten.co.jp/

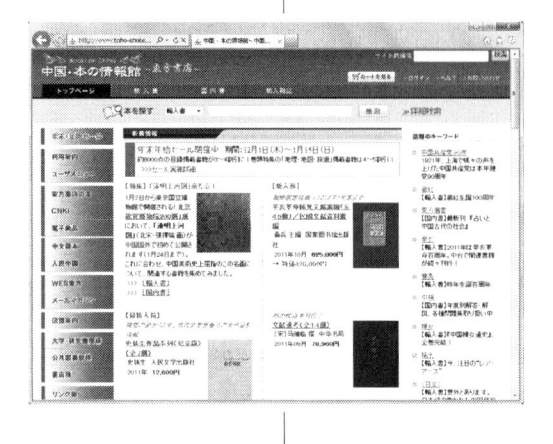

　Webサイトを開設している国内の中国書籍店は数多いが、デザイン・情報量・更新頻度などさまざまな面で、東方書店のサイトは一頭地を抜いている。

　東方書店は、いうまでもなく国内中国書籍販売店の最大手に位置している。取り扱う商品は、中国・台湾などからの輸入書・輸入雑誌、国内の中国関連書籍・研究書・辞書・語学教材、さらに国内外のCD・DVDなど幅広く、それらのすべてをオンラインで注文することができる。オンライン書店のシステムはAmazon[1]などと大差ない。支払方法は、代引・クレジットカードの2種類だが、公費購入にも対応してくれる。また、東京・大阪の店舗での支払・受け取りも可能だ。

　東方書店は以前から情報誌『東方』を発行するなど情報発信にも力を入れていたが、その姿勢はネットでも貫かれており、Webサイトを通じて新刊情報をRSS[2]配信しているほか、公式ブログやTwitterも開設している。『東方』のデジタル版も一部閲覧できる。

　また、東方書店はソフトウェア製品の取扱量が多いことも特徴である。CNKI[3]・中国基本古籍庫[4]など東方書店が代理店を務めているデータベースも多く、そうした製品の詳細な情報も、このサイトを通じて手に入れることができる。

　国内の中国書籍店は、ネット専業中国書籍店や海外からの直接通販の安値攻勢に旗色がすぐれないとはいえ、やや古い時期に出版された書籍の在庫を持っていたり、研究書や学術雑誌など一般の流通ルートに乗らない国内出版物を取り扱っていたり、また地方都市にまで営業に来てくれるなど、日本中国学を支える重要な存在である。東方書店はじめ国内の各中国書籍店には今後ともそうした存在であり続けてほしいし、そのためにも、インターネットサービスの充実などを通じていっそう利便性を高めていってもらいたいものだ。

[1] p.162 参照。

[2] p.125 参照。

[3] p.154 参照。
[4] p.200 参照。

II-6. 書籍を購入する

◉書虫

http://www.frelax.com/

中国の書籍・雑誌、CD・DVDなどを取り扱うネット専業書店。実店舗を持たないネット専業という業態ゆえであろう、店舗や営業部門を持つ多くの国内中国書籍店と比較して、全般に販売価格が安いことで知られている。

支払方法は、代引・郵便振替・銀行振込の3種類で、公費による購入もできる。中国から直送の場合はクレジットカード決済に対応する。

発送は、書虫の国内倉庫に注文品の在庫があるかどうかで送付時期に差があるものの、国内倉庫に在庫がない場合でも、注文後1～2週間で手元に到着するとのこと。

◉上海学術書店

http://www.shanghaibook.co.jp/

こちらも書虫と同じく、比較的安価なオンライン書店として知られている。国内には在庫をほとんど持たず、注文を受けた書籍を上海事務所が一括して発注・発送することで、コストダウンを実現している。

上海事務所は古書の在庫もかなり持っており、他書店で入手できない書籍が見つかることがある。さらに中国の大規模古書通販サイト、孔夫子旧書網[5]の購入代行を行っている点も注目される。

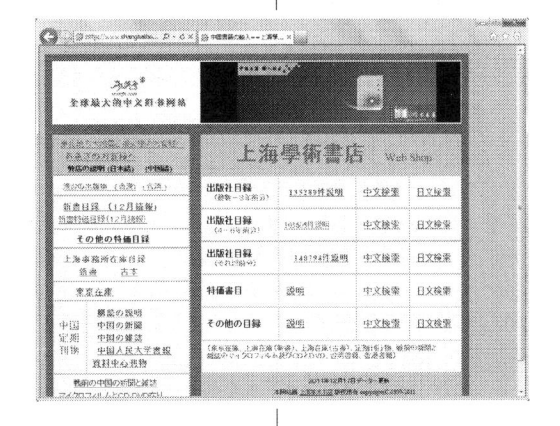

支払方法は、代引・郵便振替・銀行振込の3種類で、公費購入も可能だ。前述のように、書籍は原則として上海からの一括発送となるため、通常は20日締め→月末発送→10日前後で到着となるが、急ぎの場合はEMS[1]・航空便・SAL便[2]なども選択できる。

以上に取り上げた書店以外にも、日本の古本屋・楽天市場・Amazonマーケットプレイスなどで中国書籍を通販している業者があるので、それらもあわせてチェックしていただきたい[6]。

[5] p.172 参照。

[1] EMSは国際スピード郵便の略で、航空輸送で最優先に郵送されるため、一般の航空便よりも速く到着する。
[2] SALはエコノミー航空便の略で、国内では地上交通機関・船舶で輸送し、国と国の間は航空輸送するサービス。一般に航空便より安価で、船便よりも速い。
[6] p.164 参照。

中国の書店とオンライン書店

千田　大介　Chida Daisuke

Amazon 中国（亚马逊）　　http://www.amazon.cn/

Amazonの中国版。デザインや使い方などは日本やアメリカのAmazon[1]と統一されているが、中国国外のAmazonのIDを使うことができないので、利用にあたり新たにユーザー登録しなくてはならない。インターフェイス[2]が日本語版と同じなので、中国語がわからなくても迷うことはなかろう。

書籍やCD・DVDなどの海外通販に対応しており、クレジットカードで決済できる[1]。日本国内への郵送料は、書籍が船便（所要日数15日）で1冊100元、航空便（所要日数2～3日）の場合は1冊70元の商品配送料に小包1点につき100元の小包配送料が加算される。AVソフト・PCソフトは、船便が1点20元、航空便は商品配送料が1点25元、小包配送料が1点100元である[2]。

中国には書籍の再販制度が無いので、書籍の実売価格は業者によってかなりの開きがある。このため、琅琅価格比較ネット[3]などを使って安価な通販サイトを探すほか、海外郵送料も計算して、日本国内の中国書籍店・通販サイトとも比べてみた方がよいだろう。

[1] p.162参照。
[2] 用語解説参照。
[1] CD・DVDなどの海外通販も個人輸入の一種であるため、大量に購入すると関税・通関手数料などが課せられることもある。1回あたりの購入金額は、1万円以内に抑えた方がよい。
[2] 航空便の小包配送料は、購入1点ごとに徴収され、余剰金が後からギフト券などの形で返金される。
[3] 琅琅比価网。http://www.langlang.cc/

当当網　　http://www.dangdang.com/

中国オンライン書店の草分け。現在は、家電・衣類なども扱う総合オンラインショップに成長している。使い方はAmazonと大差ない。中国国外のクレジットカードによる決済に対応しており、書籍・AVソフトなどを海外通販することができる。海外への郵送費は、普通郵便で商品価格の50%（最低50元）であり、比較的安価な書籍を購入する際には、Amazon中国よりも割安になろう。

◉京東商場

http://www.360buy.com/

　Amazon・当当と並ぶ、中国三大オンライン書店の1つ。PayPal[3]によるオンライン決済に対応しており、海外からの通販も可能。

　郵送料は、航空便（シンガポール郵政使用）で書籍が1冊35元、ソフトが1点30元、DHLの場合は商品1点あたり35元に小包1点につき130元が加算される。航空便でありながらこの値段で海外発送してもらえるのはありがたい。

[3] 用語解説参照。

◉万聖書園

http://www.allsagesbooks.com/

　北京大学・清華大学にほど近い藍旗営にある民間系の書店。国営新華書店が圧倒的に強い中国にあって、民営学術書店の草分けとして名声を博しており、劉暁波氏のノーベル平和賞受賞の際に当局が入店を規制するなど、自由学術の1つの拠点と目されている。

　海外からの通販には対応していないが、同書店の新刊書籍案内、店主の劉蘇里氏による書評などは、学術書・教養書の出版情報のみならず、中国の知識界の動向やトピックを知る上でも役に立つ。

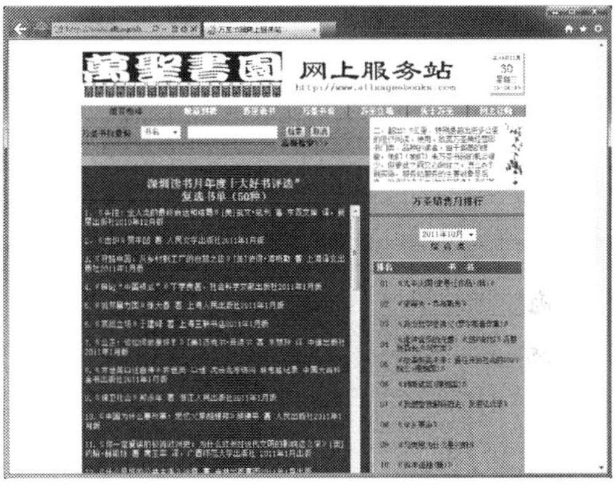

◉季風書園

http://www.jifengshuyuan.com/

　北京の万聖書園に対して、上海を代表する民営書店がこの季風書園である。本店は、淮海路の地下鉄陝西南路駅改札口前にある。

　こちらも海外からの通販には対応していないが、オンラインで週刊の書籍情報誌『季風書訊』を読むことができる。やはり書籍の出版情報のみならず、中国や上海の学術界・知識界の動きをダイレクトに知ることができる情報源として有用である。

台湾・香港のオンライン書店

千田　大介　Chida Daisuke

◉三民網路書店(ネット)

http://www.sanmin.com.tw/

　台湾を代表する書店、三民書局のオンライン書店。取り扱い商品は幅広く、一般書籍や学術書のみならず、法規・白書・統計資料・調査報告などの台湾政府の刊行物や、CD・DVDなどのAVソフトなども取り扱っている。また、台湾における日本サブカルチャーの流行を反映して、日本の漫画・ライトノベルなどの翻訳本も多数取りそろえている。

　クレジットカード決済に対応しており、海外からも購入できる。始めて利用する際には、トップページ右上の［登入］からユーザー登録する。

　日本への郵送料は以下のとおり。

速達	基本送料450台湾ドル＋書籍の定価×0.46
DHL	（基本送料570台湾ドル＋書籍の定価×0.66）×（1＋燃油チャージ率）
航空郵便	基本送料350台湾ドル＋書籍の定価×0.5

　一番安価な航空郵便でも、1週間以内に日本に到着する。

◉ cp1897.com

http://www.cp1897.com.hk/

　香港商務印書館のオンライン書店。香港で刊行されている中国語・英語書籍を購入する際に重宝する。また、中国・台湾の書籍も扱っている。

　クレジットカードで決済できる。海外通販にも対応しており、書籍価格を外貨に換算表示する機能も備えている。日本への郵送料は、書籍1冊あたり150香港ドルで、2～4日で届く。会員登録は、画面右上の［會員登記］から。

II-6. 書籍を購入する

● yesasia.com
http://www.yesasia.com/

香港に拠点を置く通販サイト。中国や香港・台湾・韓国・日本などの、映像・音楽ソフトを主に扱う。日本語インターフェイス[1]も用意されているので、ユーザー登録（[ログオン］をクリック）や購入手続きに迷うことはなかろう。決済はクレジットカード、39ドル以上の購入で送料が無料になる。

なお、DVD・BDを購入する際には、リージョンコードに注意しよう。

[1] 用語解説参照。

COLUMN

DVD・Blu-ray Discとリージョンコード

　海外で購入したDVDが再生できない、という話をしばしば耳にする。それは、リージョンコードが原因だ。リージョンコードとは、世界の国と地域をいくつかのリージョンに分類し、ソフトと再生機器のリージョンコードが一致しないと再生できなくする仕組みだ。ハリウッドの要請で付け加えられた機能で、映画の公開前に輸入ディスクが流通するのを防ごうというものだが、その国や地域でしか流通していない映像ソフトを買ってきても見られない、というのは困ったものだ。

　しかし対策もある。Blu-ray Disc（BD）・DVDの再生機は、中国製のリージョンフリーのものが出回っており、通販などで購入できる。パソコンの場合は、VLCメディアプレーヤー（http://www.videolan.org/vlc/）などのDVDをリージョンフリー再生できる無償ソフトがある。リージョンフリーのBD再生ソフトは、執筆時点ではまだ有償のものしか出ていないようだ。

主要地域のリージョンコード

DVD

ALL	全世界
1	アメリカ・カナダ
2	日本・欧州
3	韓国・台湾・香港・東南アジア
6	中国

BD

フリー	全世界
A	南北アメリカ・東南アジア・日本・韓国・台湾・香港
B	欧州
C	中国

孔夫子旧書網で古書を購入する

http://www.kongfz.com/

千田　大介　Chida Dasiuke

◉中国古書流通の革命

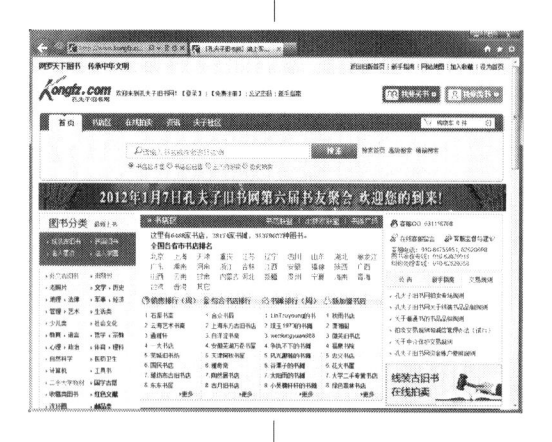

1990年代くらいまでの中国の古書流通はあまり活発ではなく、大々的に古本を扱っているのは北京の中国書店くらいだった。そのような状況を大きく変えたのが、ここで取り上げる孔夫子旧書網である。孔夫子旧書網それ自体は書店ではない。登録した書店と古書を買いたいユーザーとの仲立ちをするオンライン古書売買プラットフォーム❶であり、日本の古本屋などと似た存在である。

全国各地の6千を超える書店が出店しており、3千万冊以上の書籍が登録されている。商品も線装本❷から最近の出版物まで、また古籍・学術書から通俗書まで幅広く、国内の図書館には収蔵されていない稀覯本や、地方で発行されたISBNコードのない少部数出版物、油印本❸の冊子や内部資料[1]の類まで流通している。

◉古書購入の手順

古書を購入する前に、まずユーザー登録が必要となる。書籍を検索し、購入する本をカートに入れて確定すると、購入希望情報がその古書を出品している書店に送られる。後はその書店と孔夫子旧書網のインスタントメッセンジャー❹やメールでやりとりし、海外からの通販を希望する旨を伝え、郵送料と価格を知らせてもらう。代金は銀行振り込み・郵便為替などの方法で支払うことになるが、日本国内からの送金ではいずれも手数料がきわめて高い。このため、中国在住の知人に頼むか、あるいは中国を訪問した際に銀行口座を開設し、ネットバンキングで振り込むのが便利である。商品の到着には、郵送方法にもよるが、半月から1ヶ月ほどかかる。

孔夫子旧書網での古書購入には、上海学術書店❺の購入代行サービスを利用するという選択肢もある。孔夫子旧書網で古書を検索し、その商品情報URLを連絡すると、上海学術書店が購入手続きを代行してくれるというものだ。中国への送金手段がなくても購入でき

---

❶ 用語解説参照。

❷ p.151参照。

❸ p.151参照。
[1] 中国国内のみで流通が認められた出版物。機密資料のほか、以前、政府系機関が密かに刊行した海賊版書籍などもあるが、単にISBNが取得できなかったり品質に問題があったりしたため内部資料・内部出版という形にしているだけのものも多い。

❹ 用語解説参照。

❺ p.167参照。

るほか、孔夫子旧書網に登録している書店の大半は個人経営で、なかには料金を受け取っても本を発送しない悪質な業者もいるので[2]、そうしたリスクを回避できるメリットもある。また、現代中国語が苦手な人でも日本語で古書を購入できる。

ただし、直接取引に比べてかなり割高になり、内部資料や清代以前の古書などは一律取り扱い不可となっている。それぞれの状況に応じて、適した方法を選んでほしい。

[2] 個人で直接購入する場合でも、業者のユーザー評価をよく検討するなど、十分な注意が必要である。また、上海学術書店のサイトに問題業者の見分け方が詳細に解説してある。

COLUMN

中国で銀行口座を開設する

日本や欧米の銀行では、長期滞在者やグリーンカード所有者でないと外国人の口座開設は難しい。ところが中国の銀行では、旅行者であってもパスポートを持って行けば簡単に口座を開設できる。書類の必要事項は、窓口の係員の指示にしたがえばよいが、メールアドレスが必要になることが多い。口座を開設すると、キャッシュカード1枚だけをくれる。出入金記録はネットで閲覧するシステムだ。

中国の銀行に口座を持つことにはいくつかのメリットがある。中国の銀行のキャッシュカードは、ほとんどすべてが銀聯カードになっている。銀聯カードとは中国の銀行が共同で運用するデビットカードサービスで、中国国内で幅広く普及しており、クレジットカード未対応でも銀聯ならばOKという店も多い。このため銀聯カードがあれば、中国の商店やレストランでの支払がスムーズになる。

もう1つのメリットがネットバンキングだ。ただし、普通に口座を開設するだけではオンラインで口座の出入金記録を確認することしかできない。契約時にネットで振り込みができるようにしてほしい旨を伝えると、手数料とひきかえにUSBのキーと専用ソフト（Windows対応）の入ったCD-ROMをくれる。マニュアルに従いセットアップすると、ようやくネットバンキングが使えるようになる。中国の銀行のネットバンキングを使うと、孔夫子旧書網で購入した本の代金が手軽に振り込めるほか、さまざまなオンライン通販サイトでショッピングを楽しめるようになる。

中国では、中国銀行・中国工商銀行・中国建設銀行・中国農業銀行が四大銀行と呼ばれている。孔夫子旧書網に出店している業者は大半が中国工商銀行の口座を持っているので、日本からの利用を考えているのであれば工商銀行に口座を開くのが便利だろう。中国旅行の空き時間にでもチャレンジしてみてはいかがだろうか。

（千田）

II-7. オンラインライブラリ

Google books

http://books.google.co.jp/

小島　浩之　Kojima Hiroyuki

◉概要

Google books は検索サイト大手の Google [1] による書籍の検索・閲覧サービスである。

Google の真の目的は、文字情報の蓄積と、書籍販売への誘導にあると考えられるが、学術的には私設オンラインライブラリとして相応の利用価値がある。

書誌データに加えて、全文もしくは一部が画像で閲覧可能な書籍も多くあり、アジアの古典籍や中国書で本文が閲覧できるものも多数にのぼる。登録総数は明らかにされていないが、検索キーワード「a」で検索すると約71億件ものヒットが得られることから、相当な数であると推測される。

[1] p.92 参照。

◉閲覧できる書籍

登録されている書籍は、本文表示の範囲で①全文表示、②限定表示、③スニペット表示、④本文非表示の4種に分けられる。書誌データに加えて、①は書籍データの全文を画像で閲覧できるもので、著作権保護期間が満了したものや、著作権者の許諾が得られたものが対象となる。②は主として新刊書籍の販売促進のために、本文の一部を試読できるようにしたもの、③は検索のための抜粋情報が表示されるもの、④は本文がまったく表示されないものを指す。

これらのデータは、Google と提携した図書館や出版社から提供されており、日本では慶應義塾図書館[1]や PHP 研究所（出版社）などの参加が知られる。中国では清華大学出版社や少年児童出版社が提携しており、Google の中国撤退後[2]もサービスは継続されている。

また哈仏燕京図書館（ハーバードイェンチン）や慶應義塾図書館の蔵書を中心に、全文閲覧可能な漢籍（古典籍）もかなりある。

[1] 著作権保護期間が満了した日本の書籍12万冊を順次公開している。

[2] p.94 参照。

II-7. オンラインライブラリ

◉検索と閲覧

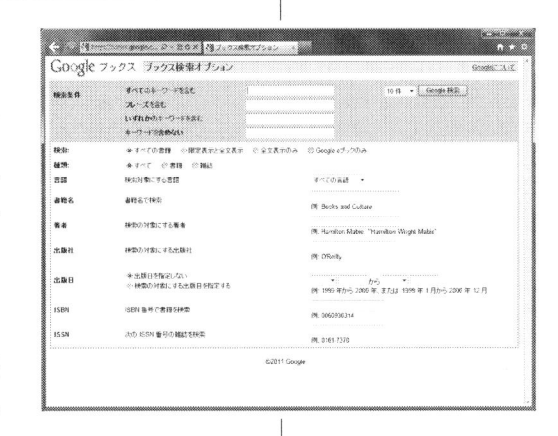

　Google books の場合、検索エンジンのように単にキーワードを入力して検索すると、ヒット数が膨大となる。このため検索ボタンの直下にある［ブックス検索オプション］へ進み、複数の条件を設定した上で検索した方が効率的である[2]。

　検索結果は一覧表示され、必要なものをクリックすることで詳細が表示される。全文表示可能なものについては、PDF でのダウンロードもできる。必要部分の切り取りや OCR によるテキスト表示も可能なので、大変便利である。

※ Google books 全文表示画面の使い方

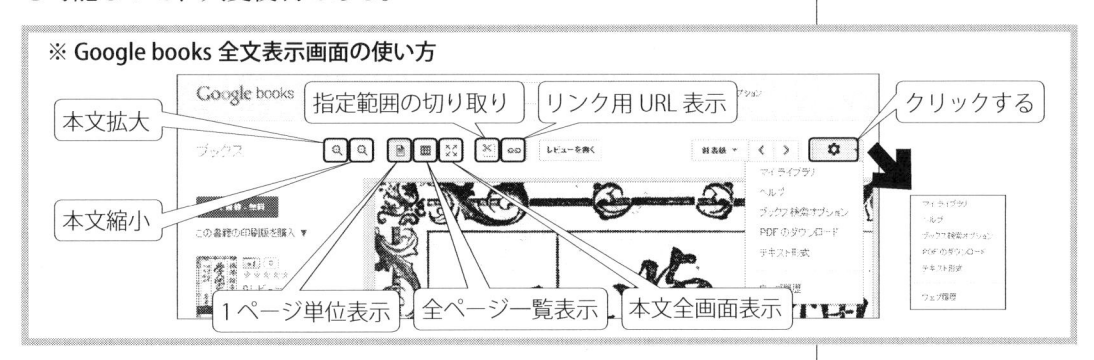

（本文拡大／本文縮小／指定範囲の切り取り／リンク用 URL 表示／クリックする／1ページ単位表示／全ページ一覧表示／本文全画面表示）

◉使用上の問題点

　Google books の優れている点は、書籍の対象地域・時代が幅広いこと、画像の質が良く PDF で扱いやすいこと、書籍本文が検索できることなどが挙げられる。

　一方、問題点もいくつかある。まず Google は図書館と違って、語彙や版の統制をとっていない。このため「学問のすすめ」と検索しても「學問のすゝめ」はヒットしない。また書籍の画像データの重複もある。撮影も細部にはこだわらず、折込図等のコマ落ちもある。本文検索については、OCR の性能に依存するため盲信はできず、かつ著作権法上危うい部分も内包する。

　このように Google books は私設オンラインライブラリとして大変有用なツールだが、検索精度や著作権処理などでは図書館作成の各種ツールに及ばない面もあるので、留意されたい。

[2] 中国語による検索は、Google books の日本語サイトの検索ボックスにそのまま中国語を入力すればよい。さらに［検索オプション］で言語を［中国語（簡体）］もしくは［中国語（繁体）］に切り替えると検索範囲をより絞り込むことができる。

中国学基本リソースガイド

175

近代デジタルライブラリー

http://kindai.ndl.go.jp/

小島　浩之　Kojima Hiroyuki

[1] p.174参照。

◉概要

近代デジタルライブラリー（以下、「近デジ」と略）は国立国会図書館（NDL）が提供する電子図書館である。先に紹介したGoogle books[1]が海外資本かつ私企業による書籍のデジタル化の産物であるのに対し、「近デジ」は日本国の公的事業によるデジタル化の成果である。

「近デジ」では、明治から昭和までの合計56万9千冊あまりがデジタル化され、このうち40％ほどがインターネットで、残りがNDL内の端末で公開されている。

[1] 児童書については昭和30年代頃までの刊行物を含む。
[2] http://kindai.ndl.go.jp/information/aboutKDL.html の情報を元に作成

刊行時期	ネット公開分	館内公開分	総　数
明　治	約12万9千冊	約3万5千冊	約16万4千冊
大　正	約4万1千冊	約5万5千冊	約9万6千冊
昭和前期[1]	約7万冊	約24万冊	約31万冊

表　「近デジ」における公開状況[2]

◉「近デジ」にアクセスしてみよう

[2] p.134参照。
[3] p.144参照。
[4] p.134参照。

「近デジ」へのアクセスは、NDL-OPAC[2]や雑誌記事索引[3]と同様に、国立国会図書館サーチ[4]からと、「近デジ」の検索サイト（以下、「近デジ」サイト）からの2通りがある。

国立国会図書館サーチの場合は、検索結果一覧に［近代デジタルライブラリー］と表示されるものが対象となる資料である。検索前にメニューから［デジタル資料］を選択しておくと、検索結果が絞り込めるので、ヒット数の多さに悩まされずにすむ。一覧表示画面、詳細表示画面のどちらも、［近代デジタルライブラリー］の表示部分をクリックすることで、「近デジ」所収の本文画像が開く。

「近デジ」サイトからの場合は、キーワードを検索ボックスに入力して検索し、［検索結果］（一覧表示）→［書誌情報］（詳細表示）→［本文をみる］の順に進む。

詳細表示画面で［目次をみる］表示があるものは、クリックすると目次情報が表示され、章や節、著者ごとといった単位での本文閲覧が可能である。ちなみに目次情報部分も検索対象に含まれている。

なお、国立国会図書館サーチは著者名の統制をとっているので異

名同人をほぼ網羅できるが、「近デジ」サイトはこれができない。たとえば、「内藤湖南」、「内藤虎次郎」のどちらで検索しても、全ての図書がほぼヒットするのは国立国会図書館サーチからの検索に限られるので、注意が必要だ。

●印刷・保存しよう

　本文画像を印刷・保存する場合は、本文画像右上の［印刷／保存］をクリックする。別ウィンドウが立ち上がるので、必要な画像のコマ番号（印刷および保存の範囲）を指定の後、下部の［印刷／保存］で確定し、ブラウザのダイアログ指示に従って、印刷か保存かを選択しよう。保存の場合は PDF でダウンロードされる。

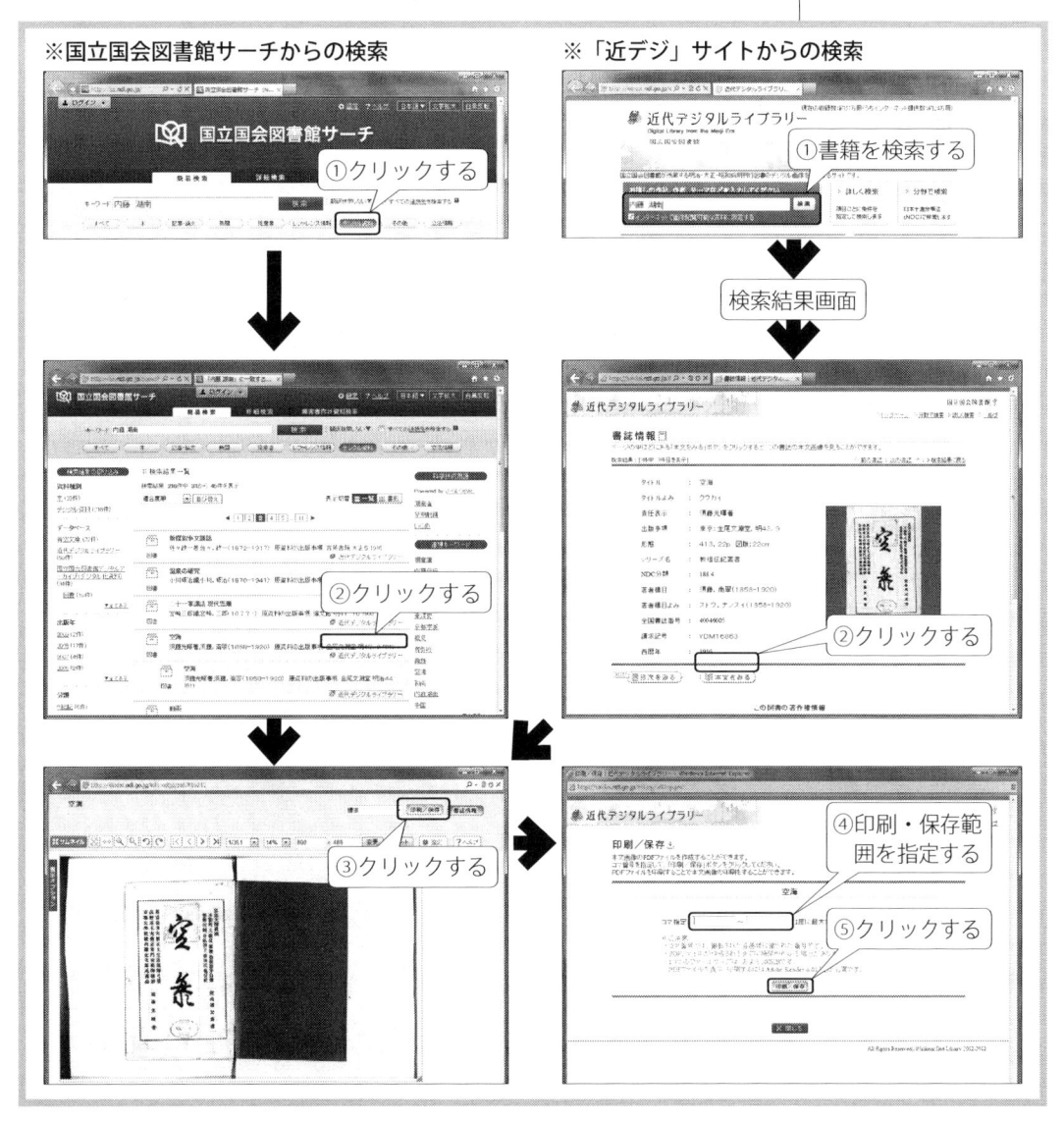

国立公文書館アジア歴史資料センター

http://www.jacar.go.jp/

佐藤　仁史　Sato Yoshifumi

◉アジア歴史資料センターとは

　アジア歴史資料センター（アジ歴）は国の機関が所蔵しているアジア関係歴史資料をデジタルアーカイブ化してWeb上で公開する電子資料センターとして、平成13（2001）年11月30日に開設された。公開対象は、国立公文書館・外務省外交史料館・防衛庁防衛研究所図書館が所蔵する明治初期から太平洋戦争終結までの資料群のうち、デジタル化を終えた部分である。日本とアジア近隣諸国等の歴史を研究する上で日本国内から発信される最も主要かつ基礎的な情報である。また、「『写真週報』にみる昭和の世相（平成19年3月公開）」といったインターネット特別展や「震災と復興　明治・大正・昭和の公文書から（平成23年6月公開）」などの特集も組まれているように、教育や生涯学習という方面でもきわめて重要なサイトである[1]。

[1] http://www.jacar.go.jp/kako.html

◉アーカイブの内容

　開設以来、公開データは着実に増加し続け、現在もデータの追加作業の最中であり、2011年4月段階における公開総数は約162万件、約2,246万画像である。最終的には2,700万画像を超えることが予定されているというから、アジア近現代史の分野において他に類を見ない巨大な一次資料データベースであるといえよう。

　アーカイブの内訳は所蔵機関によって、次の3種に分かれる。

国立公文書館	目録22万件・397万画像
外交史料館	目録18万件・500万画像
防衛省防衛研究所戦史研究センター	目録75万件・843万画像

　国立公文書館のものは、日本政府中枢の記録である太政官や内閣で作成された「太政類典」・「公文録」・「公文類聚」・「公文雑纂」、及び「御署名原本」・「返還文書」など、戦前期の政策決定及び遂行

過程・状況に関する資料からなっている。

外交史料館のものは、外務省創設以来第2次大戦終結までの外交活動にともなう史料「外務省記録」が中核である。しかし、太平洋戦争期の空襲、終戦時の焼却処置などによる欠落があることに注意が必要である。

防衛省防衛研究所戦史研究センターの部分は、「陸軍省大日記類」（明治元年から昭和20年）及び「海軍公文備考類」（明治元年から昭和12年）などの資料群が中心として公開されている。

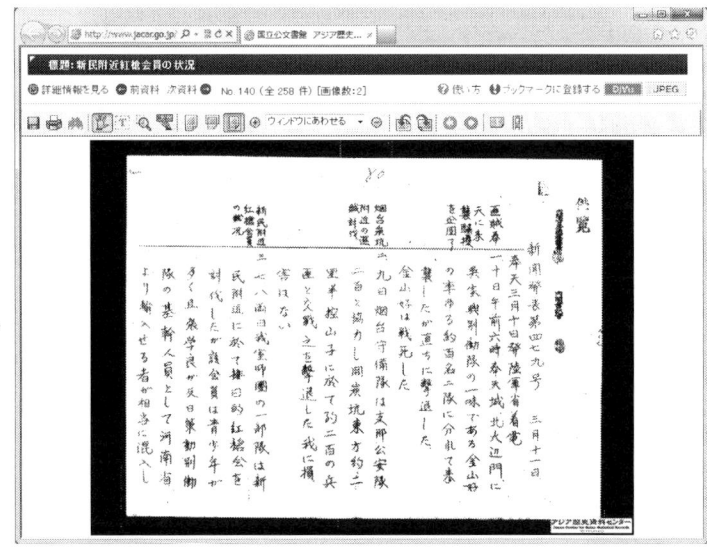

史料画像の閲覧画面

これらのアーカイブ群のうちどの部分がオンラインで公開されているのかは「資料の公開情報」[2]に逐一示されているので確認することができる。デジタル化していない部分の閲覧についてはそれぞれの所蔵機関を訪ねる必要がある。

また、大量のデジタルデータが公開されたことは、かえってデジタル化されていない史料群に対して十分な目配りをする必要性を喚起している[3]。このアーカイブ群に含まれているのはあくまでも公文書であり、「私文書」は含まれていないからである。

[2] http://www.jacar.go.jp/siryo/siryo3_2.html

[3] この問題については、三品英憲・大沢武彦・大澤肇共著「アジア歴史資料センターについて——デジタル・アーカイブの可能性と問題」（『現代中国研究』第10号、2002）参照。

●使用の際の注意点

検索方法はキーワード検索・キーワード詳細検索・内容検索などがある。内容検索は原文の一部が検索対象になる。文書の先頭からおよそ300文字程度が検索対象のデータとして収録されているのである。文書をやりとりした機関や時期が確定している場合には、資料階層表示から調べるのがよい。

なお、画像データは、DjVu[1]（デジャヴ）およびJPEG2000という画像フォーマットで処理されているため、DjVuビューアー（プラグイン）やJuGeMu Playerプラグイン[4]をあらかじめダウンロードしておく必要がある。

[1] 用語解説参照。
[4] http://www.fms.co.jp/

中国国家図書館在線数拠庫

http://www.nlc.gov.cn/newgj/

佐藤　仁史　Sato Yoshifumi

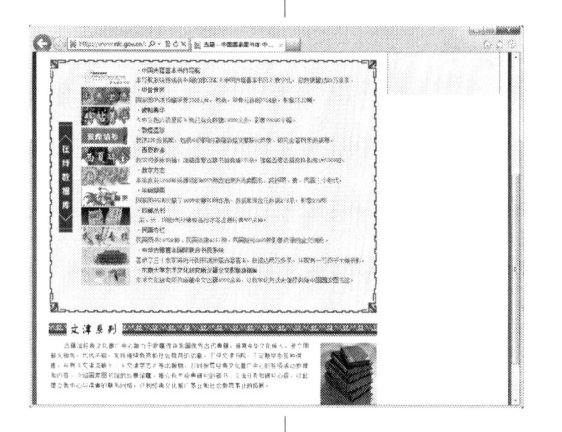

◉在線数拠庫の概要

ここでは、中国国家図書館に固有のコンテンツを集めた［在線数拠庫］の概要を紹介する。これは国家図書館にふさわしく、一級品の貴重な文書・文化財・書籍などを収録したデータベース群である。同館所蔵甲骨の写真・拓本[1]を収録する［甲骨世界］、甲骨・青銅器・石刻などの拓本 23 万点あまりを収録する［碑帖菁華］、西夏文字の文献画像と関係文献を収録する［西夏砕金］、宋代の文人の個人文集 275 部の影印[2] PDF を収めた［宋人文集］など、多種多様なデータベースが公開されている。以下、それらのうち、［数字方志］・［民国専欄］・［年画擷英］・［前塵旧影］の 4 つを紹介する。

1 p.151 参照。
2 p.151 参照

◉数字方志（デジタル地方志）

6,868 種におよぶ明代〜民国期（1949 年以前）に編纂された地方志や地方志に類する文献の全文データベースである[1]。形式はもとの版本[3]の影印画像 PDF と、その版式を組版で再現した PDF だが、Web からの利用では全文検索できないため、逐一閲覧する必要がある。このため利便性では全文検索できる愛如生の『方志庫』[4]などに及ばない。しかしながら、ここには『方志庫』が収録していない地方志に準ずる文集までもが公開されているので、より網羅的に地域の情報を収集できる。また紙版の地方志や商用のデータベースとは異なり、無償でどこからでも随時参照できる利点もある。

地方志といえば、1980 年代以降大量に編纂されている新編地方志の存在を忘れてはならない。歴史学研究のテーマが 1949 年以降にも伸びるなか、新編地方志の歴史資料としての重要性は増大しているので、［数字方志］のなかに新編地方志も収録されることを切に

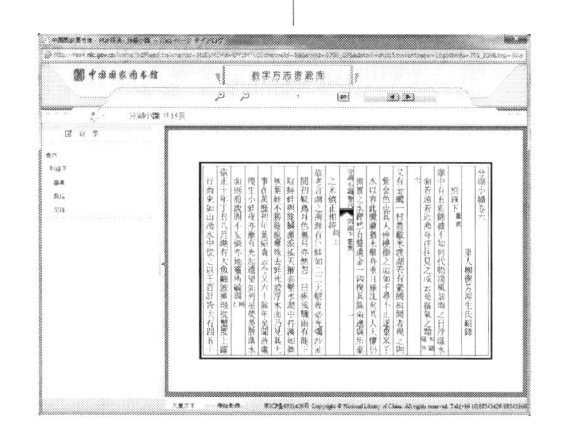

[1] 閲覧には Adobe Reader が必要である。
3 p.151 参照
4 p.200 参照。

望む[2]。

◉民国専欄(コーナー)

［民国図書］・［民国期刊］・［民国法律］という 3 種のデータベース群の総称である。［民国図書］は 1 万 3 千点あまりにわたる民国期の図書を画像データの形式で公開するもの。現在もデジタル化が進んでおり、収録書籍が増加し続けている。［民国期刊］はマイクロフィルムに撮影された民国期の定期刊行物のうち 4,350 種類についてデジタル画像に変換し、オンラインで公開しているものである。近現代の定期刊行物のデータベースには大成老旧刊全文数拠庫[5]があるが、有償で機関契約が必要となるため、中国国家図書館の民国期刊データベースの意義は大きい。［民国法律］は、民国期の法律や法規などを集成したデータベースであり、現段階で 8,117 種の法律文献を収録している[3]。近年進展著しい民国史研究にとって、きわめて重要な歴史資料群である。

◉年画擷英（年画(ねんが)データベース）

中国四大年画[4]産地である天津楊柳青や河南朱仙鎮の作品を中心に、4,000 種あまりの年画の画像データを整理したもの。多くの年画に、モチーフとなった物語や歴史的背景・作品の特徴などの解説が付されている。中国の民衆は文字資料をほとんど書き残していないため、制作地周辺の民俗や民間信仰の一端をかいま見ることのできる年画は、その内的な世界観を知るうえで不可欠な資料である。

◉前塵旧影（写真データベース） http://res4.nlc.gov.cn/home/index.trs?channelid=14

国家図書館が所蔵する 10 万点あまりの写真を電子化し、基本情報を加えたデータベースである。清末以降の歴史研究では写真資料がきわめて重要な位置を占めるが、それを研究で活用するためには撮影対象・日時・撮影者・サイズといったメタ情報が必要になる。同データベースではそうしたメタ情報から写真を検索できるが、情報が不完全なものも多いので、補完作業を進めていっそう利便性を高めてもらいたい。

---

[2] 地域によっては新編地方志の内容は Web 上で公開されている。たとえば、上海市地方志弁公室 (http://www.shtong.gov.cn/) や蘇州地方志 (http://www.dfzb.suzhou.gov.cn/zsbl/index_1.htm)。

[5] p.160 参照。

[3] 1911 年 10 月の辛亥革命後に成立した湖北軍政府期から 1949 年 10 月の中華人民共和国成立までのことを指し、法律を制定する主体となった政権は、中華民国臨時政府・中華民国軍政府・中華民国陸海軍大元帥大本営・中華民国政府・南京国民政府・満洲国政府・華北政務委員会、汪精衛南京国民政府・中華蘇維埃（ソヴィエト）工農民主政府や各地の革命根拠地政府が含まれる。

[4] 年画とは、中国で春節に飾る縁起ものの絵画。

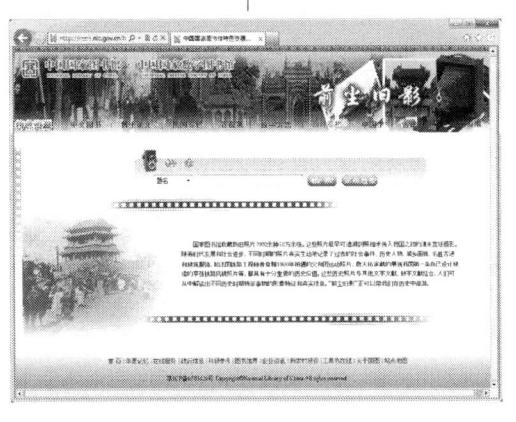

超星網

http://www.chaoxing.com/

千田　大介　Chida Daisuke

◉書籍の検索と閲覧

　超星網、すなわち超星数字図書館は中国におけるオンラインデジタルライブラリの老舗で、提携したいくつかの図書館の蔵書をデジタル化した数十万冊の書籍をインターネット経由でどこからでも読むことができる。

　まず超星網トップページ上の検索ボックスに、なんでも好きな言葉を入力して検索してみよう。

①検索したい語句を入力
②クリックする
③閲覧する書籍を選びクリックする
④書籍本文の画像が表示される

本文画像上にマウスカーソルを置くとカーソルの形が変わる。←でクリックすると前ページに、→でクリックすると次ページに移動する

目次。クリックするとその箇所に移動する

　検索語は、簡体字と繁体字を同一視検索してくれるので、どちらで入力してもかまわない。検索対象を書籍・著者名・全文のいずれかに限定することもできる。全文検索機能は、書籍の画像からOCRで自動的に生成したもので、精度はさほど高くないし、すべての書籍に対応しているわけでもない。なお、トップページ下部の

分類目録から書籍を探すこともできる。

このように膨大な書籍の全文検索ができる上に、無償で閲覧することもできる。蔵書は古典から現代まで幅広く、なかには日本で入手が難しい文革前の出版物や文史資料なども含まれており、そうした資料を手軽に読むことができるのも嬉しい。

またトップページ上の［学术视频］（学術ビデオ）をクリックすると、学術講演のビデオが視聴できる。1回だけの講演から数十回に及ぶ連続講義まで、さまざまなビデオがそろっている。

上部メニューバーで［文献］をクリックして検索すると、雑誌や論文集・会議論文などを全文検索することができる。ただし、超星網と契約した大学・研究機関でしか本文を閲覧することができない。

●会員登録と SS Reader

超星網に会員登録し会費を払うと、書籍をダウンロードできるようになる。超星網の書籍のダウンロードと閲覧には専用ブラウザSSReaderが必要になるが、中国語環境でないとうまく動作しない。本書 p.62 の解説を参考に、まず中国語 Windows 環境を用意してからインストールしよう。

会員登録するにはトップページ右上の［免费注册］（無償登録）をクリックする。会費（年間 300 元）の支払は中国書籍店などを通じてプリペイドカードを購入してもよいし、PayPal[1]による決済でオンライン購入することもできる。

ダウンロードした書籍データは PDG という独自形式のファイルになっている。閲覧し印刷することができるが、画像ファイルなので全文検索やコピーはできない。また PDF ファイルへの書き出しには制限がかかっている。

書籍によっては画像が粗かったり、また中国国内でたびたび著作権訴訟を起こされたりと、超星網にさまざまな問題があるのも確かである。しかし、これだけの数の書籍を手軽に閲覧できるサービスは貴重であるので、さらなる改善と発展を期待したい。

[1] 用語解説参照。

そのほかのオンラインライブラリ

小島　浩之　Kojima Hiroyuki

　国内の東洋学研究の拠点となっている専門図書館や、各大学の附属図書館にも、電子図書館として古典籍を中心にオンラインライブラリの構築に力を入れているところが少なくない。以下では、専門図書館から東京大学東洋文化研究所と東洋文庫のデジタルライブラリを、また大学附属図書館からは、古くからの実績がある京都大学と、近年になって力を入れ始めた早稲田大学の例を紹介する。

●アジア古籍電子図書館　　http://imglib.ioc.u-tokyo.ac.jp/

　東京大学東洋文化研究所が所蔵する貴重図書のオンラインライブラリ。中国関係のコンテンツには、①漢籍善本[1]全文影像資料庫、②明代図像資料三才図会（さんさいずえ）データベース、③雙紅堂文庫全文影像資料庫の3種がある。

　①は東洋文化研究所の「特別貴重書」に指定された漢籍から4千点あまりを電子化・公開するものである。②は明代の代表的な類書（百科事典）の『三才図会』を電子化したもの。豊富な挿図は風俗研究、戯曲研究など幅広い分野で参考となるだろう。③は稀代の書誌学者・長澤規矩也旧蔵の中国明清時代の戯曲小説類から約500部・3,940タイトルあまりを全文公開している。

[1] p.151 参照。

[2] p.151 参照。
[1] 東洋考古学者・梅原末治の調査記録、収集資料一式。

●財団法人　東洋文庫　　http://www.toyo-bunko.or.jp/

　東洋文庫のオンラインライブラリ「東洋学多言語資料のマルチメディア電子図書館情報システム」は、トップページの［蔵書検索］が入り口となる。

　内容は、①画像データベース、②全文公開データベース、③動画データベースの3種に分かれる。①は地図や図面・拓本[2]などの一枚物をデジタル画像で公開する。特に梅原考古資料[1]の実測図や拓本は、東アジア考古学

において大変貴重な資料である。②は岩崎文庫[2]の漢籍古写本、モリソン文庫[3]の貴重図書、シルクロード関連の貴重資料などを公開する。③は中国演劇研究者の田仲一成が、1970年代から90年代にかけて撮影した中国各地の祭祀や演劇に関する映像を公開する。

[2] 三菱財閥第3代総帥・岩崎久弥旧蔵の和古書コレクション。
[3] 中華民国総統府顧問・ジョージ・アーネスト・モリソンが収集した中国関係の欧文書籍コレクション。
[4] 藤本ビルブローカー銀行取締役会長・谷村一太郎の旧蔵書。

◉京都大学電子図書館貴重資料画像　http://edb.kulib.kyoto-u.ac.jp/exhibit/

日本のオンラインライブラリの老舗的存在であり、早くから古典籍のデジタルアーカイブに力を注いできた。谷村文庫[4]の『永楽大典』をはじめとする漢籍、近衛文庫[5]の清版地方誌といった特殊コレクションのほか、一般貴重書にも宋元版や五山版[6]・朝鮮版など多くが含まれる。マテオリッチの『坤輿万国全図』といった古地図や、中国の清代から民国にかけての古文書（259点）も公開されている。

[5] 五摂家筆頭の近衛家の旧蔵書。

◉古典籍総合データベース　http://www.wul.waseda.ac.jp/kotenseki/

早稲田大学が所蔵する約30万点の古典籍の目録検索および画像による公開を目指し、平成17（2005）年度から構築が進められている。中国関係で公開されている資料の総数は明らかにされていないが、キーワードを漢籍で検索すると、300点程度がデジタル公開されていることがわかる。

また特殊コレクションとしては、澤田瑞穂旧蔵の中国の民間信仰・文芸等に関するコレクションである風陵文庫がある。これについては、「中国の民間信仰と庶民文芸」と題して、デジタル展示とデータベースを有機的に結んだコンテンツが公開されており大変興味深い。

ただし、JISコード（JIS X 0208）で表示できない文字が「■」となっている点は、多言語データベースが一般的となった今日において、少々残念である。

[6] 京都・鎌倉の五山寺院（主として臨済宗系の主要寺院）が、鎌倉時代から室町時代にかけて出版した木版印刷本のこと。宋版や元版をほぼ忠実に覆刻したものが多く、日本で出版された典籍ではあるが、中国書誌学の研究には欠かせない貴重な版本である。

II-8. 中国古典文献データベース

中央研究院漢籍電子文献

千田　大介　Chida Daisuke　山田　崇仁　Yamada Takahito

◉はじめに

　中国古典で多用される「典故引用」は、儒教経典や名著・名作などの字句を引用することによって、引用した部分の意味や文脈と原著のそれとを重ね合わせて含意を持たせる修辞技法である。このため、いかなる典故が引用されているのかを知り原著に立ち返って意味を確認する作業が、中国古典の読解では欠かせない。

　1995年に台湾中央研究院歴史言語研究所が漢籍電子文献（当時の呼称は漢籍全文資料庫）をインターネット上に公開し、二十五史[1]などの膨大な文献を瞬時に検索できるようにしたことは、事項の調査を効率化したのもさることながら、かつて辞書そして最終的には記憶力に頼るしかなかった引用の出典調査を効率的かつ完全にしたという点でも、中国学の時代を画する事件であった。

　昨今、中国で続々と高額な商品として大規模文献データベースが作られているなかにあって、漢籍電子文献はデータを拡充しながらも次第に無償開放の範囲を広げているのは、商業主義と一線を画し、情報の相互無償提供により学術の発展を目指す理念を体現するものと評価できる。そして、誰もが無償で使えるからこそ中国学古典文献データベースのスタンダードとして、漢籍電子文献は揺るぎない地位を得ているともいえよう。

◉瀚典全文檢索系統2.0版　　http://hanji.sinica.edu.tw/

　執筆時点において、漢籍電子文献のシステムは［漢籍電子文献資料庫］と［瀚典全文檢索系統2.0版］の2つに分かれている。

　［瀚典全文檢索系統2.0版］は文字コードに台湾Big5コードを使った古いバージョンのシステムだ。二十五史・十三経[2]などは新しい［漢籍電子文献資料庫］を使った方がよいが、諸子百家の著作・筆記小説・『楽府詩集』・『詞話集成』・『正統道蔵』および台湾・中華民国関係文献などは、こちらにしか収録されていない。

[1] 正史、すなわち中国の歴代王朝が公認した正統紀伝体歴史書である『史記』から『明史』までの二十四史に、中華民国時期に編纂された『清史稿』を加えた便宜的呼称。

[2] 儒教経典である『易経』・『書経』・『詩経』・『周礼』・『儀礼』・『礼記』・『春秋左氏伝』・『春秋公羊伝』・『春秋穀梁伝』・『論語』・『孝経』・『爾雅』・『孟子』の総称。

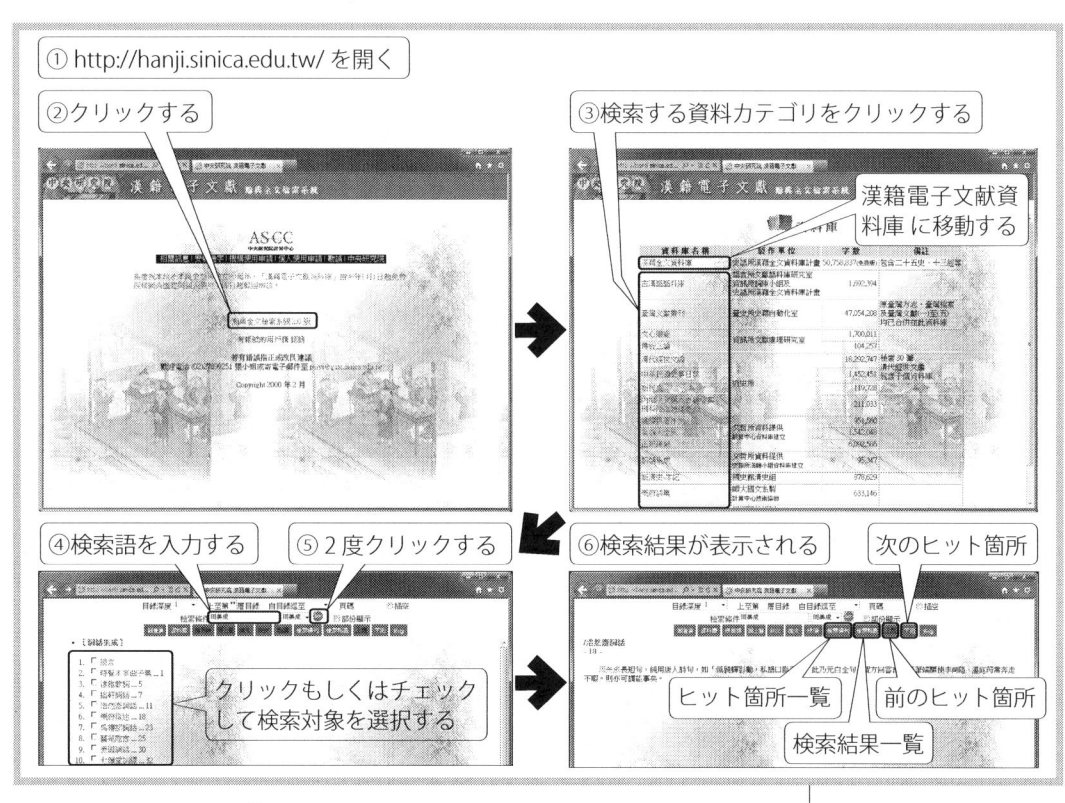

II-8. 中国古典文献データベース

①http://hanji.sinica.edu.tw/ を開く
②クリックする
③検索する資料カテゴリをクリックする
漢籍電子文献資料庫 に移動する
④検索語を入力する
⑤2度クリックする
⑥検索結果が表示される
次のヒット箇所
クリックもしくはチェックして検索対象を選択する
ヒット箇所一覧
前のヒット箇所
検索結果一覧

　コードセパレート[1]には台湾で一般的な字体が使われているので、検索語はなるべく繁体字 IME で入力しよう。また、検索結果はコピーして Word などに貼り付けることもできる[2]。Big5 コードに収録されない漢字には外字[3]を使っており、「・」で表示される[3]。

　さらに詳細な使い方については Web 上に解説ページを公開しているので、そちらを参照していただきたい[4]。

● 漢籍電子文献資料庫（データベース）　　　　http://hanchi.ihp.sinica.edu.tw/

　こちらが新しいバージョンのシステムで、文字コードが Unicode（UTF-8）に改められ、旧バージョンの外字のうち URO 集合に収録されるものについては Unicode に置換された[5]。また、異体字の同一視検索に対応するなど、全般に使い勝手が良くなっている。

　漢籍電子文献資料庫の収録文献を［書目瀏覧（ブラウズ）］（後図参照）で確認すると、歴代の政書・筆記・詩文総集・類書など、主要な古典文献を網羅していることがわかる。

　漢籍電子文献は 2009 年より完全無償化されているが、すべての文献を検索・閲覧するためにはユーザー登録が必要となる。その申請資格が台湾の個人・機関にしか与えられていないため、日本から

[1] p.95 参照。

[2] p.51 参照。

[3] 用語解説参照。
[3] 外字ファイルが配布されているが、日本語環境では使うのが難しい。
[4] http://www.shuiren.org/chuden/toyoshi/sinica/

[5] Unicode の URO 集合に収録されない漢字については、データベースの元データに独自の漢字構造式が記述されており、画面上には画像が表示される。

II 中国学基本リソースガイド

187

使用できるデータは一部に限られてしまう。とはいえ、『重刊宋本十三経注疏附校勘記』（いわゆる阮元刊本）・『断句十三経経文』や中華書局本二十五史という最重要文献が使えるのはありがたい。このほか、『三国演義』・『大唐三蔵取経詩話』・『元刊雑劇三十種』といった元代の成立とされる通俗文学作品なども使うことができる。

［漢籍電子文献資料庫］で文献を検索・閲覧する方法はいくつかあるが、一般的な利用であれば［基本検索］を使えばよい。

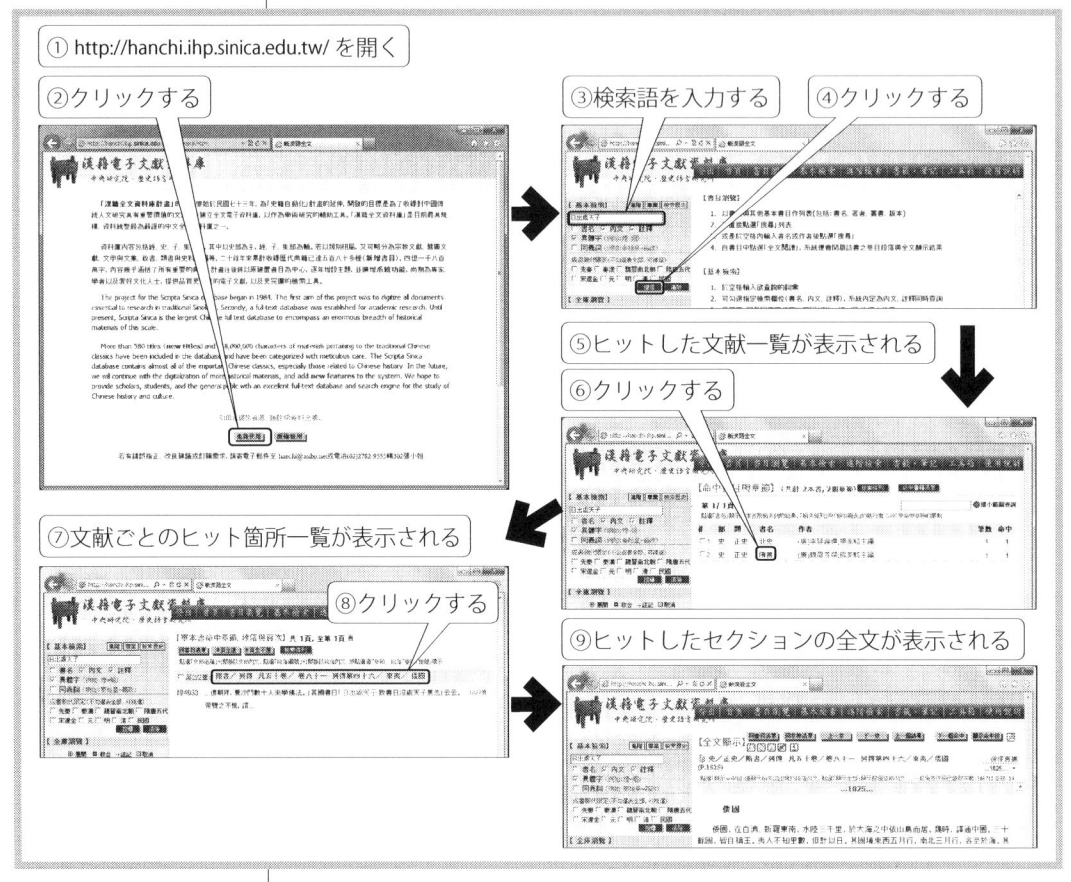

① http://hanchi.ihp.sinica.edu.tw/ を開く
② クリックする
③ 検索語を入力する
④ クリックする
⑤ ヒットした文献一覧が表示される
⑥ クリックする
⑦ 文献ごとのヒット箇所一覧が表示される
⑧ クリックする
⑨ ヒットしたセクションの全文が表示される

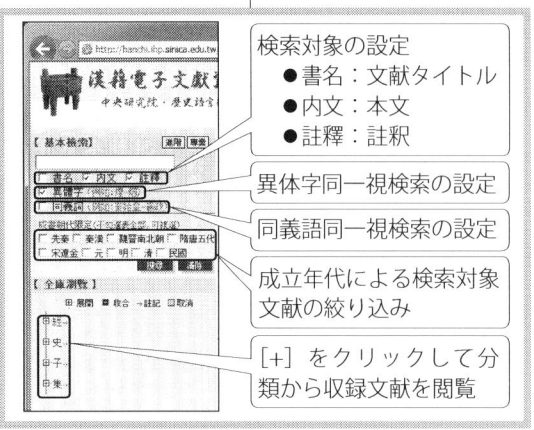

検索対象の設定
● 書名：文献タイトル
● 内文：本文
● 註釋：註釈

異体字同一視検索の設定
同義語同一視検索の設定
成立年代による検索対象文献の絞り込み
［+］をクリックして分類から収録文献を閲覧

各画面の詳細を見ていこう。

［基本検索］のパネルでは、検索の対象範囲や機能などを設定できる。

異体字同一視検索はチェックした状態で使った方がよい。「衛」と「衞」のような一般的な異体字のほか、Unicodeのコードセパレート文字も同一視検索されるので、たとえば「小説」でも「小説」でも同じ検索結果が得られる。ただし、

II-8. 中国古典文献データベース

日本の常用漢字体や簡体字には対応していない。

ヒットした文献一覧の各表示は、以下のような意味を表す。

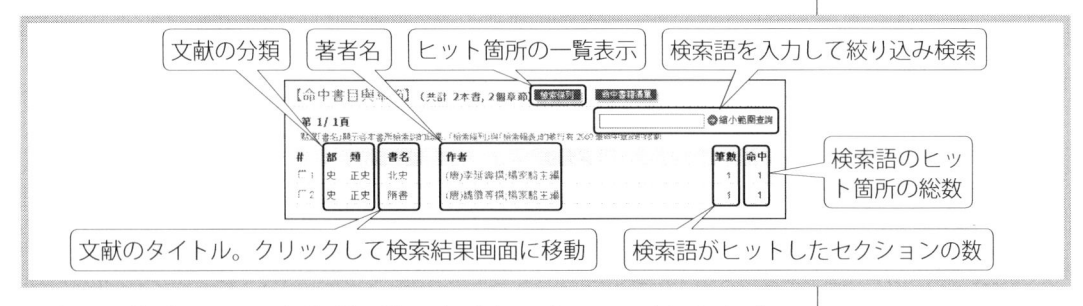

[図：ヒット文献一覧画面の説明]
- 文献の分類
- 著者名
- ヒット箇所の一覧表示
- 検索語を入力して絞り込み検索
- 検索語のヒット箇所の総数
- 文献のタイトル。クリックして検索結果画面に移動
- 検索語がヒットしたセクションの数

次に文献ごとのヒット箇所一覧の表示やアイコン、それと全ページ共通表示メニューを見ていく。

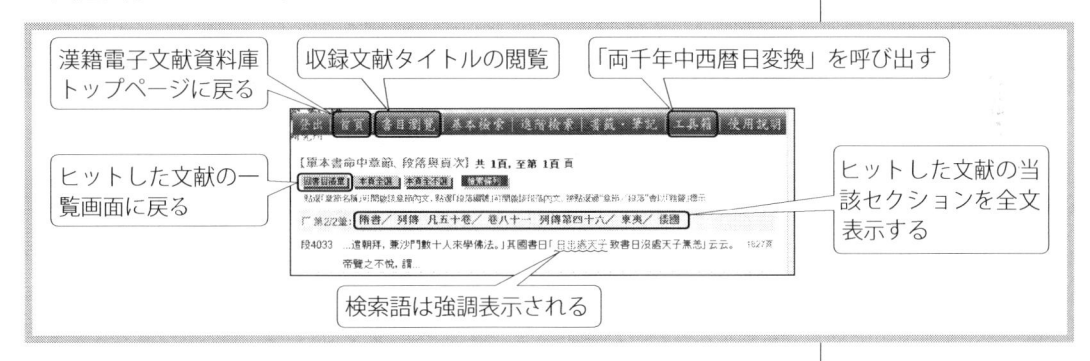

[図：ヒット箇所一覧画面の説明]
- 漢籍電子文献資料庫トップページに戻る
- 収録文献タイトルの閲覧
- 「両千年中西暦日変換」を呼び出す
- ヒットした文献の一覧画面に戻る
- ヒットした文献の当該セクションを全文表示する
- 検索語は強調表示される

「両千年中西暦日変換」は陰暦（年号・干支）と太陽暦を相互変換できる便利なツールだ。

最後に、ヒットした文献の全文表示画面を見ていこう。

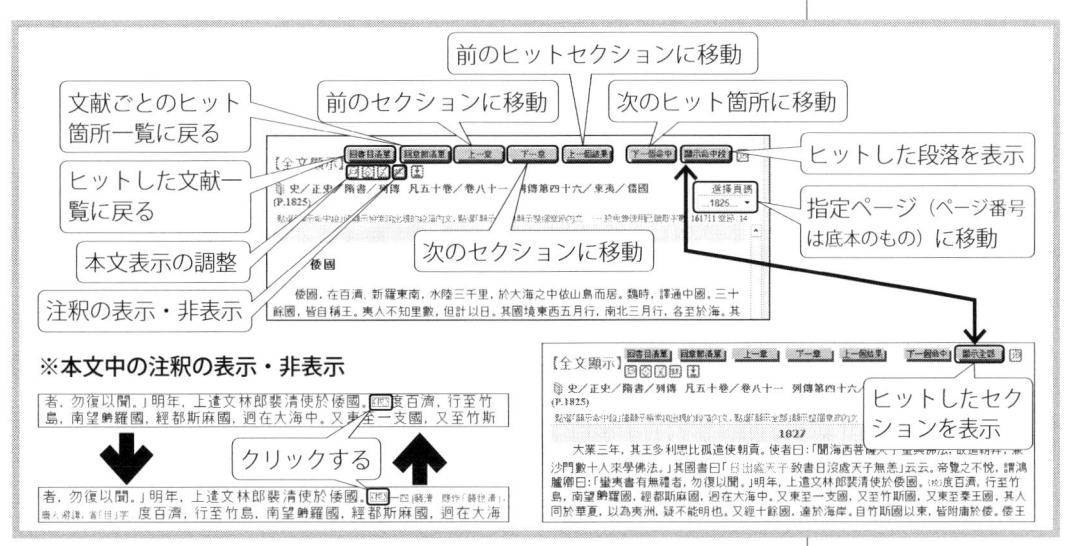

[図：全文表示画面の説明]
- 文献ごとのヒット箇所一覧に戻る
- 前のセクションに移動
- 前のヒットセクションに移動
- 次のヒット箇所に移動
- ヒットした段落を表示
- ヒットした文献一覧に戻る
- 本文表示の調整
- 次のセクションに移動
- 指定ページ（ページ番号は底本のもの）に移動
- 注釈の表示・非表示
- ヒットしたセクションを表示

※本文中の注釈の表示・非表示

[図：クリックする]

さらに詳細な使い方については［使用説明］を参照してほしい。

漢籍電子文献を扱えることは、もはや中国学の基本リテラシーといってもよい。学習に研究に存分に活用していただきたい。

古典文献総合データベース

山田　崇仁　Yamada Takahito

◉故宮【寒泉】古典文献全文検索資料庫（データベース）　http://libnt.npm.gov.tw/s25/

台湾東呉大学の陳郁夫教授によるオンライン中国古典文献データベース。MS-DOS[1]時代の古典文献データベースソフト「龍泉二号」をオンライン化したもので、漢籍電子文献と並ぶ老舗古典文献データベースである。

寒泉では『十三経』・『先秦諸子』・『全唐詩』・『宋元学案』・『明儒学案』・『四庫総目』・『朱子語類』・『紅楼夢』・『白沙全集』・『資治通鑑』・『続通鑑』が検索できる。左フレームのボックスで文献名を選んで下の［選項確認］ボタンをクリックすると、右フレームに検索ボックスが表示される。

文字コードは Big5 で、異体字同一視検索はできない。Big5 に収録されない異体字は代表的字体に置き換えており、たとえば「衞」は「衛」に揃えられているが、置き換えられない漢字は空白や「■」・「□」などを入れている。

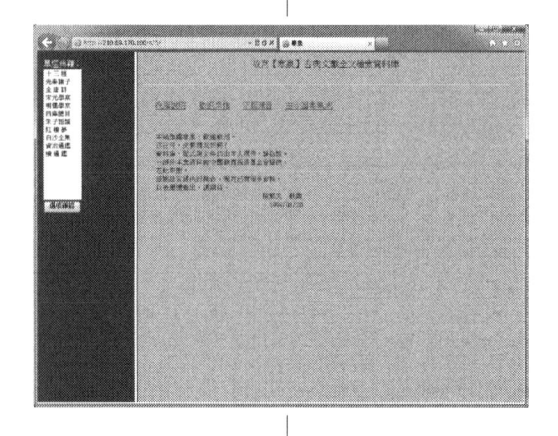

[1] マイクロソフト社が開発したOS。Windows登場以前に広く使われていた。

◉中国哲学書電子化計画　http://ctext.org/zh/

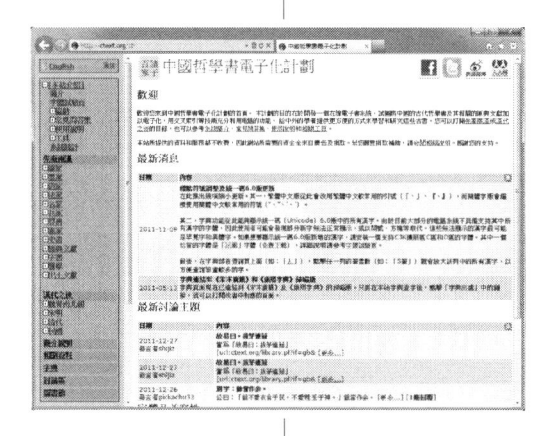

香港の Donald Sturgeon 氏が運営する、中国古典文献データベースを中心としたサイト。出土文字資料から近代文献までを扱うが、中心はサイト名が示すとおり、先秦〜後漢の儒家および諸子の文献である。

繁体字と簡体字のテキストデータがあるが、簡体字からの誤変換がときおり見うけられる。また底本が明記されたものも少ないなど質は高くない。左フレーム下のボックスから全文検索できる。

メニューの［圖書館］以下には、文淵閣『四庫全書』・『四部叢刊』などの叢書所収文献の影印[1]画像も登録されている[2]。

[1] p.151 参照。
[2] ただし、版本画像掲載の許諾に関する説明は見えない。

II-8. 中国古典文献データベース

●故宮東呉数位(デジタル)古今図書集成　　http://192.83.187.228/gjtsnet/index.htm

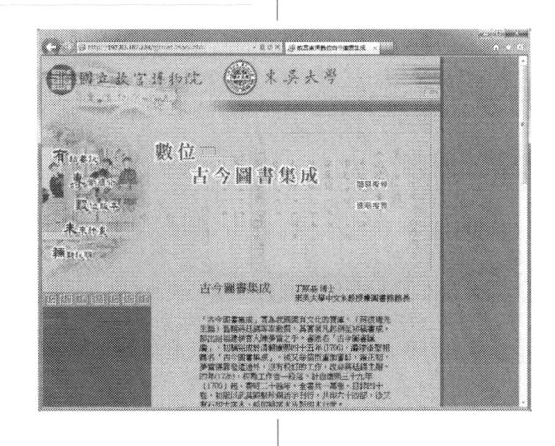

『古今図書集成』は、清代前期に編纂された全1万巻にも及ぶ膨大な類書、というよりも百科全書というべきだろう。人物・地名はじめ博物・文献・文学・芸術など、多彩な分野の記事が出典情報付きで収集されているので、よくわからない名詞・固有名詞や概念などについて、あたりをつけるのに重宝する。

『古今図書集成』のデジタル版は寒泉の陳郁夫教授を中心に開発され、2004年にDVD版が発売されている。Web版はそれをオンライン化したもので、『古今図書集成』の32の「典」（分類）ごとに全文検索できる。検索画面には、メインページ右の［簡易捜尋］をクリックして移動する。台湾Big5コードのデータベースなので、繁体字IMEで入力しよう。

このほかにも『古今図書集成』をオンライン公開している台湾の大学図書館サイトが複数存在し、故宮東呉よりも使いやすいシステムのものも見受けられる。しかし、恒久的に対外公開しているところは少なく、突如繋がらなくなってしまうケースが多い。Googleで検索するなどして、その都度、使いやすいシステムを探してもらいたい。

●中国歴代人物伝記資料庫　　http://db1.ihp.sinica.edu.tw/cbdbc/ttsweb?@0:0:1:cbdbkm

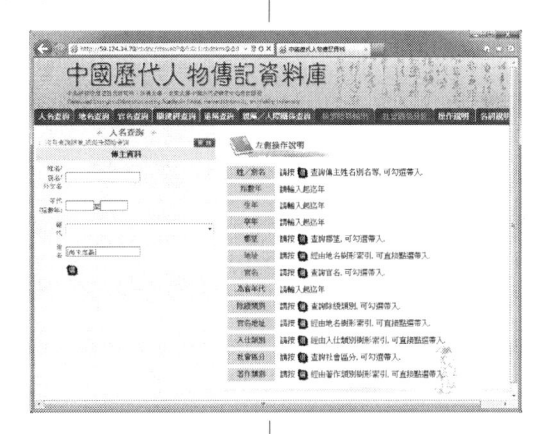

哈仏燕京(ハーバードイェンチン)学社・中央研究院歴史語言研究所・北京大学が共同プロジェクトとして構築を進める人物の知識ベース。唐〜宋代を中心に収録しており、年齢・性別・時代・関係する地域・社会階層・親族関係などがデータ化されている。唐代の人物に関しては、京都大学人文科学研究所の作成した「唐代人物知識ベース[3]」のデータともリンクしている。

[3] http://tkb.zinbun.kyoto-u.ac.jp/pers-db/

出土資料データベース

山田　崇仁　Yamada Takahito

◉文物図像研究室資料庫　http://saturn.ihp.sinica.edu.tw/~wenwu/ww.htm

台湾中央研究院歴史語言研究所文物図象研究室が運営する出土資料のデータベース。文字コードはBig5だが、よく文字化けするので、そのときはp.38を参照して対応してもらいたい。

［全文檢索］をクリックすると中央研究院歴史語言研究所文物図象研究室資料庫検索系統が開く。［簡帛金石資料庫 -- 書目］・［漢畫論文目録檢索系統］・［武氏祠畫象檢索系統］などがあるが、［簡帛金石資料庫 -- 全文］で春秋戦国から漢代を中心とした出土文字資料が全文検索できる。

［簡帛金石資料庫 -- 全文］は、1990年代までに公刊された報告書に収録される出土文字資料のほとんどを網羅しており[1]、竹簡や木簡だけでなく、石碑・銅器・印文（封泥）なども収録している。

Big5コードに未収録の文字は外字[1]で入力されているが、肝心の外字ファイルに関する情報が見当たらないため、それらの文字を閲覧することができない。また、表示される情報がテキストのみなので、底本と対照して確認する作業が欠かせない。

[1] 収録文献リスト。http://saturn.ihp.sinica.edu.tw/~wenwu/bib.htm

[1] 用語解説参照。

[2] 国際敦煌プロジェクト：シルクロード オンライン http://idp.afc.ryukoku.ac.jp/idp.a4d

◉国際敦煌プロジェクト　http://idp.bl.uk/

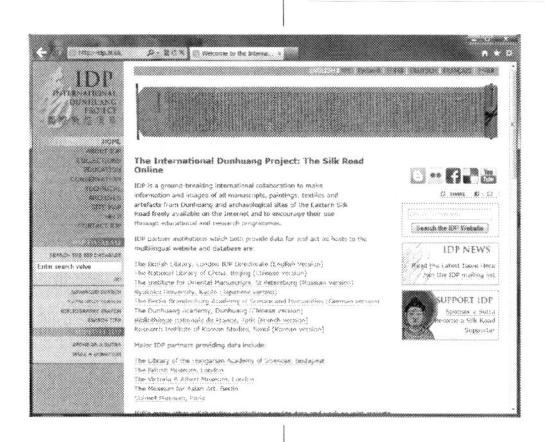

IDP（International Dunhuang Project）は、敦煌やその近隣の遺跡の出土物をデータベース化し、インターネットで公開することを目的とする国際プロジェクト。イギリス大英図書館の主催（日本語サイトは連携協力機関である龍谷大学が運営[2]）。

特徴的なのが、フランス国立図書館や中国国家図書館など、大英図書館以外に敦煌関係資料を所蔵する世界各地の関係機関と連携し、世界中の敦煌関係資料の一大アーカイブを目指す点である。

データベースでは、文書番号やその他キーワードを指定して検索

II-8. 中国古典文献データベース

が可能。検索結果から目的の文書を表示すると、画像及び関連情報が閲覧できる。上記文物図像資料庫と連携して使ってみるのもよい。

◉ 拓本文字データベース　http://coe21.zinbun.kyoto-u.ac.jp/djvuchar/

京都大学人文科学研究所の安岡孝一氏を中心とした「拓本[2]文字データベース作成委員会」プロジェクトの成果物。京都大学人文科学研究所所蔵石刻拓本資料（前漢～中華民国）を画像とデジタルテキストを組み合わせてデータ化し、拓本の文字を検索するシステム。

[2] p.151 参照。

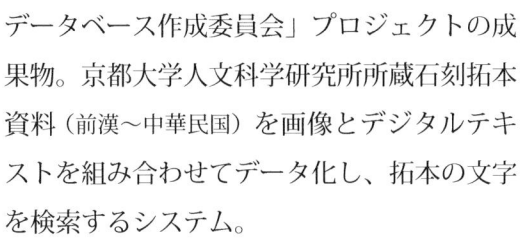

検索結果には、検索語を含む拓本の部分画像およびその前後の文字列が表示されるので、その部分画像をクリックして拓本全体を閲覧する。データは DjVu 形式[3]であり、閲覧にはプラグインが必要となる。

[3] 用語解説参照。

DjVu 形式の特性を活かし、拓本画像に電子テキストを埋め込んでいるため、表示された拓本画像の必要部分を選択してテキストをコピーし、他のソフトに貼り付けることもできる。

◉ 殷周青銅器地理資訊系統　http://gissrv4.sinica.edu.tw/SDBronzeVessels/Default.aspx

台湾中央研究院歴史語言研究所が運営する、殷代から始皇帝統一以前の青銅器を対象とした歴史地理情報データベース。青銅器の器名・器種・時代・地域などを選択・入力して検索し、該当する青銅器の出土地点を地図上に表示するシステム。

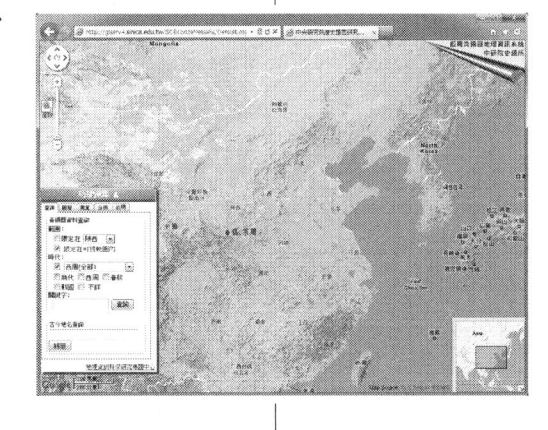

地図は Google マップの現代地図に各時代の歴史地名を重ねて表示しているが（現代の地図上に透過して表示することも可能）、これは同システムが基づく譚其驤主編『中国歴史地図集』の方式を踏襲したものであろう。刊行から 30 年、中国の地名・行政区画が大きく変化したため『中国歴史地図集』の実用性は大きく損なわれている。最新の Google マップに基づく同システムは、先秦時代に限られるとはいえ、その欠を補うものとして利用することもできよう。

193

中国古典文学

千田　大介　Chida Daisuke

網路展書読 (ネットワークリーディング)

http://cls.hs.yzu.edu.tw/

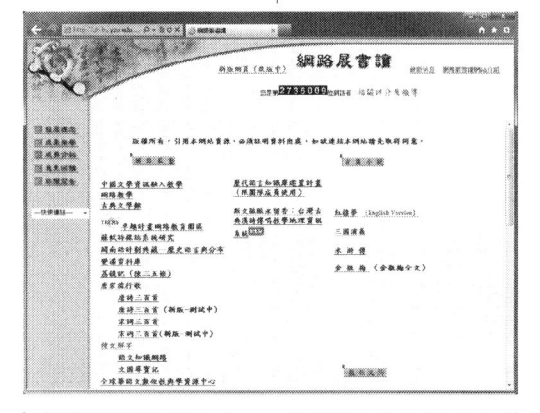

台湾元智大学中国語文学系の羅鳳珠教授が主宰する、中国古典文学総合サイト。1993年に公開された老舗サイトであり、コンテンツも、小中高校生向けの古典文学や台湾現代文学の解説、学生向けの古典詩歌創作支援コンテンツなどの教育向けのものから、研究レベルのものまで多岐にわたっている。

中国古典文学を研究する上で特に有用なのは、古典文献の全文検索であろう。特に有用なのがトップページからリンクしている［唐宋文史資料庫］で、［全唐詩］・［唐宋詞］・［宋詩］の3種の全文検索システムがある。

このうち唐宋詞は、底本は明記されていないものの『全唐五代詞』・『全宋詞』はほぼカバーしているようだ。宋詩は蘇軾・陸游など宋代の主要作家の詩歌を収録している。いずれも、作者・タイトル・本文などを指定した検索が可能だが、文字コードは台湾Big5コードで異体字同一視検索に対応していないので、コードセパレート文字[1]は台湾系の字体を入力しなくてはならない。

『全唐詩』・『全宋詩』については北京大学が開発したデータベースもあるが[1]、あわせて30万円以上と個人契約がためらわれる金額なので、それらが使える環境にない場合は、底本や収録範囲などに不安は残るものの、網路展書読の利用が現実的な選択肢となろう。

このほか、楽府詩や明清通俗小説『三国演義』・『水滸伝』・『金瓶梅詞話』・『紅楼夢』の検索サービスなどがあるので、いろいろと開いてみていただきたい。全般に、電子テキストの底本や校訂に関する説明が見あたらずデータの信頼性が確認できないので、参考程度にしか使えないのが残念である。

中国ではインターネット規制の強化によってWebサーバが自由

---

[1] p.95参照。

[1] 『全唐詩分析系統』および『全宋詩分析系統』。日本では東方書店が代理店。http://www.toho-shoten.co.jp/er07/bjdata.html

に設置できなくなっている。おそらくそうした影響だろう、2000年代後半、多くの大学がWebコンテンツを整理するなかで、それまで公開していた学術データを撤去している。このため、有償大規模データベースの隆盛とうらはらに、中国におけるフリーの古典文献データベースは停滞気味である。

こうしたことも、いつまでも老舗の網路展書読のみが目立ってしまう一因であろう。

●中国古典戯曲データベース　http://ccddb.econ.hc.keio.ac.jp/wiki/

筆者が中心となって構築を進めているデータベースで、主に元明清代に作られた雑劇・伝奇などの古典戯曲作品とその周辺資料の全文データ、および工具書などの情報を収録する。システムにはWikipediaで使われているMediaWiki[2]を採用し、全文検索機能のほか、曲牌の抽出・曲辞の音韻情報表示といった機能を実現している。戯曲の目録や近世白話語彙の辞書などについては、著作権が切れているものは全文を、切れていないものについては目次情報を入力・整合している。

現在構築中であるため、正式公開しているデータは『元曲選』など一部にとどまっているが、主要な戯曲選集・作品および筆記小説などの周辺資料、さらには京劇などの伝統演劇関連文献や上演資料などをすでに数千万字規模で電子テキスト化しており、今後、整理が完了したものから順次公開していく予定である。

[2] http://www.mediawiki.org/

仏典

師　茂樹　Moro Shigeki

●電子化された仏典を使いこなそう

　東アジアの文化、歴史を知るうえで、仏教の存在は欠かすことができない。仏教文献（仏典）はもともとパーリ語やサンスクリット語などのインドの言葉で書かれ、それが各地に伝わって漢文（古典中国語）やチベット語、中央アジアの諸言語に翻訳され、さらにそれを読んで仏教に帰依した人々が現地の言葉で注釈書や思想書、歴史書などを書き残したものの集成である。したがって、仏典の数も「八万四千の法門」などと呼ばれるほどの膨大なものになる。

　漢文で書かれた仏典については、これまで紹介してきた中国古典文献オンラインデータベースのなかにもいくつか収録されているが、残念ながら数ある仏典を網羅的に収録しているわけではない。仏典を調査する場合には、「大蔵経」や「一切経」と呼ばれる叢書を用いることが一般的である。大蔵経にはすべての仏典が収録されているわけではないが、それでもかなりの範囲をカバーすることができる。ここでは代表的な大蔵経のテキストベースを2つ紹介しよう。

●大正新脩大藏經テキストデータベース（SAT[サット]） http://21dzk.l.u-tokyo.ac.jp/SAT/

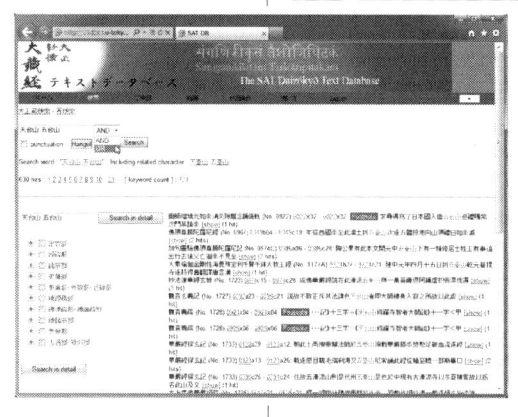

　その名のとおり『大正新脩大蔵経』の1～85巻が収録されているデータベースである。『大正新脩大蔵経』は、サンスクリット語などから漢訳された経典や、中国・朝鮮半島・日本の仏教者が漢文で書いた注釈書・歴史書などが収録されている、漢字仏典の研究者に最も多用されている叢書である。

　利用方法には、大きく分けて①閲覧と②検索の2つがある。

　①検索せずに閲覧だけしたい場合には、画面の左側にある文献ツリーをたどって、読みたい文献を探す。本文をコピー＆ペーストする際に、本文左側の行番号を消したい場合には、画面上部の「[行番号：有/無]」の「無」をクリックすればよい。また、文献の本文を選択すれば、『Digital Dictionary of Buddhism 電子佛教辭典』や

インド学仏教学論文データベース（INBUDS）[1]が検索可能となっている。

[1] p.150 参照。

②検索は画面左上の検索ボックスに検索語を入力する。検索語の常用漢字体・旧字体を自動的に変換してくれるので、「中国」で検索しても「中國」も検索してくれる。また、検索語を空白で区切り、検索ボックスとなりのドロップダウンリストで［AND］または［OR］を選んで検索すれば、and 検索や or 検索が可能である。例えば「観音 勢至」という検索語で and 検索をすれば、「観音」・「勢至」両方の用例がある文献を検索し（必ずしも検索語が近くにあるわけではないので注意）、or 検索では「観音」・「勢至」両方のどちらかを用例として持つ文献を検索してくれる。検索結果から、ヒットした文献の該当箇所を閲覧することもできる。

なお、SAT で用いられている字体は『大正新脩大蔵経』そのままではなく、一部の文字については常用漢字体が使われている部分もある。検索した結果については、紙の『大正新脩大蔵経』でも確認しておこう。

◎ CBETA 中華電子仏典協会　　http://cbeta.org/

『大正新脩大蔵経』の 1〜55 巻および 85 巻（56〜84 巻の日本撰述部は除く）と、『卍続蔵経』の一部がテキストデータベース化され、ウェブ上で検索・閲覧ができるほか、専用アプリケーションなども公開されている。『卍続蔵経』には『大正新脩大蔵経』に収録されていない中国撰述の仏典や禅籍などが多数収録されており、中国仏教の研究者によく用いられている。

オンライン検索サービスは Google を利用しているので、p.92 以下で紹介した Google のテクニックをそのまま使うことができる。注意しなければならないのは、台湾で一般的な字体が採用されている点である。たとえば『大正新脩大蔵経』に「衆生」と書かれていても、CBETA では「眾生」と入力されているので、「衆生」で検索してもヒットしない。

大規模古典文献データベース

千田　大介　Chida Daisuke

◉文淵閣『四庫全書』電子版

http://www.sikuquanshu.com/

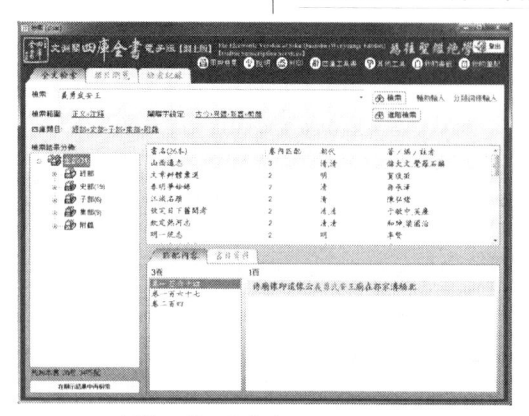

文淵閣『四庫全書』電子版v3.0

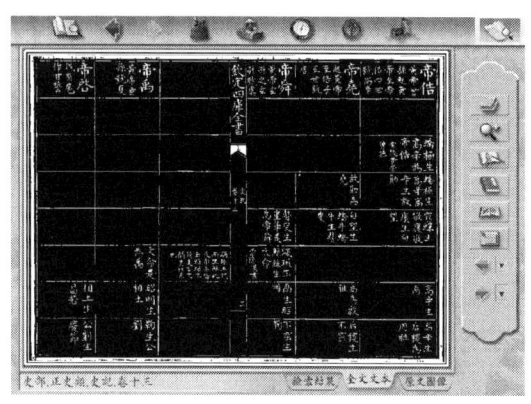

『四庫全書』旧版で表を表示

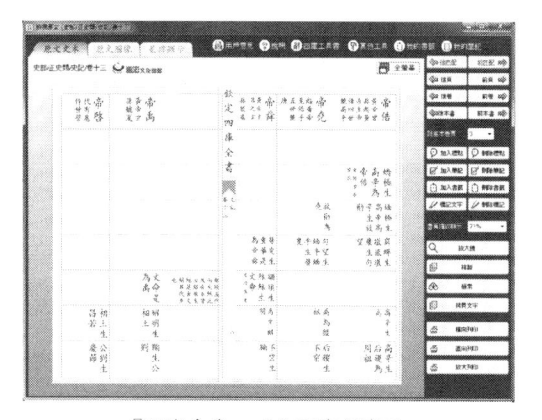

『四庫全書』v3.0で表を表示

[1] 用語解説参照。

文淵閣『四庫全書』電子版は、中国・香港共同のミレニアムプロジェクトの成果として、1999年に香港迪志文化出版有限公司から発売された。清の乾隆帝の勅命により編纂された収録書籍約3千5百種、合計文字数約10億字にも及ぶ『四庫全書』を瞬時に検索できるようになったことは、中国学の文献調査方法を大きく変えたといえよう。

また、OCRで原本をそのまま電子テキスト化し、異体字を翻字しない代わりに強力な異体字同一視機能を備えた検索システムを用意するという制作方法は、その後の大規模漢字文献データベース開発の道を拓いた。

現在、『四庫全書』電子版はバージョン3.0にアップグレードされている。旧版では、UnicodeのURO・Ext.Aに5千字程度の外字を追加したCJK+と称する独自の文字コードを採用していたが、v3.0ではURO・Ext.A・Ext.Bの約7万字に対応した。そのほか1,592字の外字[1]や1万1千字の小学類で用いられる符号が使われており、専用フォント「FZKaiT-Extended」が付属する。また、従来は画像で収録されていた表や系図の類がデジタル化されて、検索できるようになった。

v3.0には、イントラネット版・ネットワーク版などがある。ネットワーク版はブラウザではなく専用ソフトでアクセスする方式で、インターフェイスが旧版よりも洗練され、使いやすくなっている。

II-8. 中国古典文献データベース

◉『四部叢刊』電子版と書同文社の製品

http://www.unihan.com.cn/

　北京書同文数字化技術有限公司（以下、書同文社）は、前述の『四庫全書』電子版を作成するために組織された企業である。文字コードのCJK+、OCRと独自の校正システムによる古典文献デジタル化作業の効率化、強力な異体字同一視機能を備えた検索システムといった技術は、いずれも同社が開発したものである。

　書同文社では、元のテキストの質が良くないという『四庫全書』の欠点を補うべく、『四部叢刊』のデジタル版を開発している。『四部叢刊』は中華民国の時代に編纂された叢書で、続編・三編と合わせて、約450種の文献を収録しているが、善本[2]を中心に収録しているため、版本の質が高いことで知られる。

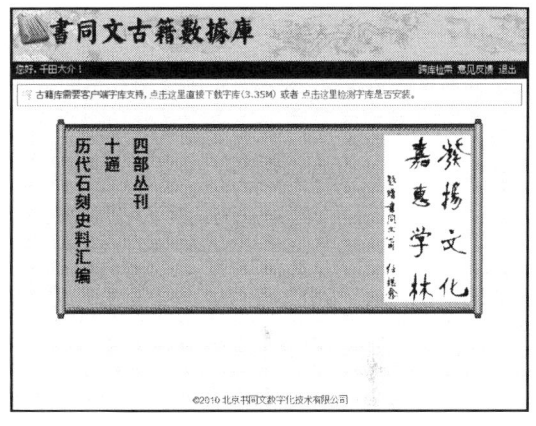

　書同文社はこのほか、『康熙字典』・『十通』・『歴代石刻史料』・『大明実録』・『大清歴朝実録』・『大清五部会典』などの古典文献データベースも開発・発売している。これらはいずれも『四庫全書』電子版で開発された技術を応用したもので、インターフェイス・使い方などは大差ない。

　書同文社ではこれらのデータベースのオンライン版「書同文古籍数拠庫（データベース）」も開発している。従来版はインストール後の認証に手間が掛かる、Windowsのバージョンによっては動作しないといった問題があったが、オンライン版ではこれらの問題が解消されるとともに、パソコンでどこからでもアクセスできるようになり、またインターフェイスも使いやすくなっている[1]。

『四部叢刊』電子版

書同文古籍数拠庫

[2] p.151参照。
[1] 『四庫全書』電子版および書同文社製品の日本代理店は漢字情報システム社（http://www.naf.co.jp/kis/）だが、執筆時点で同社Webサイトにはネットワーク版に関する情報が見あたらない。

● 『中国基本古籍庫』と愛如生社の製品　　　　　　http://er07.com/

　2006年に発売された『中国基本古籍庫』は、北京大学の劉俊文教授が企画し、北京の愛如生社が製作した古典文献データベースである。収録書籍は1万種以上、それぞれ1〜2種の重要版本・鈔本[3]の画像が収録され、全文データの文字数は20億字にも達する。つまりこのデータベース1つで、中国学の基本的古典文献を揃えることができる。ネットワーク版とスタンドアロン版があり、日本では東方書店が代理店になっている[4]。

　20億字を一瞬にして検索できる威力は圧倒的であり、同ソフトが中国・韓国などで大学・研究機関が当然導入すべき中国学学術インフラとして位置づけられているのも頷ける。『四庫全書』・『四部叢刊』に収録されていない通俗文学作品が検索できるのも嬉しい。

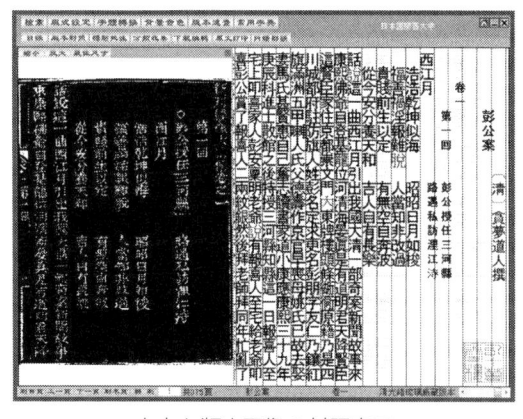

　とはいえ『中国基本古籍庫』にも問題はある。たとえば、収録される影印[5]画像には画質が低くて判読できないものも見られるし、異体字同一視検索機能も完全性に欠ける。また検索に使うテキストデータが「通行本」に基づいているため、序跋や注釈が省略されているものが多く、底本から書き換えているとおぼしき箇所もある。文献データベースのメリットの1つは、ある言葉の用例の不在を証明できることにあるが、『中国基本古籍庫』は用例の存在を証明することにしか使えない。

　とはいえ、20億字を瞬時に検索できるメリットは欠点を補って余りあるものであり、1,500万円を超える価格がネックになるとはいうものの、中国学関連コースのある大学や研究機関には積極的に導入してもらいたいものである。

　なお、愛如生社では『基本古籍庫』に引き続き、地方志を網羅的

検索結果画面

本文と版本画像の対照表示

[3] p.151 参照。
[4] p.166 参照
[5] p.151 参照。

に集めた『方志庫』や類書を集めた『類書庫』はじめ、歴史資料・通俗文学・新聞雑誌など、多くのデータベースを開発・発売しているが、いずれも数百万から1千万を超える価格である。また細かいジャンルごとの文献を集めたリーズナブルな「拇指数拠庫」もある。いずれもその分野の研究者にとっては垂涎であろう。

◉これからの大規模古典文献データベース

中国では現在、いくつかの大規模プロジェクトが動いている。

その1つが『清史』編纂プロジェクトである。2002年に始動した同プロジェクトは、清王朝一代の正史を改めて編纂しようというものであるが、中国国内では税金の無駄遣いであるとの強い批判もある。

同プロジェクトでは資料として使われる各種文献を大規模にデジタル化している。現在、国家清史編纂委員会のサイトである中華文史網[2]からリンクするデジタルライブラリは同プロジェクト関係者しか閲覧することができないが、［資源在線］（リソースオンライン）以下にデジタル化された文献や目録・索引がいくつか公開されている。『清史』完成の暁には、すべての電子テキストが何らかの形で公開されるものと期待される。

[2] http://www.qinghistory.cn/

もう1つが2011年に始動した中華字庫（フォント）プロジェクトである。同プロジェクトは、甲骨・金文から現代の簡体字に至るまで、ありとあらゆる漢字字形と、現在および過去のすべての少数民族文字について、フォントを作成することを目標としており、成果フォントは漢字だけでも30万字形に達すると見積もられている。その典拠とするため、古今のさまざまな文献のデジタル化が計画されており、漢字文献に関しては元代以前のすべての版本および明代以降の主要文献を30億字規模でデジタル化するという。

このプロジェクトも国家新聞出版総処が推進する国家事業であるので、フォントのみならず構築された文献データベースについても、将来公開される可能性が高い。

こうした中国の国家的プロジェクトを通じて、いっそう中国学研究のデジタル化が加速していくことになるのだろう。

II-9. 書籍データの入手

電子テキスト・書籍画像データと著作権

小島　浩之　Kojima Hiroyuki

　Web上で入手したデータを利用する際には、他者の権利を侵害しないように注意せねばならない。そこで、データ利用の各論に入る前に、著作権など諸権利の留意点について簡単に述べる[1]。

●著作物とは何か、著作権者は誰か

　著作権は著作物に生ずる権利である。ところが何を著作物とするかは意外と難しい。著作権法では著作物を次のように定義する。

> 思想又は感情を創作的に表現したものであつて、文芸、学術、美術又は音楽の範囲に属するものをいう[2]

　重要なのは、思想又は感情のオリジナリティーのある表現で、広く文化的なものという点である。ここから単なるデータや、事実は著作物ではない。また発明・工業用デザイン・キャッチコピーなど[3]も著作権法の対象外となる。図書や論文が著作物であることは自明だが、書状や手紙などは別途慎重に判断しなければならない。

　著作物であれば、著作権者がいるはずだ。論文であれば、著作権者はより明白かもしれない。しかし掲載誌の編集部に著作権が移っている可能性もある。著者＝著作権者ではない場合もあるので注意が必要だ。また、本文の著作権者とは別に、挿絵などの著作権者が存在することもある。本の表紙デザインなども安易なデジタル公開は避けた方がよい。

　これ以外に、出版社が主張する版面権や、古典籍の校訂者の権利をどうするかという問題もある。いずれも現行の日本の著作権法では認められていない権利だが、対応に十分注意すべきである。

●保護期間の確認

　著作物は一定の保護期間を経過すると、公共物として自由に利用が可能となる。保護期間は、原則、著作者の死後50年である[4]。

---

[1] 著作権については本会でも『法学と東洋学の対話』（仮題）の出版を予定しているので、是非参照されたい。

[2] 著作権法第2条第1項第1号。

[3] これに関しては特許・意匠・商標登録といった形で保護される。

[4] これは原則であってさまざまなバリエーションがあるので、詳しくは文化庁著作権課のページを確認されたい。http://bunka.go.jp/chosakuken

保護期間内であれば、一部の例外を除き、複製[5]や公開に著作権者の許可が必要となる。我々が図書館で本をコピーできるのは、図書館の蔵書は調査研究のために著作者の許可なく複製することを許されているからである[6]。コンビニでコピーが許されるのは、私的複製といって個人利用であれば、やはり著作者の許可なく複製することが許されているからである[7]。また教育上の利用においても無許諾の複製が可能である。授業やゼミで教員や学生が講義や報告の資料として複製することは法律上認められている。さらに研究上情報解析が必要な場合は、著作者の許可無くデータ入力することもできる。それ以外の場合は、原則として複製には著作権者の許諾が必要だと考えておいた方が賢明だろう。

◉データ加工・公表と著作権・人権

入手したデータを加工して利用する場合には、改竄や剽窃をしたり、著作者の人格を傷つける行為をしてはならない。また公開に際しても人権に対し配慮が必要になる。公開することで、特定地域や関係者の子孫が差別等を受ける恐れのあるような資料は、たとえ著作権が切れていても電子化してWeb公開すべきではない。また肖像の場合は肖像権に注意を払う必要もある。

ところで、著作物をWeb上で公開することは、法律上、複製とは別の行為とみなされる。私的複製が可能だからといって、著作権が切れていないものを、ネット上に著者の許可無く公開してはならない。

◉そのほかの権利との関係

著作権と混同されやすい権利に所有権がある。著作権が表現という形の無いものに対する権利であるのに対し、所有権は物体そのものに対する権利である。図書館の蔵書はモノとしては図書館に所有権があるが、本の中身の表現や思想に対する権利は著作者にあるのである。図書館などが、著作権の切れた資料でも掲載等に許諾を求めるのは、この所有権を行使しているからにほかならない。したがって、ダウンロードした画像を論文等に掲載する場合には、所有者に許諾を得るのが礼儀である。

---

[5] 複製はコピーだけを想像しがちだが、スキャニングや、文章を打ち込みテキストデータを作成する行為もすべて複製である。

[6] ただし、最新号の雑誌では一定期間を経過するまで複写できない、図書の場合に複写できるのは著作物の半分程度などの縛りがある。

[7] どこまでを私的複製の範囲とするかは議論のあるところである。コピー代行や最近流行のいわゆる「自炊」(p.210参照) 代行は私的複製の範囲を超えるとの主張もある。また私的複製は個人利用を前提としているので、他人の分も一緒にコピーするといった行為も当然法律上はアウトである。

Wikisource 中国語版

http://zh.wikisource.org/

千田　大介　Chida Daisuke

◉ Wikisourceとは

Wikisourceは、ウィキメディア財団が運営するサイトで、Wikipedia[1]の姉妹サイトにあたる。著作権の切れた文献、著作権法で自由な利用の認められた法令・条約など、さらには歌詞・演説など、あらゆるフリーなテキストデータを登録・管理するWiki[2]として構想されている。要するに、誰もが自由に使うことのできるテキストデータを集積する場、と考えればよい。

Wikipediaと同様、多言語に対応したシステムを持っており、本家は英語版だが日本語版・中国語版など、さまざまな言語版が運用されている。

[1] p.102参照。

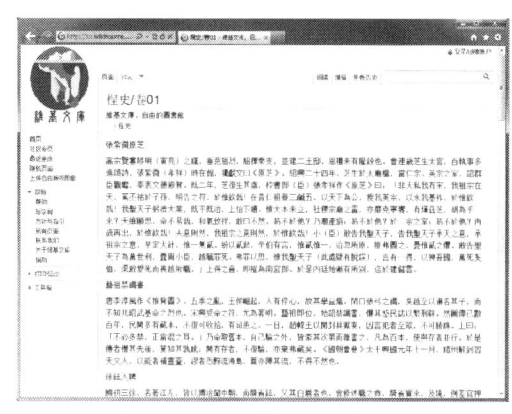

[2] 用語解説参照。

[3] 用語解説参照。

◉ Wikisource 中国語版（維基文庫）

日本語に関していえば、すでに青空文庫[3]という定評のあるフリーテキストアーカイブがあったためであろうか、Wikisourceはさほど充実していない。それに対して中国語版はかなり充実した内容を持っている。

Wikisourceでは分類から文献を探すこともできるが、こと中国語版に限っては、登録されながら分類情報が一切書かれておらず、分類目録からたどれない文献が多く見られるので、文献名で検索してみた方がよい。もちろん、登録されている文献の全文検索もできるので、任意のキーワードを指定してもよい。

なお、Wikisourceの検索システムでは、項目に立っている文献名については簡体字・繁体字を同一視検索してくれるが、本文中に含まれる字句はといえば、異体字はおろか簡体字・繁体字も同一視されない。このため、検索語の字体を変えて何とおりか検索してみなくてはならない。

Wikisource 中国語版で文献を表示

目的の文献が見つかったら、それをコピーして Word・テキストエディタなどに貼り付けて、再利用することもできる。必要な文献のデータを手元に集積しておけば、自前のテキストデータベースを作ることもできる（詳細は p.214 以下参照）。

◉テキストの質

　Wikisource 中国語版のテキストデータを利用する上で注意しなくてはならないのが、データの質の問題である。

　まず簡体字・繁体字の問題がある。Wikisource 中国語版に登録された古典文献のテキストデータは繁体字のものが多いが、ときおり簡体字を繁体字に機械的に変換したとおぼしく一部の文字が誤変換されているものが見受けられるので、注意が必要だ。なお、Wikisource では簡体字・繁体字の切り替え表示に対応しているが、自動変換による誤字を避けるため［不转换］（変換しない）を選んだ方がよいだろう。

　またテキストデータの大多数は、底本について書かれていない。そうしたデータのほとんどはネット上で拾ってきたものであろうが、活字本を OCR したデータ、他のデータベース・CD-ROM 製品などから抽出したデータ、素性もさまざまであると思われる。中国学の研究で引用する文献資料には、素性がはっきりしている良質のエディションであることが求められるので、いずれにせよ底本が明示されていないテキストデータをそのまま利用することは難しい。

　字体や底本に不安があるため、Wikisource の電子テキストを研究利用するには、まず定評のある版本や活字本に基づいて、テキストクリティークしなくてはならない。

　ここで忘れてはならないのが、Wikipedia と同様、Wikisource も自分で書き換えることのできるオープンなシステムである点だ。研究利用のためにテキストクリティークしたデータを改めて Wikisource にアップロードしたならば、今後そのデータを利用するだろう人々の利便性を高めることで学術の発展に些かながらも寄与できるし、これまでにデータを登録・管理してきたボランティアの苦労に報いることにもなろう。Wikisource のデータを利用したならば、Wikisource の育成にも貢献したいものである。

オンライン電子テキストアーカイブ

千田　大介　Chida Daisuke　山田　崇仁　Yamada Takahito

◉国学網　　　　　　　　　　　　　　　　http://www.guoxue.com/

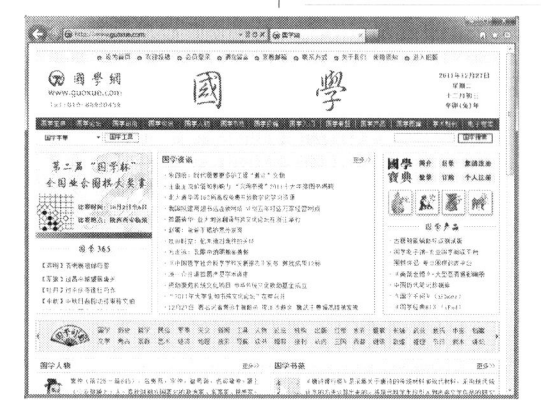

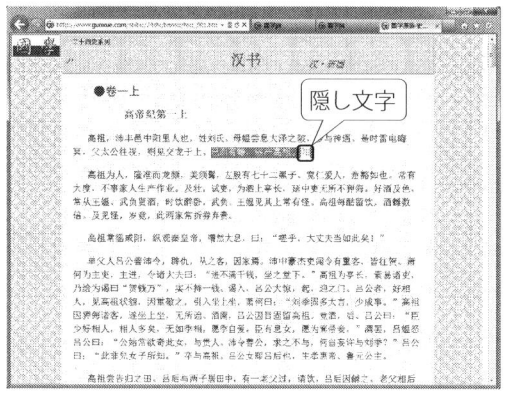

国学の電子テキスト

　北京国学時代文化伝播社が運営するサイト。中国語の「国学」とは、西洋の「新学」に対して「伝統的中国学」のことをいい、国学網はそのポータルサイトを目指している。古典文献であっても繁体字を絶対に使わず簡体字に固執するのは、中国における教養国学のあり方を示すものともいえよう。

　国学網は『国学宝典』をはじめとする多くの文献データベース製品の開発でも知られており、サイト上にはそうした製品の情報や、それらをオンライン化した会員登録しないと見られないコンテンツも多い。

　国学トップページ右側の「経」・「史」・「子」・「集」アイコンをクリックするとフリーの古典文献電子テキストのリストが表示される。いずれも簡体字で、しかもコピー防止のための隠し文字が埋め込まれているので、利用する際には、ページを保存してHTML[1]ソースを正規表現[2]で置換するといった処理が必要になる。

[1] 用語解説参照。
[2] p.226 参照。

◉亦凡公益図書館　　　　　　　　　　　　http://www.shuku.net/

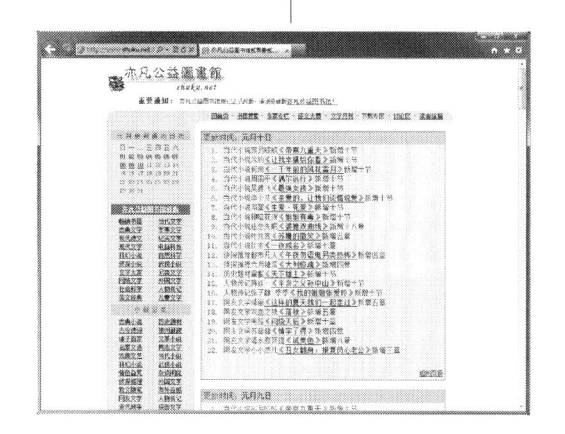

　2000年前後の中国語インターネットの発展期には電子テキストを収集したアーカイブが林立したが、いまに至るまで運営が続いているのはこの亦凡公益図書館くらいである。文学作品を中心に古典から現代までさまざまな簡体字の電子テキストを集めているが、現代の作品など明らかに著作権法に違反しているものも多いので、注意が必要だ。

◉古典小説之家   http://club.xilu.com/wave99/

中国の大手掲示板サイトの1つ西陸網[1]のボード。ユーザーが掲示板に電子テキストを貼り付ける形式で、大量かつ多種多様な中国古典文献のデータを集積している。

ほかのサイトからの転載、大規模データベースからのコピーと思われるもの、オリジナルなどさまざまな電子テキストがある。簡体字のものと繁体字のものが混在しているのは、出所の違いを反映しているのであろう。

電子テキストを探す際には、検索ボックスで検索するのが手っ取り早い。右のプルダウンで［主題］・［作者］・［内容］のいずれかを選び［捜索］をクリックする。異体字の同一視検索機能はない。

このほか、検索ボックス上の分類から探すこともできるし、分類目録［『古典小説之家』书目分类索引］が常に掲示板の上位に置かれているので、それをクリックしてもよい。

底本や校訂に不安のあるものが大半だが、更新（＝書き込み）が頻繁で、ここにしか見られない電子テキストも多いので、定期的にチェックした方がよいだろう。

古典小説之家の電子テキスト

[1] http://www.xilu.com/

[3] 用語解説参照。

◉中国青少年新世紀読書 網   http://www.cnread.net/

1999年に開設された共産主義青年団系のサイトで、若者の読書プラットフォーム[3]を目指している。

古典文献の電子テキストは、トップページ上よりの［图书馆］（図書館）カテゴリで閲覧する。また［长篇原创］（長編オリジナル）・［短篇原创］（短編オリジナル）以下には、オンラインオリジナル小説のデータがある。いずれも簡体字で底本が表示されていない。

iShare

http://ishare.iask.sina.com.cn/

山田　崇仁　Yamada Takahito

[1] http://www.sina.com.cn/

[1] 用語解説参照。

◉ iShare とは

iShare は、中国の大手ポータルサイト新浪網(サイナネット)[1]が運営するファイル共有サイトで、中国語名称は［新浪愛問―共享資料］(サイナアイアスク　データシェアリング)。ファイルをアップロードして他人と共有するサービスを提供する。

サイト上にアップロードされているファイルの多くは、ユーザー登録しなくてもクリックすればダウンロードできる。ダウンロードアイコンに［1 分］などと書かれていたらポイントが必要なので、まず無料のユーザー登録を行い、初期ポイントの 20 ポイントを入手しよう。ポイントはダウンロードのたびに減少するが、自分でファイルをアップロードしたり、それを他のユーザーがダウンロードしたりすることで、追加ポイントを獲得できる。

◉ ファイルを入手する前に

iShare には多種多様なファイルがアップロードされており、なかには少々危険だと思われるものもある。このため、あらかじめファイルの種類について基礎的な知識を身につけておきたい。

ファイルの種類は、ファイル名の「.」の後ろに書かれた 3 ～ 4 文字のアルファベット「拡張子」で区別するが、iShare にはテキストファイル（.txt）・PDF ファイル（.pdf）・Word ファイル（.doc、.docx）といったなじみ深いものから、画像による電子書籍である DjVu(デジャヴ) ファイル（.djvu）[1]、ZIP や RAR といった圧縮ファイル、さらには日本では見かけない拡張子のものもある。拡張子が .exe や .com のものは実行形式のファイルで、ウイルスやスパイウェアが紛れている可能性がとりわけ高いので、取り扱いには細心の注意が必要となる。

実際にダウンロードする前に、目的のファイルの拡張子を確認し、よくわからない拡張子の場合は Google で検索してみた方がよい。必要に応じて、それらのファイルを開くためのソフトも入手しておこう。また、中国はパソコンのウイルス罹患率が高いので、どのような形式のファイルであれ、ダウンロードしたらすぐにアンチウィルスソフトでチェックしてほしい。

●ファイルをダウンロードする

iShare では、検索ボックスに探したい書籍の名称を入力して検索し、検索結果一覧からリンクをクリックすればよい。簡体字・繁体字のほか常用漢字体も含む異体字の同一視検索機能はあるが完全ではないので、検索語は簡体字 IME で入力した方がよい。

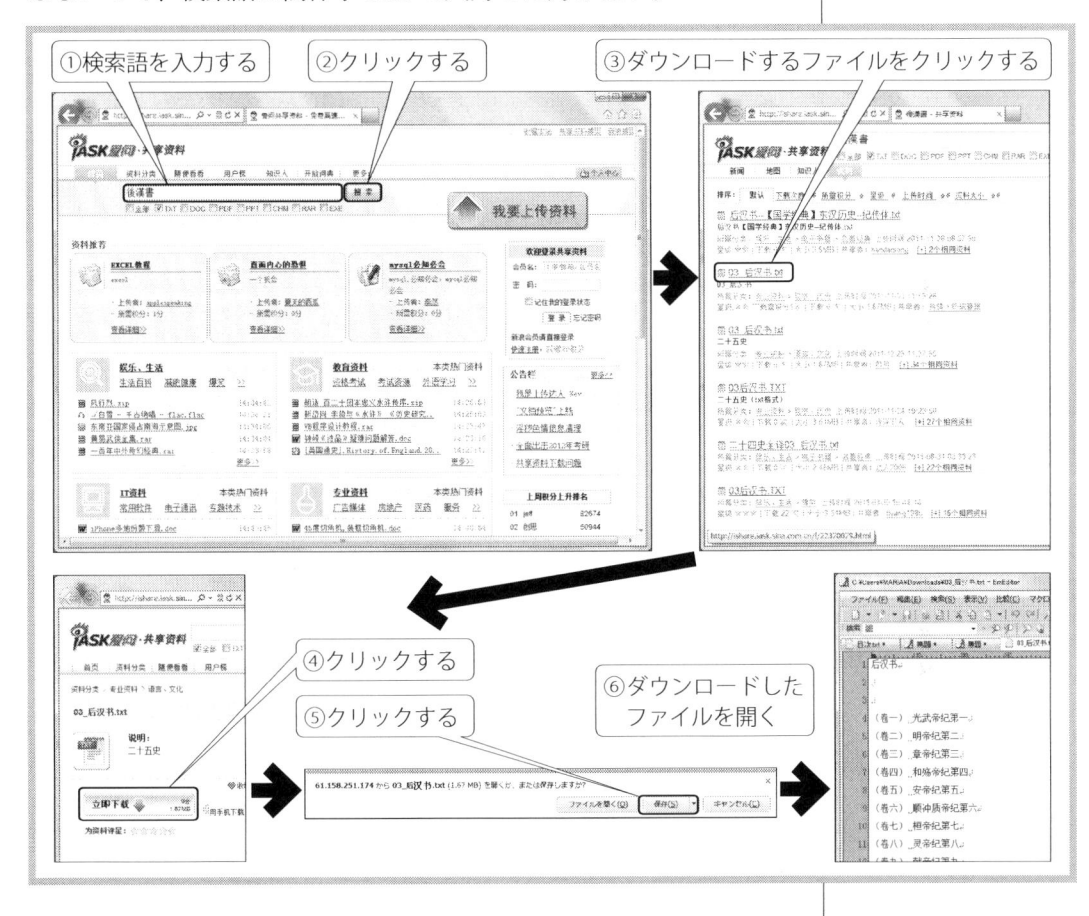

①検索語を入力する　②クリックする　③ダウンロードするファイルをクリックする
④クリックする　⑤クリックする　⑥ダウンロードしたファイルを開く

●違法ファイルに注意

iShare にアップロードされているファイルには、素性の疑わしいものも少なくない。たとえば、最近出版された文学作品のファイルは確実に著作権者の許諾を受けていない違法ファイルであると思われる。また古典文献の影印[2]についても、どこかの電子図書館から流出したとおぼしいファイルが多く、原本の収蔵者の許諾を得るという法律上必要な手続きを経ているのかは疑問である[3]。

こうした違法ファイルについては、ダウンロードしないように心がけよう。

[2] p.151 参照。

[3] p.202 参照。

中国語の本を「自炊」する

師　茂樹　Moro Shigeki

●最終手段の「自炊」

　これまで見てきたように、中国学関連のオンラインデータベースや電子テキストの充実ぶりとその便利さは目を見張るものがあるが、それでもすべての文献が網羅されているわけではない。特に、著作権が切れていない近現代の文献や、マイナーな分野については、電子化されているものがとても少ない。そういった文献の検索などをしたいときには「自炊」という手段がある。

　通常「自炊」といえば自分で炊事（料理）をすることであるが、コンピュータ用語としての「自炊」は、紙の書籍を自分で電子書籍にすることをいう。自炊にはいろいろな方法があるが、本を断裁して、連続スキャンができるスキャナで一挙に電子化する、という方法が効率的ということで広く行われている。本をばらさずにスキャンする方法もあるが、きれいにスキャンできないうえに時間もかかる。断裁できる場合には断裁したほうがよいだろう。

●断裁からスキャンまで

　本の断裁は断裁機で行う。筆者は大学の断裁機を使っているが、個人で何冊も断裁するならば、実売価格で2〜3万円程度の断裁機を購入するのもよいだろう。本の断裁のテクニックについては、Web上にいくつも紹介されているので「ググって」[1]みよう。

　断裁した本のスキャンには、富士通のScanSnapシリーズが比較的安価（3〜5万円程度）に入手できて、機能的にも自炊向きである。ScanSnapであれば、連続スキャンからPDF化、OCR（次ページで解説）まで一括で作業ができる。筆者もScanSnapを使っているが、大量にスキャンしなければならない場合にはオートドキュメントフィーダー[1]がついたコピー機のスキャナ機能を使うこともある。

　スキャンする際の解像度は、300dpi[2]でよいだろう。あまり解像度を高くすると、ファイルサイズが大きくなってハードディスクを圧迫することになる。スキャナで読み込んだ本は、各ページの画像を1ファイルにまとめたPDFファイルとして保存をするのが便利だ。断裁も連続スキャンも、本の紙質や、機器ごとの微妙な違いによっ

[1] p.92参照。

[1] 複数枚の原稿を連続して紙送りする装置。ADFと略する。
[2] dots per inchの略。1インチの線上にいくつの点を打てるかによって解像度を表す単位。

てうまくいったりいかなかったりするので、失敗してもあまり困らない本で何度か練習して、コツをつかんでから本番の作業に入ったほうがよいだろう。特に中国の本は、日本の本に比べて紙質が悪かったり、製本がきちんとしていなかったりするので、断裁時に歪んだりしないような配慮がいるだろう。

◉ OCRで検索可能にする

スキャンが終わったら、OCR処理をして、検索できるようにしよう。OCRとはOptical Character Recognition（光学的文字認識）の略称で、要するに画像ファイルにある文字の画像からテキストファイルを読み取る処理のことだ。PDFの場合だと、読み取る結果をそのままファイルに埋め込むことができる（透明テキスト付きPDF）。中国語で書かれた本の場合、OCRも中国語に対応していなければならない。

ScanSnapシリーズに付属しているAdobe AcrobatのOCR機能は、中国語も認識できる。ScanSnapを使わない場合には、OCRソフトを別途入手しなければならないが、中国語に対応している製品もいくつか販売されている。Googleが提供する無料のオンラインオフィススツールであるGoogleドキュメント[3]にスキャンしたPDFをアップロードすると、OCR処理して検索可能にしてくれるので、それを利用する手もあるだろう。

[3] http://docs.google.com/

なお、OCRは100%の精度で認識してくれるわけではなく、特に特殊な専門用語などについては認識ミスをすることも多い。OCR用の辞書登録ができるソフトウェア（AcrobatやGoogleドキュメントではできない）を使えば多少改善できるが、それでも「OCRはまちがえることが当たり前」ぐらいの気持ちでいるほうがよいだろう。

◉ 著作権に注意

自分の手で自分の本を自炊することは著作権法における私的使用の範囲とされるが、書籍を送ると1冊あたり100円程度で電子化をしてくれる代行業者については著作権的に違法もしくはグレーだとされている。自炊は本のコピーであることを十分に認識した上で、自炊して作ったPDFファイルを知人に配ったり、インターネットで配信したりしないようにしよう。

COLUMN

ソフトウェアやデータベースの寿命□□■

　コンピュータの世界はしばしば「ドッグイヤー」と呼ばれる。犬の成長スピードが人間よりも速い（一説には犬の1年は人間の7年に相当するという）ことから、次々と新製品が登場し、技術の進歩が著しいコンピュータ業界の様子をたとえた言葉である。一方、何かをとことん学ぼうと思えば、大学4年間だけでは足りず、一生をかけても学びきれない、ということがよくいわれる。

　本書ではここまで、さまざまなソフトウェアやデータベースを紹介してきた。これらを使いこなすことができれば、きっとたくさんの作業を効率化したり、たくさんのことを学んだりすることができるだろう。しかし、これらのソフトやデータベースのうち、5年後・10年後も同じように使うことができるものは、はたしてどれくらいあるだろうか。残念ながら、ほとんどない、というのが正解だろう。

　何億文字という情報量を誇るデータベースがあったとしても、それが市販されているものであれば、そのメーカー企業が倒産してしまうことで、やがて使えなくなってしまうというリスクがある。パソコンもWindowsも「ドッグイヤー」のなかでどんどん改良され新しくなっていくので、メーカーが倒産し時代に取り残されたソフトウェアやデータベースが動かなくなってしまうのだ。

　メーカーが倒産しなければ、時代が変化しても、それにあわせてバージョンアップをすることで対応できる。ただし、そのたびごとに料金を支払わなければならないとするならば、気が重くなる。それでもバージョンアップで便利になるならお金を払うのも納得できるが、同じものを使い続けたいのに、「バージョンアップ」という名のもとに必要のない機能を追加されたり、逆に便利に使っていた機能がなくなったりすることもある。

　最初に述べたように、何かを学んだり、研究したりする、ということは、長い時間がかかるものだ。それに対して、企業が作っているソフトやデータベースの寿命はあまりにも短い。

　逆に、寿命が長いのが、花園明朝（p.14参照）やWikipedia（p.102参照）のようにオープンでフリー（自由）なソフトウェアやデータベースである。仮にWikipediaの母体であるウィキメディア財団が消滅したとしても、コピーも改良も自由なWikipediaは誰かが引き継いで残るだろう。企業の力を否定するわけではないが、「ドッグイヤー」な世界では、フリー（自由）なソフトウェアやデータベースのほうが研究や教育のためになることも多いのである。

（師）

III 自分だけの全文データベースを作る

情報というものは、収集するだけでは価値を持たない。それを整理・分析して意味を見いだし、そのことを再び情報発信してはじめて価値を持つものだ。そして収集した情報を整理・分析するときには、補助ツールとして電脳(パソコン)が大きな力を発揮する。ここでは、収集した文献情報を整理・分析する具体的方法として、EmEditor(エムエディター)というきわめて優れたソフトを使って、自分だけの簡易型全文(テキスト)データベースを構築する方法を解説する。

III-1. テキストデータを整理する

文献の分析ならテキストデータベース

千田　大介　Chida Daisuke

◉情報の収集から分析へ

　本書ではここまで、Windowsにおける多言語・多漢字機能の使いこなしや、インターネットを通じた中国学関連の情報収集の方法について解説してきた。しかし、情報は収集するだけではだめで、それを実際に研究に生かすためには、分析という作業が欠かせない。

　人文学では文献を基礎的な資料として使うが、そうした文献の分析となると、詳細に解読して意味を把握すること、文学作品における語りの機能を考察すること、資料の妥当性や正当性を検証すること……人によって思い浮かべる内容はさまざまだろう。

　しかし、文字記号の羅列である文から意味や文脈を読み取り、また自由自在に外部の情報を援用して判断を下す、そうした作業をコンピュータは得意としない。ではコンピュータが文献の分析に役に立たないのかといえば、そんなこともない。コンピュータは大量のデータのなかから特定のパターンにマッチする文字列を抽出したり、統計を取ったりすることならば、人には及びもつかない速度と正確さでこなしてくれる。つまり、人が分析し判断を下すためのデータを作成する、そうした補助的ツールとしてならば、コンピュータは十分に便利なのである。

◉自前のデータベースを作ろう

　人文学的研究で、分析・判断のための補助的データとして最もポピュラーなのが、字句の用例を集めたものだろう。そうしたデータは、もちろん既存のデータベースを使って集めることもできる。しかし、既存データベースというのは意外と使い勝手が悪いものだ。

　たとえば研究分野によっては、文献のエディションによる細かい字句の違いが問題にされることがままあるが、既存のデータベースには読みやすさや検索のしやすさを優先して字句の違いを無視しているものも多い。また、検索機能も最大公約数的で、用例の含まれ

る例文の一覧を出力できるものは少ないし、「AABB」型の重ね型のことばの用例を集める、というような高度な検索条件指定も難しい。

　だからこそ、専門分野の研究で本当に必要な文献は、自前のデータベースを作ってそこに入れておいた方がよい。データベースというと、複雑にプログラミングされた巨大なシステムを想起するかもしれないが、実際には文献を一定のフォーマットに整理して保存する、それだけで十分便利なデータベースになる。

●テキストデータとその利点

　本書でお勧めするのは、そのようなシンプルなテキストデータベースである。分類したフォルダにテキストファイルを保存するだけなので、比較的簡単に誰にも扱うことができる。

　テキストファイルとは、文字情報のみで構成されたファイルのことだ。たとえば、Wordファイルには文字そのもののほかに、用紙サイズやフォント・文字サイズ・行間といったデザイン情報、さらには見出しや注釈の番号など、さまざまな情報がまとめて保存されている。それに対してテキストファイルは、文字以外の情報を一切含まない。印刷用のファイルとしては適さないが、余計な情報がないので長大な文献でもコンパクトなサイズに収まり、さまざまなソフトで扱えるなど汎用性が高く、またネット上にフリーで公開されている多種多様な検索・分析ツールを活用できるという利点がある。

　以下では『論語』を例に、インターネットから文献データを入手し、検索・分析しやすい形式に加工し、簡易テキストデータベースとして使うやり方について解説する。例は中国古典文献だが、現代中国語や日本語などの文献でも基本的に同じ方法で簡易テキストデータベースを作ることができるので、以下の解説を参考に、自身の研究に必要な文献データベースを構築していただきたい。

EmEditor を導入する

山田　崇仁　Yamada Takahito

● EmEditor とは

テキストファイル専用の編集ソフトのことを、テキストエディタという。ここで紹介する EmEditor もテキストエディタの1つである。

数あるテキストエディターのなかから EmEditor を選ぶのには理由がある。まず、対応している文字コードの種類が多く、Unicode についても Ext.B 〜 D [1]の漢字や IVS [2]まで扱うことができるからである。加えて、強力な検索機能を持っており、さらにはマクロやプラグイン[1]によってユーザーが独自に機能を追加することもできるなど、多言語・多漢字に対応したテキストデータベースを構築・運用するツールとしてうってつけである。

EmEditor は日本のエムソフト社[2]の製品で、有償のソフトウェアである[3]。中国学研究へのコンピュータ利用を考えている人にとっては損な買い物でないと信じるが、30日間は機能制限なしに試用できるので、まずは試してみるのもいいだろう。

● EmEditor のダウンロードとインストール

それでは、EmEditor をダウンロードしインストールしてみよう[4]。EmEditor には、32ビット・64ビット・ポータブル版（32ビット）の3バージョンがあるが、ここでは32ビット版を使うことにする[5]。

[1] p.13 参照。
[2] p.15 参照。

[1] 繁体字・簡体字変換プラグインなどもある。

[2] http://jp.emurasoft.com/
[3] 1ライセンス4,000円。複数ライセンス割引制度もある。また、個人が購入する場合、本人の使用に限り1ライセンスあたり最大5台のコンピュータにインストールできる。送金方法については、EmEditor の Web サイトを参照されたい。
[4] 以下、執筆時点（2011年12月）の最新バージョンである 11.0.3 に基づく。
[5] 64ビット版 Windows を使っていて、メモリを 4GB 以上搭載している場合は、64ビット版を選択した方がよい。

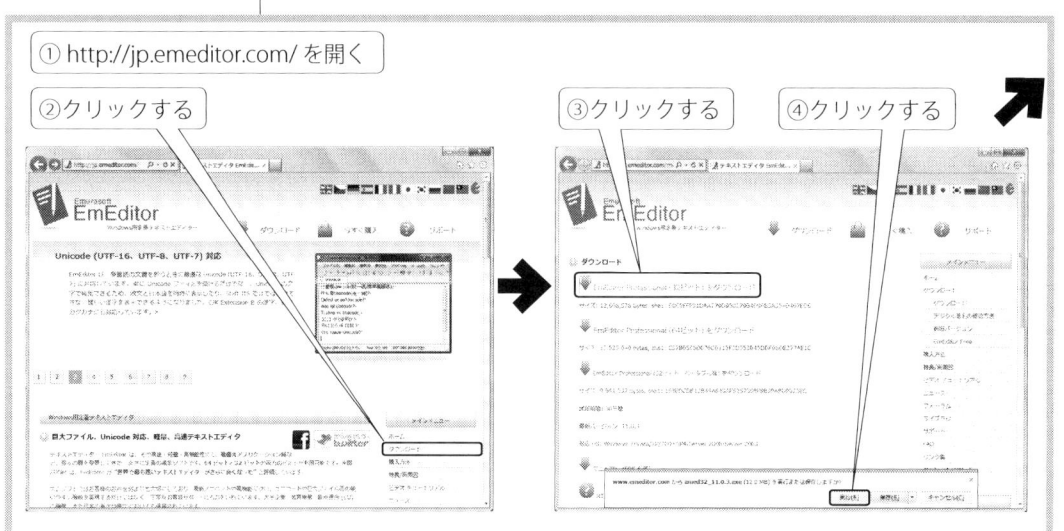

① http://jp.emeditor.com/ を開く
② クリックする
③ クリックする
④ クリックする

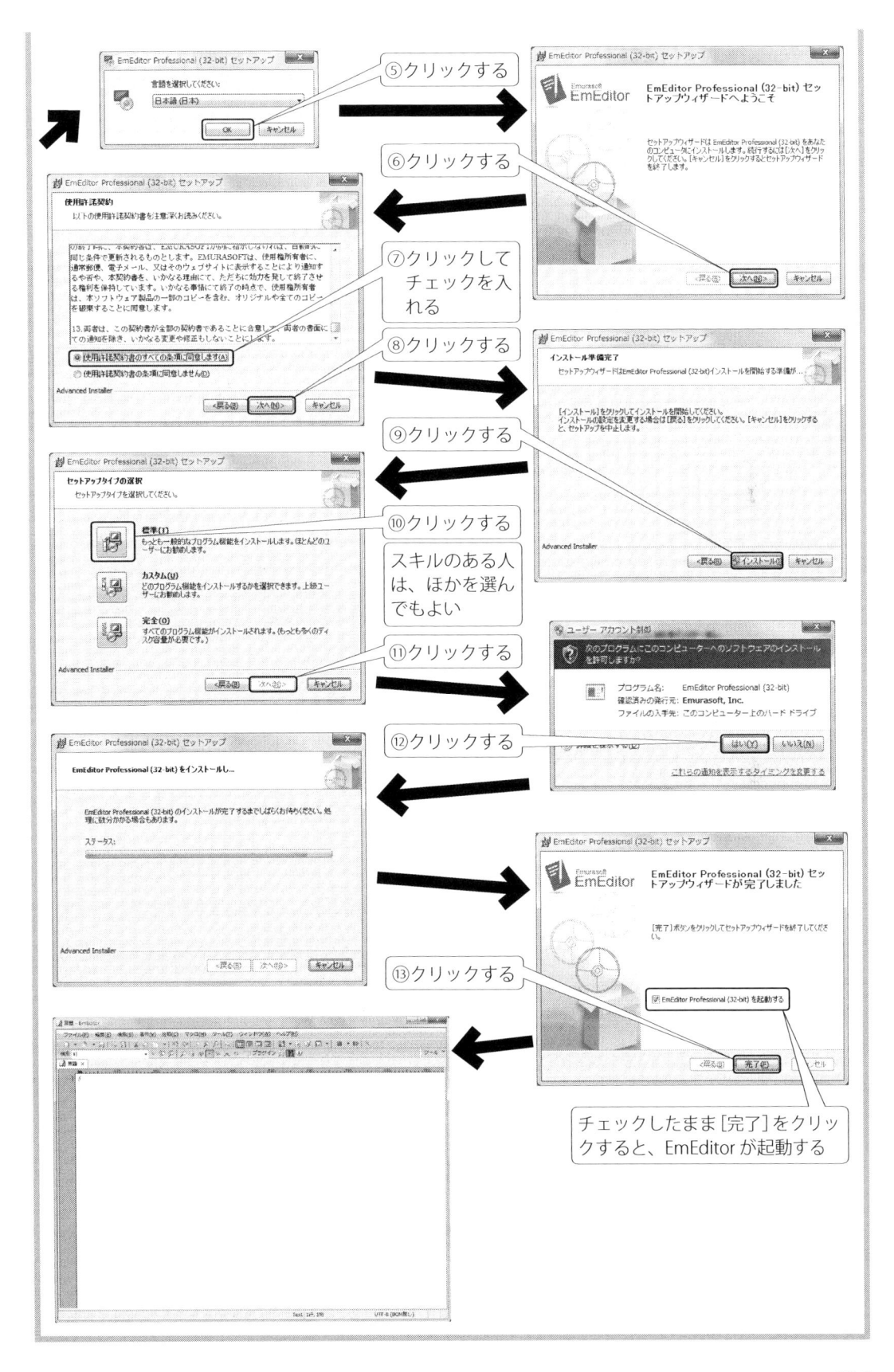

III-1. テキストデータを整理する

⑤クリックする
⑥クリックする
⑦クリックしてチェックを入れる
⑧クリックする
⑨クリックする
⑩クリックする

スキルのある人は、ほかを選んでもよい

⑪クリックする
⑫クリックする
⑬クリックする

チェックしたまま[完了]をクリックすると、EmEditorが起動する

テキストファイルの分類と保存

山田　崇仁　Yamada Takahito

●保存用フォルダを用意する

　簡易テキストデータベースの内容となるテキストファイルを作成する前に、まず保存するフォルダについて考えておこう。

　簡易テキストデータベースでは、フォルダの階層構造がそのまま分類構造になる。多くの検索・分析ツールでは、あるフォルダとその下位フォルダに保存されたファイルを一括で処理することができるので、たとえば左図のようにフォルダを作れば、「十三経」フォルダに保存された文献だけを検索する、「儒教」以下のすべてのフォルダの文献をまとめて処理するといったことができるが、逆に「十三経」と「道家」のような離れたフォルダを対象として処理することは難しい。

　もっとも、フォルダやファイルを適宜動かして構造をフレキシブルに変えられるのも、この種の簡易テキストデータベースの長所である。ここでは分類について後で考えてもらうこととして、ひとまずテキストファイル格納用のフォルダを作っておこう。

　EmEditor はフォルダ名が漢字であっても問題なく操作できるので、ここでは C ドライブに［論語］フォルダを作成し[1]、そこにテキストファイルを格納することにする。

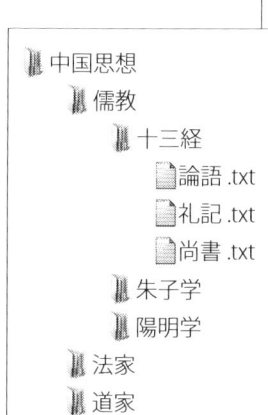

```
中国思想
    儒教
        十三経
            論語.txt
            礼記.txt
            尚書.txt
        朱子学
        陽明学
    法家
    道家
```

[1]　Windows 7 は Unicode に対応しているので簡体字や繁体字などもフォルダ名に使うことができるが、ソフトによっては JIS コードあるいは半角英数のファイル名しか扱えないものもある。このため、フォルダ名は半角英数のみで命名した方が安全である。

●テキストファイルの作成と保存

　フォルダを作ったら、テキストファイルの作成に移る。ここでもまず、テキストファイルの命名について考えておこう。

　テキストファイルは 1 文献・1 ファイルでもよいし、文献が長大な場合は巻や編ごとに分割してもよい。分割する場合のファイル名には巻や編の番号をアラビア数字でつける[2]、あるいはそれに加えて編名などをつけておくと、後でファイルの並べ替えが楽になる。ここでは『論語』を編ごとに、「01 学而.txt」のような名称で分割保存することにする。

　『論語』の電子テキストはいろいろなサイトに置かれているが、ここでは Wikisource [1] のものをコピーして使うことにする[3]。

[2]　その際、番号の最も大きい数値に合わせて、桁数を揃えておく、たとえば最大数値が「500」であれば「1」ではなく「001」のように命名すること。そうしないと、ファイルの並べ替えがうまくいかないことがある。
[1]　p.204 参照。
[3]　『論語』の URL は、http://zh.wikisource.org/wiki/%E8%AB%96%E8%AA%9E

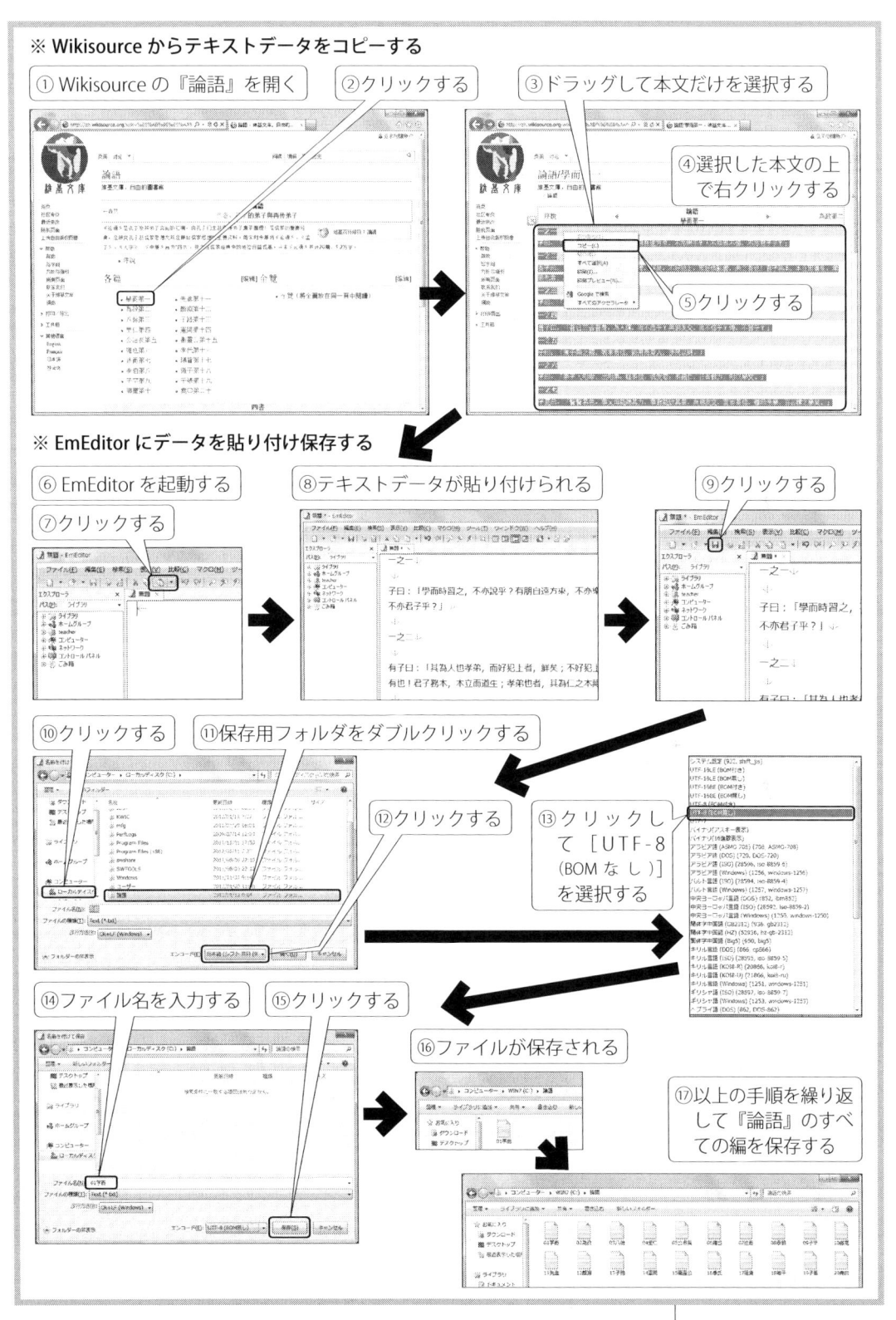

III-1. テキストデータを整理する

※ Wikisource からテキストデータをコピーする

① Wikisource の『論語』を開く
② クリックする
③ ドラッグして本文だけを選択する
④ 選択した本文の上で右クリックする
⑤ クリックする

※ EmEditor にデータを貼り付け保存する

⑥ EmEditor を起動する
⑦ クリックする
⑧ テキストデータが貼り付けられる
⑨ クリックする
⑩ クリックする
⑪ 保存用フォルダをダブルクリックする
⑫ クリックする
⑬ クリックして [UTF-8 (BOM なし)] を選択する
⑭ ファイル名を入力する
⑮ クリックする
⑯ ファイルが保存される
⑰ 以上の手順を繰り返して『論語』のすべての編を保存する

保存時の標準エンコード（文字コード）は [Shift_JIS] だが、漢字の収録数が足りないので、Unicode の一種 [UTF-8] [2]で保存する。

[2] p.12 参照。

テキストデータを整形する

山田　崇仁　Yamada Takahito

◉ テキストクリティークと表記の統一

例に使っている Wikisource の『論語』もそうだが、ネット上のテキストデータの多くは素性がはっきりしないので、研究利用する前に信頼できるテキストと見比べて誤字脱字を校訂する必要がある。

また、字体の統一も必要になる。異体字を代表的字体に置き換えるほか、コードセパレート文字[1]を日本系・台湾系、どちらかの字体（あるいは簡体字）に統一しよう[1]。句読点など約物についても、日本式・中国の新式標点などの種類がある。どのような文献か、日本語・中国語どちらの IME で入力するかなど、状況に応じて方針を決めればよい（ここでは、日本系の字体・句読点を使うことにする）。

こうした整理作業には、EmEditor の置換機能を利用する。

◉ EmEditor で文字を置換する

先ほど保存したファイルを EmEditor で開くと、長い行が折り返されず、横スクロールしないと見られなくなっていると思う。読みにくいので、折り返し表示されるように設定しておこう。

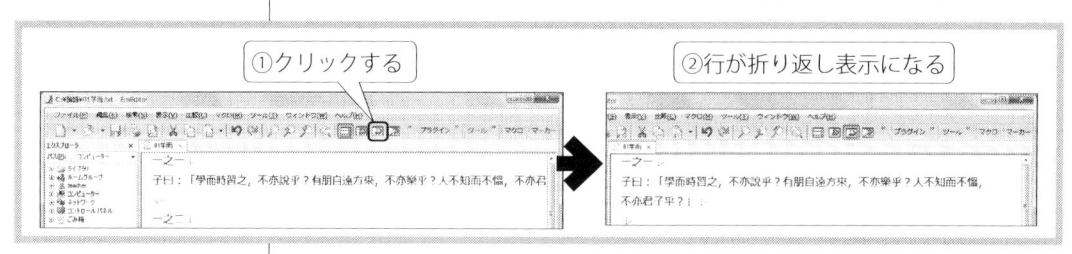

次に異体字を統一する。例として、台湾で一般的な「眾」の字体を、日本で一般的な「衆」に置き換える。

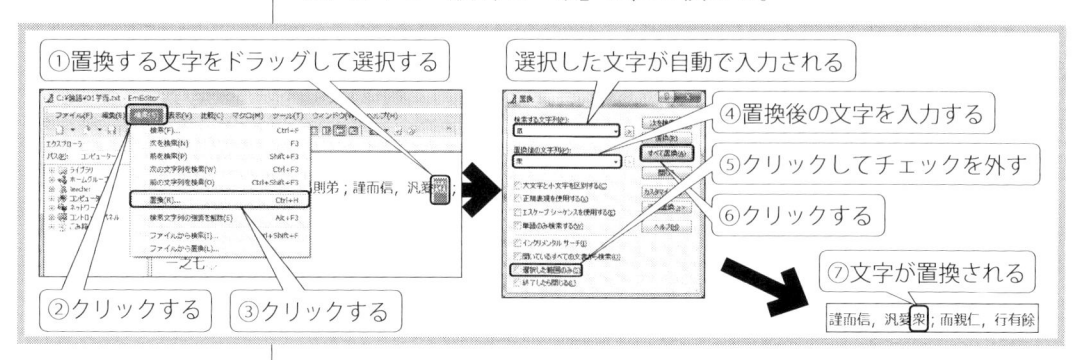

そのほかの異体字についても同じ作業を繰り返す[2]。

---

1 p.95 参照。

[1] ネット上のテキストデータには台湾系の繁体字中国語のものが多く、繁体字中国語の IME で入力・検索するのであれば、異体字統一の手間があまりかからないので台湾系の字形を選んだほうがいいだろう。また、現代中国の文献であれば簡体字ということになろう。

III-1. テキストデータを整理する

また元のデータは新式標点なので、「？」・「！」を「。」に、「：」・「；」を「、」にそれぞれ置換し、かぎ括弧も削除する。置換ダイアログボックスで、［置換後の文字列］を空にすれば、［検索する文字列］に入力した字句が一括削除される。

サンプルの『論語』の場合「一之一」といった小見出しがついているが、検索時に『論語』の本文と紛れないように削除しよう[3]。

誤削除などのミスをしても困らないよう、作業中はときおり🖫をクリックしてファイルを保存した方がよい。

[2] EmEditorの［連続置換］機能を使うと、異体字を一覧表に基づいて一括置換することができる。

[3] 後述の正規表現を使って置換すれば、これらを一括削除することができる。p.226参照。

●1文1行に整形する

簡易テキストデータベースでは、1文1行になっていた方が検索・抽出結果が見やすく、使いやすくなる。

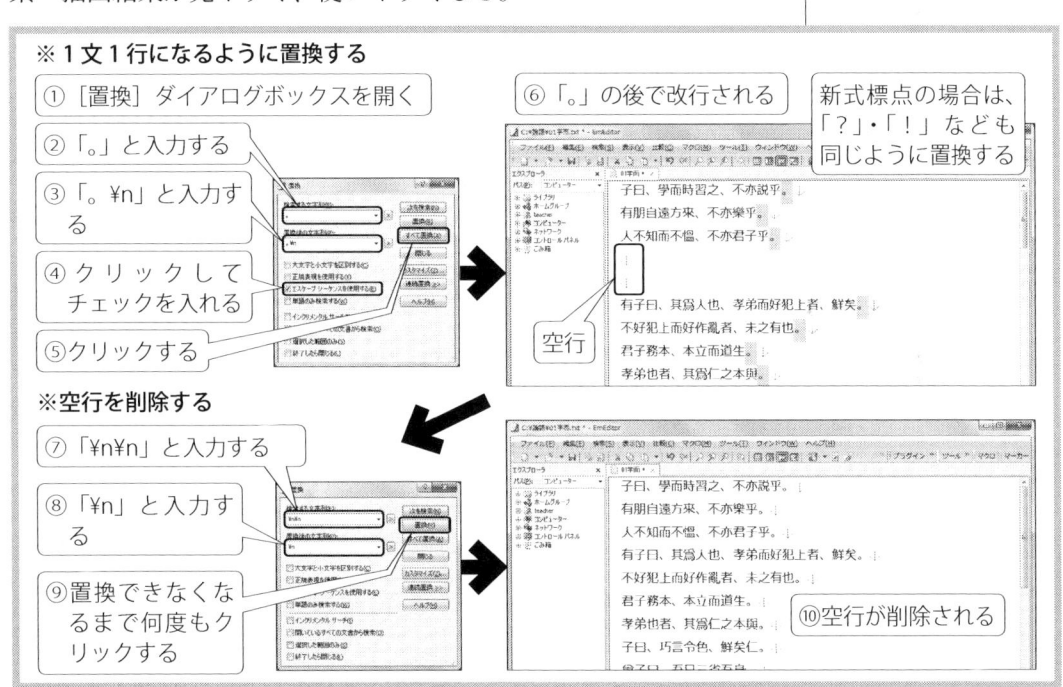

※1文1行になるように置換する
① ［置換］ダイアログボックスを開く
② 「。」と入力する
③ 「。¥n」と入力する
④ クリックしてチェックを入れる
⑤ クリックする
⑥ 「。」の後で改行される
　　空行
新式標点の場合は、「？」・「！」なども同じように置換する

※空行を削除する
⑦ 「¥n¥n」と入力する
⑧ 「¥n」と入力する
⑨ 置換できなくなるまで何度もクリックする
⑩ 空行が削除される

［エスケープシーケンスを使用する］にチェックを入れると、改行やタブといった文字ではない要素を扱えるようになる。

新式標点では、句点と閉じかぎ括弧の後で改行しないといけないが、後述の正規表現を使うと、「句点の後に閉じかぎ括弧以外の文字があったら、句点の後に改行を入れる」のような置換もできる[2]。

すべてのテキストファイルについて、以上の作業を行わなくてはならない。なお、［ファイルから置換］を使えば、複数ファイルをまとめて置換・整形することもできる[3]。

[2] p.226参照。

[3] p.226参照。

テキストデータにインデックスをつける

山田　崇仁　Yamada Takahito

●インデックスの書式

簡易テキストデータベースから用例を抽出し一覧表示したとき、各行の冒頭にインデックス番号が付いていると、抽出した用例が原文のどの位置にあるのかがわかりやすくなる。ここでは行頭にアラビア数字の連番と「：」のインデックスを付け、以下のようにする。

001：子曰、學而時習之、不亦説乎。

このとき、後でデータを並べ替えやすいように、アラビア数字は最大数値の桁数にあわせて空の桁を「0」で埋める、つまり「1」ではなく「001」とする。

●行頭にインデックスを付ける

それではさきほどの「01学而.txt」の行頭にインデックスを付けよう。EmEditorの固定箱形選択と番号機能を使う。

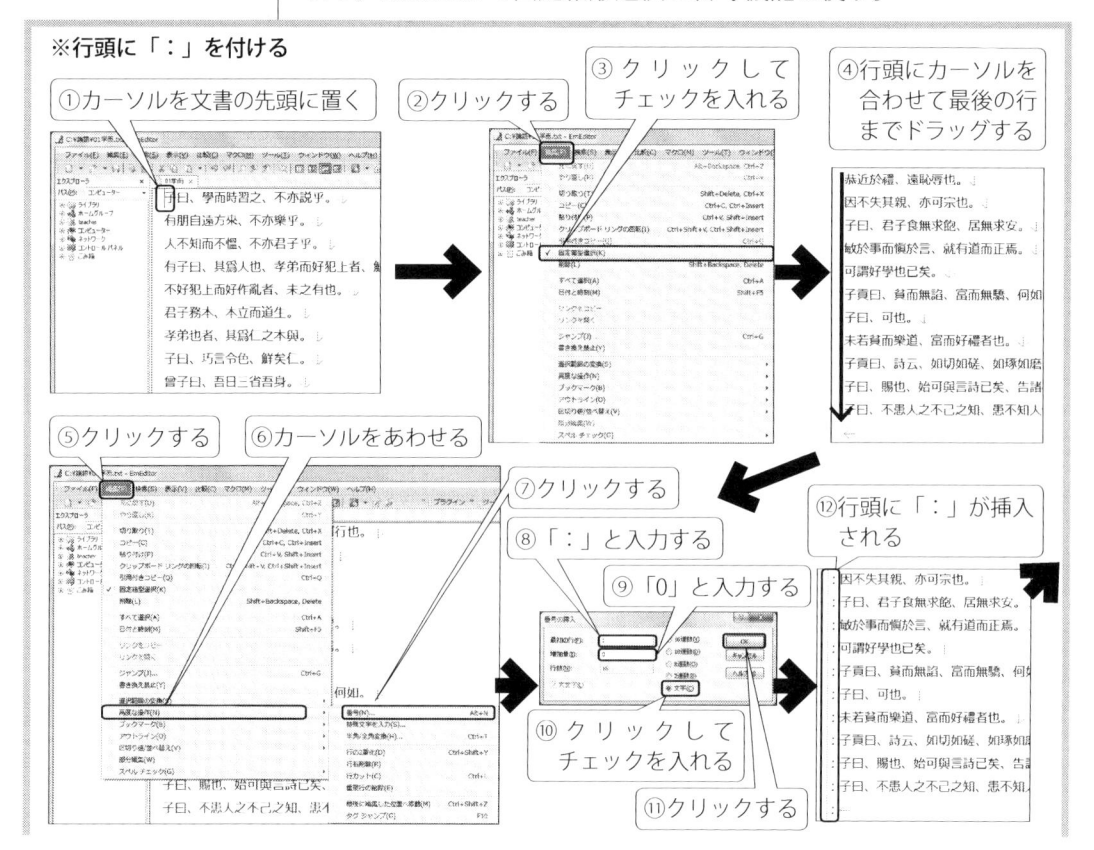

※行頭に「：」を付ける

① カーソルを文書の先頭に置く
② クリックする
③ クリックしてチェックを入れる
④ 行頭にカーソルを合わせて最後の行までドラッグする
⑤ クリックする
⑥ カーソルをあわせる
⑦ クリックする
⑧ 「：」と入力する
⑨ 「0」と入力する
⑩ クリックしてチェックを入れる
⑪ クリックする
⑫ 行頭に「：」が挿入される

III-1. テキストデータを整理する

※行頭に数字を付ける

⑬カーソルを文書の先頭に置く
⑭行頭にカーソルを合わせて最後の行までドラッグする
⑮クリックする
⑯カーソルをあわせる
⑰クリックする
⑱「001」と入力する
⑲「1」と入力する
⑳クリックしてチェックを入れる
㉑クリックする
㉒行頭に数字が挿入される
㉓最後の行のインデックスを削除する
㉔完成

※固定箱形選択を解除する

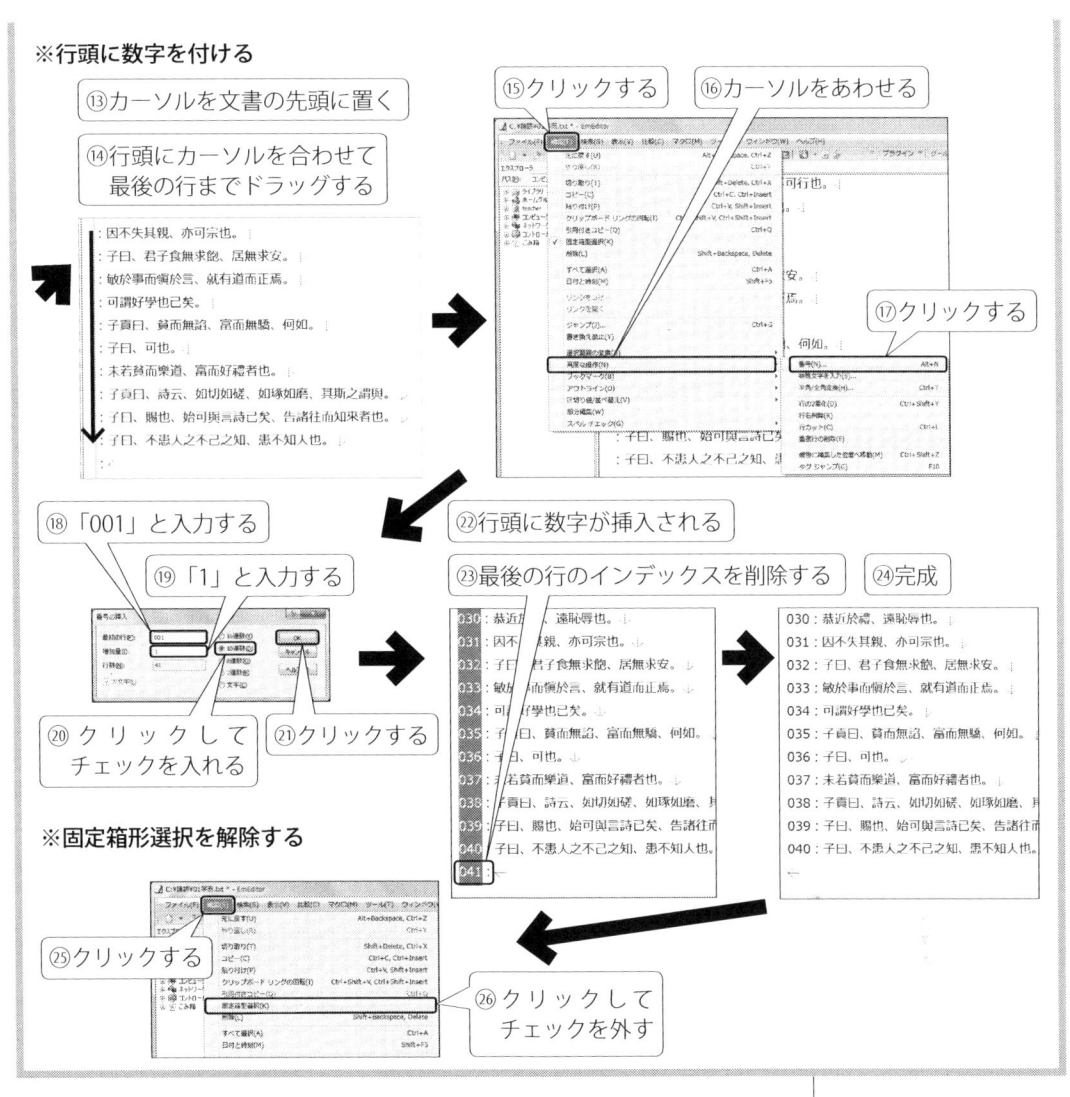

㉕クリックする
㉖クリックしてチェックを外す

　EmEditor の［固定箱形選択］機能と［連番］機能は、さまざまに応用できる。たとえば、値が 2 ずつ増える連番を振ることもできるし、また［固定箱形選択］で行の途中を選択して［連番］を設定することで、各行の同じ位置に連番や文字を挿入することもできる。工夫して使いこなしていただきたい。

　［固定箱形選択］と［連番］は複数ファイルの一括処理には対応していないので、各テキストファイルを開いて上記作業を繰り返すことになる。

　以上で、簡易テキストデータベースの本体となるテキストファイルの準備は完了である。

III-2. テキストデータを検索・分析する

EmEditor で全文検索

山田　崇仁　Yamada Takahito

●［検索］と［ファイルから検索］

　作成した簡易テキストデータベースの検索には、やはり EmEditor を使う。とはいえ一般の［検索］機能を使っても、単一のファイルしか検索できず、しかもヒットした箇所に移動し検索語が色違いで表示されるだけなので、研究用データを集める方法としてはあまり利便性が高くない。

　EmEditor では［ファイルから検索］機能を使うことで、複数のファイル、あるいはあるフォルダのなかのすべてのファイルから用例を一括して検索・抽出することができる。

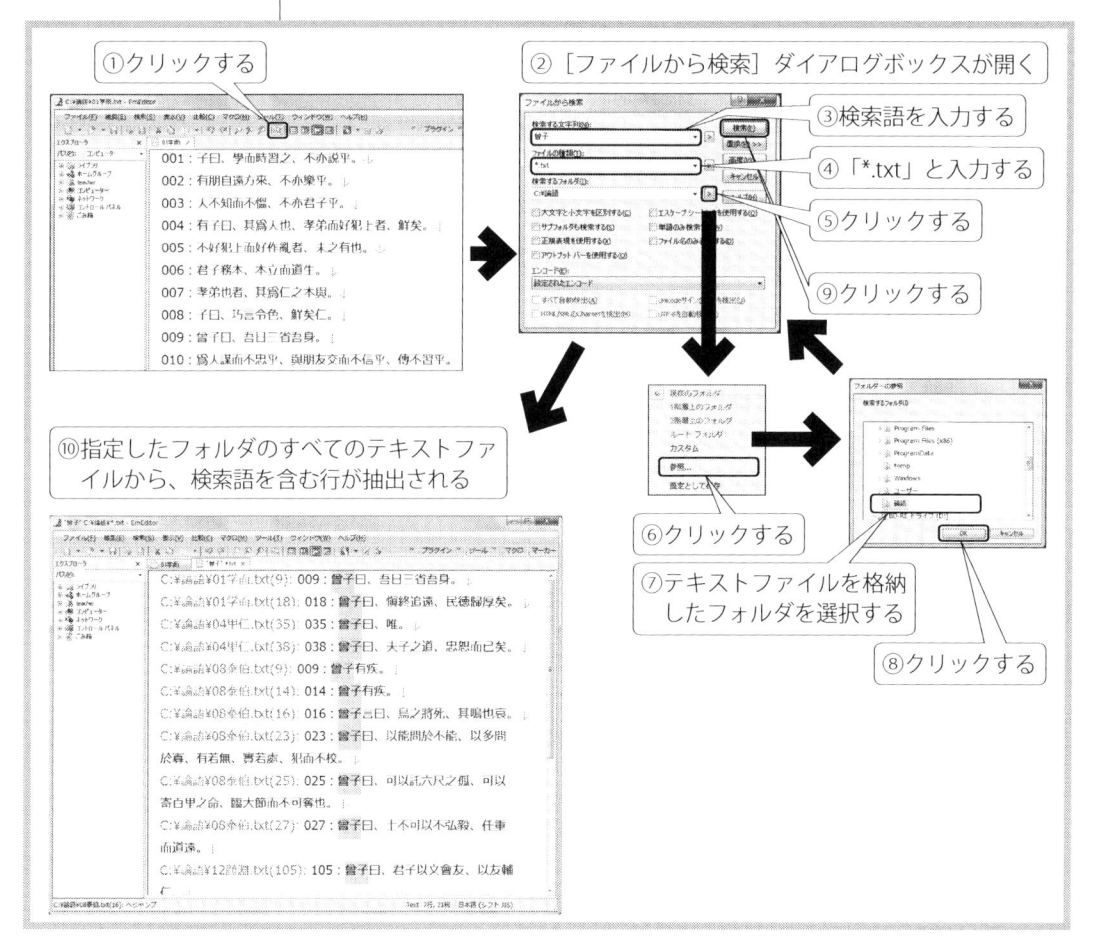

①クリックする

②［ファイルから検索］ダイアログボックスが開く

③検索語を入力する

④「*.txt」と入力する

⑤クリックする

⑥クリックする

⑦テキストファイルを格納したフォルダを選択する

⑧クリックする

⑨クリックする

⑩指定したフォルダのすべてのテキストファイルから、検索語を含む行が抽出される

III-2. テキストデータを検索・分析する

　このように、[ファイルから検索]では元のファイルの行を単位として検索・抽出が行われる。このため、テキストファイルを整形する際には行の分け方を文ごとにするか段落ごとにするか、用途に応じて考える必要がある。

　検索結果画面では行頭に検索語の含まれるファイルの情報が表示される（ファイル名の後の括弧は行番号）。ファイル名表示をクリックすると、元のテキストファイルが開き該当箇所にジャンプする。

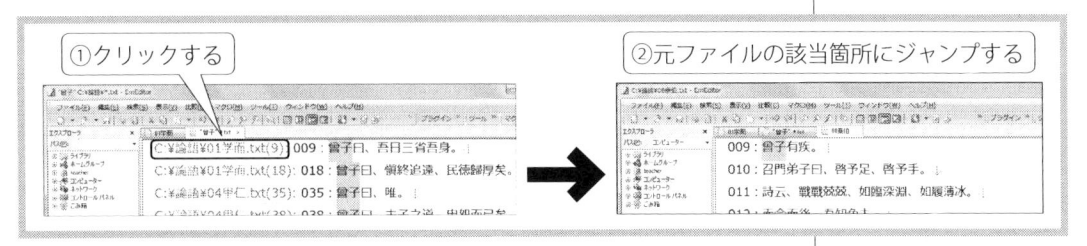

● [ファイルから検索]を使いこなす

　[ファイルから検索]のオプションを設定すると、検索の条件を細かく指定できる。

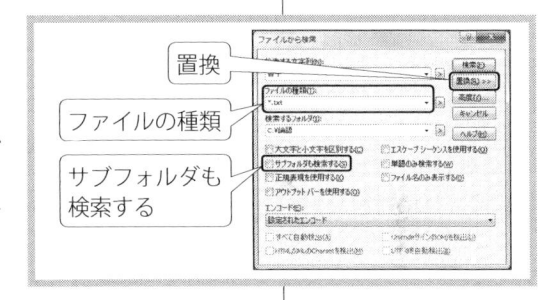

　[ファイルの種類]では、検索対象のファイル名を設定することもできる。たとえば「*学.txt」とすると「文学.txt」・「哲学.txt」・「歴史学.txt」など、「～学」という名前のテキストファイルをすべて指定できる。また、「*.*」とすると、検索対象がすべてのファイルになる。

　[サブフォルダも検索する]をチェックすると、指定したフォルダよりも下位のフォルダに格納されたすべてのファイルから、まとめて用例を抽出することができる。

　[置換]ボタンをクリックすると[ファイルから置換]に切り替わり、指定したファイルを対象に、語句をまとめて置換することができる。テキストファイルの整形に便利な機能だが、一度実行すると元に戻すことができないので慎重に作業してほしい。

　このほか、ファイルから検索した結果をある語句の用例ファイルとして保存・蓄積しておき、それらのファイルを対象に[ファイルから検索]して用例を絞り込めば、あたかも用例カードのように使うことができる。

　工夫して、さまざまに使いこなしてほしい。

正規表現の基礎

山田　崇仁　Yamada Takahito

◉正規表現とは何か

　自前のテキストデータベースの最大のメリットは、この正規表現を使った検索・抽出ができることにあるといってもよいだろう。

　「正規表現」とは、文字列のパターンを記述するルールのことである。たとえば、「日本」の用例を収集したいが「日本人」の用例はいらないという場合、「『日本』の後に『人』以外の文字がある文字列」と指定して検索できると便利だ。また現代中国語の「虽然～但是～」という構文であれば、「『虽然』の後に『。！？』以外の文字がいくつか入った後に『但是』がある文字列」と指定できれば検索できるだろう。

　正規表現では、この「～以外の文字」・「文字がいくつか」のような抽象的なパターンを記述することができる。そうした抽象的パターンの記述に使われるのが「メタ文字（キャラクター）」と呼ばれる特殊な文字や記号だ。EmEditorの正規表現で使われる代表的なメタ文字には以下のようなものがある。

メタ文字	意味	検索例	ヒットする文字列
^（キャレット）	行の先頭と一致	^■	行頭の「■」
$（ドル記号）	行の末尾と一致	與。$	行末の「與。」
.（ドット）	（改行以外の）任意の1文字に一致	孔.子	「孔夫子」・「孔叢子」など「孔」と「子」の間に任意の1文字が入るもの
+	「直前の文字または正規表現」と1回以上一致	あら+	「あら」・「あらら」・「あららら」…（「ら」は無限）
●|▲	●もしくは▲と一致	子路|仲由	「子路」もしくは「仲由」
[●▲■]	●▲■のいずれか1文字に一致	[一二三四五六七八九]	漢数字の一～九のいずれか1文字
[^●▲■]	角括弧内の文字以外のいずれか1文字に一致	以[^上下]	「以上」・「以下」以外の「以○」（たとえば「以内」）
[○-■]	指定範囲内の任意の1文字に一致（範囲はUnicodeの文字表の配列順で指定）	[a-zA-Z]	アルファベットの大文字小文字いずれか1文字

※メタ文字は必ず半角で入力すること。

　以上のように正規表現ではメタ文字と一般の文字とをさまざまに

組み合わせて、抽象的な文字列パターンを指定することになる。

たとえば、「日本[^人]」と記述すれば「『日本』の後に『人』以外の文字がある文字列」を指定できるし、「雖然〜但是〜」構文であれば「雖然[^。？！]+但是」と記述すればよい。

●正規表現を使った検索

実際に EmEditor で、正規表現を使って［ファイルから検索］してみよう。例として『論語』から「季○子」（○は任意の1文字）という文字列を抽出してみる。任意の1文字を表すメタ文字「.」を使って、「季.子」で検索すればよい。

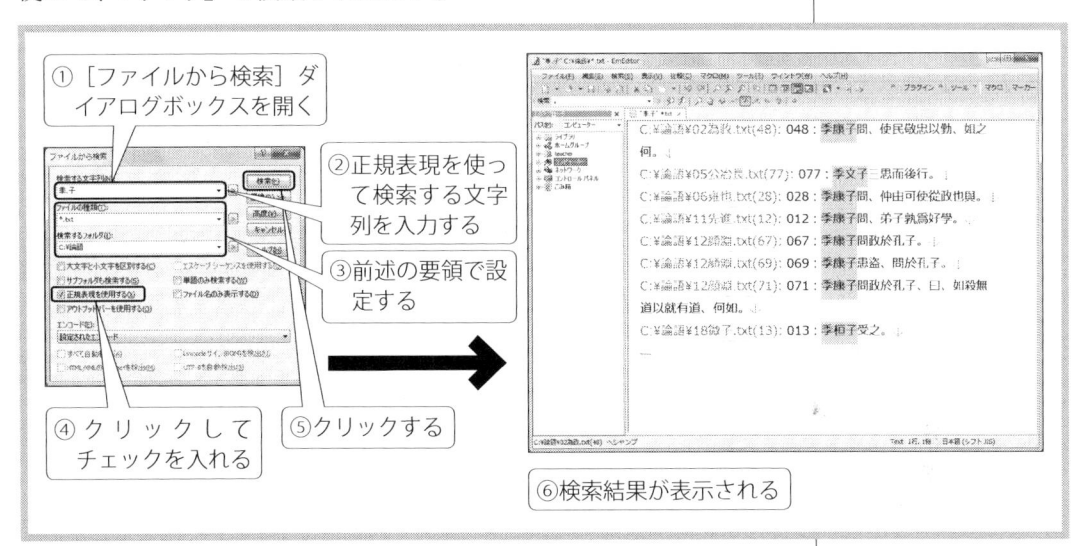

```
①［ファイルから検索］ダイアログボックスを開く
②正規表現を使って検索する文字列を入力する
③前述の要領で設定する
④クリックしてチェックを入れる
⑤クリックする
⑥検索結果が表示される
```

EmEditor では［検索］・［置換］・［ファイルから置換］でも、［正規表現を使用する］をチェックすれば正規表現を使うことができる。前述のファイル整形作業も、正規表現を使えばかなり効率化することができるだろう。

正規表現は少々とっつきにくいかもしれないが、慣れるとこれほど便利なものはない。まず簡単なパターンから始めて、徐々に複雑なものを身につけていくといいだろう。

正規表現は便利な機能なので、多くのアプリケーションソフトやスクリプト言語などが対応しているが、記述方法には微妙な違いがある。また、複雑なパターンは一朝一夕に記述できるものでもない。紙幅の都合上、ここではこれ以上詳しく説明できないので、後で紹介するマニュアル本などを参照していただきたい[1]。

[1] p.230 参照。

もっと高度なテキスト処理

千田　大介　Chida Daisuke

●マクロ・プラグインで EmEditor を強化する

　EmEditor では本体にない機能をプラグインで追加することができる。プラグインは、EmEditor の公式サイトで無償配布されているので[1]、気に入ったものをダウンロードして追加すればよい。たとえば文字列の並べ替えや簡体字・繁体字の変換などのプラグインは、中国学でも役に立つ。

　このほか、EmEditor はマクロによる機能拡張もできる。マクロとは、ソフトの機能を利用してプログラミングする簡易プログラミング言語のことで、処理手順を自動化するなど高度な操作が可能になる。マクロを作成するにはプログラミングの知識が必要になるが、EmEditor の公式サイト、さらには Vector[2] などのソフトウェアダウンロードサービスに多くのマクロが登録されているので、使えるものがないか探してみるといいだろう。

●検索専用ソフトを使う

　テキストデータベースは汎用性の高いテキストファイルを使っているため、EmEditor に限らず、いろいろなソフトを検索や分析に活用できる。

　たとえば、文献データベースの検索結果表示では、ヒットした語句が中央になるように揃える KWIC 形式での表示が、前後の文脈も読み取れるので便利だ。この KWIC 形式での出力に対応した検索専用ソフトとしては KWIC Finder[3] が知られており、Unicode への対応には不十分な点もあるものの、テキストファイルのみならず Word・Excel ファイルや PDF なども扱えるので、非常に便利である。

　このほか、多くの検索専用ソフトがネットを通じて配布されているので、Google による検索や Vector の

[1] http://jp.emeditor.com/modules/mydownloads/

[2] http://www.vector.co.jp/

[3] http://www31.ocn.ne.jp/~h_ishida/KWIC.html 有償版（1,000円）では Word ファイルや PDF などの検索も可能。フリー版はテキストファイルのみ検索できる。

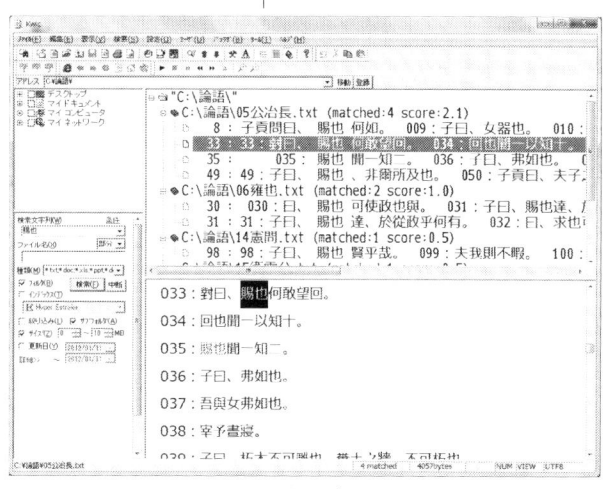

KWIC Finder

［テキスト検索］カテゴリなどで、ニーズに合うものを探してみていただきたい。

◎ Excel を使う

　簡易テキストデータベースから EmEditor などのソフトで抽出したデータは、Excel に読み込んで分析することもできる。たとえば各項目をコンマで区切った「語彙,用例,出典」という形式（CSV 形式）に検索結果のファイルを加工して Excel に読み込めば、ピボットテーブルで統計をとることができる。そうして数値データさえ得られれば、さまざまな関数や分析ツールを使い、p.82 のヒストグラム作成などもできるようになる。

◎ スクリプト言語を使う

　スクリプト言語という言葉の意味を一言で説明するのはなかなか難しいのだが、ここではひとまず簡易なプログラミング言語のことであると考えればよい。このスクリプト言語を使うと、たとえば異体字の同一視検索や一括置換、文字や熟語の出現頻度統計といった、テキストデータを対象とする複雑かつ高度な検索や分析が実現できる。

　スクリプト言語としては、Ruby や Python、JavaScript などが知られているが、テキスト処理の分野では Perl に定評がある。Perl は、無償配布の ActivePerl[4] をインストールすれば、Windows 環境でも手軽に使うことができる。手軽といっても、スクリプト言語もプログラミング言語であるから、一朝一夕にそのすべてを習得することは難しい。しかし、Perl は入門書も数多く出版されており、なかにはテキスト処理に特化したものもあるので、他のスクリプト言語に比べて比較的習得しやすい。また、そうした書籍にはスクリプト――テキストファイルで記述されたスクリプト言語のプログラム――のサンプルが多数掲載されているし、ネット上でも多くのサンプルスクリプトが配布されているので、ひととおりの処理手順さえ覚えれば、複雑なプログラミングの方法がわからなくても、なんとか使いこなせるものだ。

　興味をお持ちの方には、次ページに紹介する書籍などを参考に、より高度なテキスト処理を目指していただきたい。

[4] http://www.activestate.com/

COLUMN

テキスト処理の参考書□□■

　本章でとりあげた正規表現やプログラミングなどは少し難しかったかもしれないが、ぜひ身につけたいテクニックである。とはいえ、本書の説明だけではマスターするのも難しいだろう。ここでは、自習のための参考書をいくつか紹介しよう。

正規表現（中国語では「正则表达式」）**の入門書**
　実は正規表現の入門書はあまり多くない。少し古いが次の本をお勧めしておく。

- 岩谷宏著『入門 正規表現〜検索・置換・テキスト処理に強くなる！』（技術評論社、2008）

　数式のような記号が並ぶので、文系の人にはとっつきにくく感じるかもしれないが、正規表現もプログラミング言語の一種である。正規表現のアプリケーションごとに「方言」があったりもする。

テキスト処理の入門書
　プログラミング言語にはそれぞれに個性があるが、得意・不得意はあっても、できる・できないに差はない。筆者としては、形式張っていない、という点と、多言語処理に強いという点で、Perlが気に入っているが、どの言語を選んでも別に問題はない。Perlの入門書としては次の本をお勧めしたい。

- 結城浩『新版Perl言語プログラミングレッスン入門編』（ソフトバンククリエイティブ、2006）

　この本も少し古いが、Perlの入門書としては評価の高い本である。正規表現の説明もわかりやすい。なおPerlでの多言語処理の基本はEncodeモジュールであるが、入門書ではほとんど解説されていない。詳しい使い方はググってみよう。
　また最近、海外の人文学情報処理の分野ではPythonがよく使われているようである。Pythonを使ったテキスト処理の入門書としては、次のものをお勧めしたい。

- Steven Birdほか『入門 自然言語処理』（オライリー・ジャパン、2010）

（師）

あとがき

　ここでは、本書の発刊にいたる経緯と、日本学術振興会科学研究費「情報化時代における中国学次世代研究基盤の確立」とのかかわりについて簡単に述べておきたい。

　漢字文献情報処理研究会（漢情研・JAET）は、元来はパソコン通信で活動していたグループが設立したものである。当初はメーリングリストで活動していたが、インターネットやパソコンの普及とともに、毎日のように変化する技術動向については、書籍ではなく雑誌やネット上の漢情研サイトを通じて伝達するようになった。ただその後は徐々に活動が下火となり、会員数も減少していった。そこでこのほど「漢情研はその役割を終えた」との認識に立ち、会員制の研究会としての活動を縮小し、研究プロジェクト的活動へと移行することになった。

　その際に、これまでの漢情研の活動を総括する形で、次世代中国学の基盤となるべきものを構築することが目標として掲げられた。「情報化時代における中国学次世代研究基盤の確立」はまさにこのために申請を行い、裁可されたものである。5年間にわたって、出版・広報活動などを行い、あらたな中国学基盤を整備していく計画である。その第一弾が本書『電脳中国学入門』である。かつての『電脳中国学』はやや多くの情報を詰め込みすぎた感があったので、その役割を幾つかの書籍に分担させた結果、本書は『電脳中国学入門』という、むしろ初心者をターゲットにしたマニュアル本となった。これ以降も科研費研究と漢情研の活動を踏まえた書籍を次々と出版していく予定なので、どうかご期待いただきたい。

2012年2月2日

関西大学教授

二階堂　善弘

電脳中国学入門

2012年 2月14日　　　初版発行
2017年 6月16日　　　4 刷発行

編者	漢字文献情報処理研究会
発行者	尾方敏裕
発行所	株式会社 好文出版

〒162-0041　東京都新宿区早稲田鶴巻町540　林ビル3F
Tel.03-5273-2739　Fax.03-5273-2740
http://www.kohbun.co.jp/

装丁	株式会社 オルツ
DTP制作	電脳瓦崗寨（http://wagang.econ.hc.keio.ac.jp/）

ⓒ 2012　D.Chida, K.Kamichi, H.Kojima, Y.Sato, T.Tanabe, Y.Nikaido, S.Moro, T.Yamada
Printed in Japan　ISBN978-4-87220-150-5

本書の一部または全部を著作権法の定める範囲を超えて、無断で複製・転載することを禁じます
乱丁落丁の際はお取り替えいたしますので、直接弊社宛てにお送りください
定価はカバーに表示されています